JN051426

鋼構造

第3版

嶋津孝之
編

福原安洋・中山昭夫・高松隆夫
森村　毅・田川　浩・仁保　裕
共著

森北出版

第3版序文

　初版が刊行されてから30年を超えた．この長い間，本書は筆者の浅学により不十分なところが少なからずあるにもかかわらず，個人の方々だけでなく，多くの大学，高等専門学校などで活用されてきたことに感謝している．

　本書は，これまでも建築基準法や建築学会の規準などの改正に応じて随時修正してきたが，このたびは，2022年度時点における最新の規準などで適用されている用語や数値に合わせるなど，技術の進歩に応じて内容を全面的に見直し，改訂することとした．とくに，旧版における「限界耐力計算法」の章については，この計算法が実務において普及していないことから削除した．

　当初より本書は，講義における教科書として利用のしやすい章立てにし，図や計算の例題などを多用して理解しやすい内容にしている．また，内容が幅広いので，実務に携わってからの自習書としても活用できるように考えている．

　さらに，今回の改訂版では，2色刷りにしてより親しみやすい版構成とし，著者として田川浩氏（広島大学）と仁保裕氏（呉工業高等専門学校）に加わっていただいた．

　多くの方々にご利用いただければ幸いである．

　本版においても，多くの文献や資料を参考とさせていただいた．これらは一括して巻末に掲げた．これらの文献の著者の方々，資料をご提供いただいた関係者の方々に謝意を表します．最後に，出版にあたり多大なご協力をいただいた森北出版の諸氏に感謝いたします．

2023年4月

編者しるす

序　文

　鋼構造は，わが国では，四半世紀前までは主として工場建築や体育館などにトラス構造として使用されるにすぎなかった．しかし最近では，ラーメン構造を主体に，事務所建築や住宅などに用いられ，また低層から超高層建物と非常に幅広く多用されるようになってきている．したがって昨今，鋼構造についての教科書も相当多く世に登場してきている．

　さて，最近の大学や高専での専門教育の内容を全国的な視野からながめてみると，その特徴の一つとして履修カリキュラムの多様化を挙げることができる．ある種の大学では，大学で学ぶべき構造についての専門知識は最低限のものがあればよく，鋼構造などについては1セメスターすなわち半年の履修でよいとしているところもある．もちろん，2セメスターすなわち通年にわたって，さらに演習などで3セメスターにわたって教育を行っている大学や高専も多い．本書では，現在での大学や高専でのこのような専門教育の動向を考慮に入れて，第1部（基礎編），第2部（構造設計）に大別し，さらに第2部を各部材の設計と建物全体の扱いとに分けた構成にしている．上記の1セメスター履修型では第1部のみを，また2～3セメスター履修型では第1部と第2部の両方を対象にしていただければという考えのもとに作成している．もっとも1セメスター履修型の場合でも，第2部を在学中あるいは社会に出てからでも，独学で修得できる内容にしてある．すなわち第1部，第2部両部共，図や写真をふんだんに入れ，また演習問題も多く設け，鋼構造についての知識がしっかりと身につくように工夫してある．なお1995年の兵庫県南部地震の被害写真で教訓的なものをいくつかとり入れている．

　このように，本書は内容的にかなり工夫を凝らしたものであるが，編者らの浅学により，十分でない部分も少なくないと思われる．今後緒覧のご教示とご叱正をお願いしたい次第である．

　執筆にあたっては，第1章は中山，第2章は高松，第3章は森村，第4章は福原，第5章は福原，高松，第6章は福原，森村，第7章は福原，高松がそれぞれ原案を作成し，編者が全体的にまとめたものである．

　本書を記述するにあたって多くの文献を参考にし，また図表などを引用させていただいた．参考文献等は一括して巻末に掲げておいた．これらの文献の著者の方々に心から謝意を表明すると共に，本書の出版に際しての森北出版（株）諸氏の多大なるご協力のあったことを記して厚く感謝する．

　最後に写真の提供等についてご協力いただいた（株）フジタに深謝したい．

2000年2月　　　　　　　　　　　　　　　　　　　　　　　　　　　編者しるす

目　　次

第 1 部　鋼構造の基本

第 1 章　鋼　構　造 ……………………………………………………………………… 2

1.1　構造の形式および構成　　　　　　　　　2
　1.1.1　鋼材料の発達と鋼構造の発展　2
　1.1.2　鋼構造物の被害とその教訓　4　/　1.1.3　鋼構造の特徴　5
　1.1.4　構造の形式　6　　　　　　　　 /　1.1.5　架構形式　7
1.2　鋼材の性質　　　　　　　　　　　　　　7
　1.2.1　鋼の含有元素，単位体積質量　7
　1.2.2　鋼材の応力度とひずみ度　7　/　1.2.3　鋼の破壊形式　11
　1.2.4　鋼の降伏条件　12
1.3　鋼構造設計の基本事項　　　　　　　　　13
1.4　構造用鋼材　　　　　　　　　　　　　　15
　1.4.1　建築構造用圧延鋼材（SN 材）　15
　1.4.2　そのほかの鋼材　17
1.5　高性能鋼　　　　　　　　　　　　　　　18
　1.5.1　建築構造用高性能 TMCP 鋼材　18
　1.5.2　耐火鋼（FR 鋼）　19
　1.5.3　耐候性熱間圧延鋼材（SMA 材，SPA 材）　19
　1.5.4　建築構造用低降伏点鋼材（LY100）　20
　1.5.5　ステンレス鋼　20
1.6　鋼製品　　　　　　　　　　　　　　　　20
　1.6.1　鋼板，棒鋼，平鋼　20　　　/　1.6.2　形　鋼　21
　1.6.3　鋼管，角形鋼管など　22　　/　1.6.4　軽量形鋼　24
　1.6.5　デッキプレート（合成床用）　24
1.7　ボルト類　　　　　　　　　　　　　　　25
　1.7.1　高力ボルト　25　　　　　　 /　1.7.2　普通ボルト　26
　1.7.3　頭付きスタッドボルト　26　 /　1.7.4　アンカーボルト　27
1.8　設計に用いる材料強度　　　　　　　　　27

第2章　部材設計の基本 ……………………………………………… 29

2.1　引張力を受ける部材　　　　　　　　29
　2.1.1　引張材　29　　　　　/　2.1.2　引張材の設計　30
　2.1.3　ボルト孔を控除した引張材の有効断面積　31
　2.1.4　引張材の偏心の影響　32　　/　2.1.5　引張ボルトの有効断面積　33
2.2　圧縮力を受ける部材と曲げ座屈　　　36
　2.2.1　圧縮材　36　　　　　/　2.2.2　中心圧縮材　36
　2.2.3　許容圧縮応力度　40
　2.2.4　中心圧縮材の許容応力度設計　41
　2.2.5　有効座屈長さ　41　　/　2.2.6　偏心圧縮材　42
2.3　曲げ応力を受ける部材　　　　　　　46
　2.3.1　曲げ応力度　46　　/　2.3.2　横座屈　48
　2.3.3　等曲げを受ける単純梁の横座屈荷重　50
　2.3.4　許容曲げ応力度　50
2.4　せん断力を受ける部材　　　　　　　56
2.5　薄板材と局部座屈　　　　　　　　　57
　2.5.1　板要素の局部座屈　57　　/　2.5.2　幅厚比の制限　58

第3章　接合の基本 ……………………………………………… 61

3.1　接合要素と接合形式　　　　　　　　61
　3.1.1　接合形式　61　　　/　3.1.2　ボルト接合　62
　3.1.3　溶接接合　63
3.2　ボルト接合　　　　　　　　　　　　65
　3.2.1　接合方法　65　　　/　3.2.2　摩擦接合の終局破壊形式　67
　3.2.3　高力ボルトの種類　67　/　3.2.4　有効断面積　68
　3.2.5　許容耐力　70　　　/　3.2.6　設計制限　74
　3.2.7　継手の設計　75
3.3　溶接接合　　　　　　　　　　　　　78
　3.3.1　接合形式　78　　　/　3.3.2　溶接耐力　84
　3.3.3　設計制限　88　　　/　3.3.4　溶接金属と熱応力の影響　90
　3.3.5　溶接部分の欠陥と検査　91
3.4　最大強さ　　　　　　　　　　　　　91
　3.4.1　高力ボルト接合　91　/　3.4.2　溶接接合　92

第2部　構造設計

第4章　構造設計 ··· 94

　　4.1　安全等の検証方法　　　　　　　　94
　　　　4.1.1　検証項目　94
　　　　4.1.2　外力に対する構造の安全の検証方法　94
　　　　4.1.3　一般の建築物の許容応力度等計算の方法による手順　96
　　4.2　構造計画　　　　　　　　　　97
　　　　4.2.1　骨組の構成　97　　　　／　4.2.2　各部の計画　103
　　4.3　構造物に加わる荷重と外力　　　　114
　　　　4.3.1　固定荷重および積載荷重　114　／　4.3.2　積雪荷重　116
　　　　4.3.3　風圧力　117　　　　　　／　4.3.4　地震力　119
　　　　4.3.5　そのほかの荷重　122　　　／　4.3.6　荷重の組み合わせ　122
　　4.4　応力・変形の計算および断面算定　　123
　　　　4.4.1　応力・変形の計算法　123
　　　　4.4.2　構造体の解析のためのモデル化　123
　　　　4.4.3　部材断面の決定　124
　　4.5　耐震設計　　　　　　　　　125
　　　　4.5.1　耐震設計のルート　125　　／　4.5.2　耐震性の検討　125
　　4.6　保有水平耐力設計　　　　　　130
　　　　4.6.1　フレームの降伏と崩壊　130
　　　　4.6.2　多層フレームの崩壊機構　131
　　　　4.6.3　保有水平耐力の算出法　131　／　4.6.4　保有水平耐力の検討　132
　　　　4.6.5　十分な変形能力を有するためのそのほかの留意点　134

第5章　部材算定 ··· 137

　　5.1　梁　　　　　　　　　　　　137
　　　　5.1.1　梁設計の基本　137　　　　／　5.1.2　H形鋼梁の設計　140
　　　　5.1.3　2軸曲げを受ける部材の設計　149
　　　　5.1.4　塑性化と全塑性モーメント　151
　　　　5.1.5　組立梁（プレートガーダー）の設計　153
　　　　5.1.6　非充腹組立梁（トラス梁）の設計　154
　　5.2　柱　　　　　　　　　　　　158
　　　　5.2.1　柱設計の基本　158　　　　／　5.2.2　柱の断面算定　160
　　　　5.2.3　柱の塑性化と全塑性モーメント　167
　　5.3　ブレースの設計　　　　　　　169
　　　　5.3.1　軸組ブレースの変形と剛性の計算　169

　　　5.3.2　許容応力度設計による断面算定　170
　　　5.3.3　ブレースと柱梁との接合部の設計　170
　　　5.3.4　軸組ブレースの保有耐力設計　171

第6章　継手，柱梁接合部，柱脚 ………………………………………… 176
　　6.1　梁・柱の継手と柱梁接合部の基本　　　176
　　　6.1.1　継手・柱梁接合部設計の基本　176
　　　6.1.2　柱梁接合部形式とスカラップ，裏当て金　177
　　6.2　継手の設計　　　　　　　　　　　179
　　　6.2.1　梁継手　179　　　　　　　　／　6.2.2　柱継手　183
　　　6.2.3　継手の保有耐力接合　189
　　6.3　柱梁接合部の設計　　　　　　　　193
　　　6.3.1　柱と梁がともにH形鋼部材の場合（溶接）　193
　　　6.3.2　スプリットティーを用いた柱梁接合部　198
　　　6.3.3　閉鎖形断面の柱梁接合部　198
　　　6.3.4　小梁，つなぎ梁などの接合部　199
　　　6.3.5　梁端部の保有耐力接合　200
　　6.4　柱脚と基礎の設計　　　　　　　　204
　　　6.4.1　柱脚の固定度　204　　　　　／　6.4.2　露出形式柱脚の設計　205
　　　6.4.3　露出形式柱脚の終局耐力　215　／　6.4.4　非露出形式柱脚の設計　219

第7章　設　計　例 ………………………………………………………… 223
　　7.1　構造概要と構造計算の手順　　　　223
　　　7.1.1　構造概要　223　　　　　　　／　7.1.2　構造計画概要　223
　　　7.1.3　建物の構造図　224
　　　7.1.4　構造設計の手順と応力計算の仮定　225
　　7.2　荷重の計算　　　　　　　　　　　225
　　　7.2.1　固定荷重　225　　　　　　　／　7.2.2　床荷重　227
　　　7.2.3　地震力　227
　　7.3　応力計算　　　　　　　　　　　　228
　　　7.3.1　断面の仮定　228
　　　7.3.2　鉛直荷重時（常時）の柱軸力の計算　228
　　　7.3.3　鉛直荷重時の応力の計算結果　229
　　　7.3.4　地震力の算定　232
　　　7.3.5　地震力による応力計算結果　234
　　7.4　各部の設計　　　　　　　　　　　235
　　　7.4.1　梁，柱の断面算定　235

　　7.4.2　梁の横補剛，幅厚比の検討　235
　　7.4.3　基礎梁の検討　236
　　7.4.4　継手および柱梁接合部，柱脚の検討　237
　　7.4.5　床スラブ，小梁の検討　239
　7.5　耐震性の検討　　　　　　　　　　　　　　　242
　　7.5.1　耐震規定の検討　242　　　／　7.5.2　保有水平耐力の検討　243

付録 1　鋼材の長期許容圧縮応力度　　　　　　　　　　　　　　247
　　　付表 1.1　$F = 235$ [N/mm^2]，$t \leqq 40$ [mm] の場合　247
　　　付表 1.2　$F = 325$ [N/mm^2]，$t \leqq 40$ [mm] の場合　248
付録 2　ラーメン柱の座屈長さ（水平移動が拘束されない場合）　　249
付録 3　形鋼の形状・断面性能　　　　　　　　　　　　　　　　251
　　　付表 3.1　H 形鋼（JIS G 3192：2021）　251
　　　付表 3.2　等辺山形鋼（JIS G 3192：2021）　253
　　　付表 3.3　溝形鋼（JIS G 3192：2021）　254
付録 4　炭素鋼鋼管の形状・単位質量・断面性能　　　　　　　　255
　　　付表 4.1　一般構造用炭素鋼鋼管（JIS G 3444：2021）　255
　　　付表 4.2　建築構造用炭素鋼鋼管（JIS G3475：2021）　256
付録 5　角形鋼管の形状・単位質量・断面性能　　　　　　　　　259
　　　付表 5.1　建築構造用冷間ロール成形角形鋼管　259
　　　付表 5.2　建築構造用冷間プレス成形角形鋼管　261
付録 6　軽量形鋼の形状・単位質量・断面性能　　　　　　　　　265
　　　付表 6.1　リップ溝形鋼（JIS G 3350：2021）　265
付録 7　アンカーボルトの軸径・断面積　　　　　　　　　　　　266
　　　付表 7.1　ABR（転造ねじ，JIS B 1220：2015）　266
　　　付表 7.2　ABM（切削ねじ，JIS B 1220：2015）　266
付録 8　建築物区分，構造計算の方法，審査の方法のフローチャート　267
付録 9　建築基準法施行令第 3 章（構造強度）の構成　　　　　　268
付録 10　国際単位系　　　　　　　　　　　　　　　　　　　　269

参考文献　　　　　　　　　　　　　　　　　　　　　　　　　270
索　引　　　　　　　　　　　　　　　　　　　　　　　　　　271

記号一覧

■荷重，設計

A_i　高さ方向の分布係数
C_f　風力係数
D_s　構造特性係数
E_r　風圧力の高さ方向の分布係数
F_e　偏心率に応じた係数
F_{es}　形状特性係数
F_s　剛性率に応じた係数
G_f　ガスト影響係数
G_{pe}　ピーク風力係数
p　風圧力
q　速度圧
r　層間変形角
R_e　偏心率
R_i　層間変形角
R_s　剛性率
R_t　地盤と建築物の振動特性係数，ボルト
　　の許容引張力
T　建物の設計一次固有周期
T_c　地盤の固有周期
V_0　基準風速
Z　地域係数
Z_G　風圧力の地表面粗度区分に応じた値

■材料の性質，強度

E　弾性係数
f_a　許容付着応力度
f_b　許容曲げ応力度
f_c　許容圧縮応力度
f_c'　許容局部圧縮応力度
f_l　ボルトの許容支圧応力度
f_s　許容せん断応力度
f_{st}　せん断と引張を受けるボルトの許容せ
　　ん断応力度
f_t　許容引張応力度
f_w　溶接の許容応力度
F　鋼材の設計基準強度

F_c　コンクリートの設計基準強度
G　せん断弾性係数

■断面寸法

a　溶接のど厚
b　形鋼の幅
B　①H形鋼のフランジ幅
　　②中空断面の一辺の長さ
　　③ベースプレートの幅
　　④合成梁の有効幅
b_e　合成梁の協力幅
b_s　スチフナの幅
d　①ボルト公称軸径
　　②H形断面のウェブせい
D　円形中空断面の直径，角形鋼管の外径
H　形鋼部材全せい
h　フランジ中心間距離
h'　H形鋼フランジの内側間の寸法
s　溶接サイズ
t　板厚
t_f　フランジ厚
t_j　添え板厚
t_p　柱梁接合部パネルの板厚
t_w　ウェブ厚

■長さ，間隔

a　直交方向梁の間隔
b　ボルト孔の間隔
d_t　引張側ベースプレート端からのアンカー
　　ボルトの距離
e　①縁端距離，端空き距離　②偏心量
g　ボルト孔の列の間隔
h　柱長さ，フランジ中心間距離
h'　柱内のりスパン
L　①部材長さ　②スパン長さ　③有効な
　　溶接長さ

L_b　①圧縮フランジの支点間距離
　　②ブレース部材長
L_k　有効座屈長さ
L'　直交方向梁長さ
m　破断線上にあるボルト本数
m'　せん断ボルトの構面数，添え板の数
n　ボルト本数
p　ボルトピッチ寸法
r_s　スカラップの大きさ
x_n　中立軸距離

■ 断面の性質，部材の性質
a　ボルト孔による等価欠損断面積
a_0　ボルト孔1個の正味欠損断面積
A　全断面積
A_d　ボルト孔欠損断面積
A_e　引張材の有効断面積
A_f　フランジの断面積
A_{fe}　フランジの有効断面積
A_{fn}　高力ボルトの軸断面積
A_{je}　添え板の有効断面積
A_n　ボルト孔を控除した断面積
A_w　①ウェブ断面積　②有効な溶接面積
i_x, i_y, i_v　断面二次半径
I_w　①曲げねじり定数（そり係数）
　　②ウェブの断面二次モーメント
I_x　x軸回りの断面二次モーメント
I_y　y軸回りの断面二次モーメント
J　サンブナンのねじり定数
S　断面一次モーメント
Z　断面係数
Z_e　ボルト孔を控除した断面係数
Z_{pe}　ボルト孔を控除した塑性断面係数
Z_p　塑性断面係数
Z_x　x軸回りの断面係数
Z_y　y軸回りの断面係数

■ 応力，応力度
M_1　横補剛区間端の大きいほうの曲げモーメント
M_2　横補剛区間端の小さいほうの曲げモーメント

M_{b1}, M_{b2}　接合部に働く梁端の曲げモーメント
M_{c1}, M_{c2}　接合部に働く柱端の曲げモーメント
M_e　弾性横座屈モーメント
M_f　梁のフランジ負担曲げモーメント
M_p　梁の全塑性モーメント
M_{pc}　軸力を考慮した全塑性モーメント
M_u　継手の最大曲げ耐力
M_y　降伏応力時の曲げモーメント
M_w　梁のウェブ負担曲げモーメント
N_c　圧縮軸方向力
N_E　オイラー荷重，弾性座屈荷重
N_f　フランジ軸方向力
N_t　引張軸方向力
N_u　継手の最大軸方向耐力
N_w　H形鋼柱ウェブ負担圧縮軸方向力
N_y　軸力のみの降伏軸力
P　部材軸力，荷重
P_u　最大耐力
P_{un}　必要な保有耐力
P_y　降伏荷重
Q_u　①保有水平耐力　②継手の最大せん断力
Q_{ud}　地震力による各階の層せん断力
Q_{un}　必要保有水平耐力
R_f　高力ボルトの許容せん断力
R_s　ボルトの許容せん断力
R_t　ボルト，高力ボルトの許容引張力

■ ギリシア文字
α　保有耐力設計のための係数
α_i　当該階より上の質量/全階の質量
β　水平力のブレース分担率
γ　せん断ひずみ度，座屈長さ倍率
δ　①伸び　②たわみ
ε　ひずみ度
ε_{st}　ひずみ硬化開始ひずみ度
ε_y　降伏ひずみ度
ε_Y　引張試験におけるひずみ度
θ　①角度　②部材回転量
ϕ　ねじり角
λ　細長比

λ_b　曲げ材の細長比

λ_e　有効細長比

$_e\lambda_b$　弾性限界細長比

$_p\lambda_b$　塑性限界細長比

λ_x　x 軸方向細長比

λ_y　y 軸方向細長比

Λ　限界細長比

μ　塑性率，摩擦係数

μ_b　積雪荷重のための屋根形状係数

ν　①安全率　②ポアソン比 $= 0.3$（鋼）

σ_b　曲げ応力による縁応力度

σ_B　引張強さ

σ_c　①圧縮応力度

　　②柱脚部コンクリート最大支圧応力度

σ_{cr}　塑性座屈応力度，局部座屈応力度

σ_t　引張応力度

σ_y　①降伏応力度　②y 方向軸応力度

σ_Y　引張試験における降伏応力度

τ　せん断応力度

τ_{cr}　局部座屈時のせん断応力度

τ_u　終局せん断応力度

■主なギリシア文字の読み方	
α	アルファ
β	ベータ
γ, Γ	ガンマ
δ, Δ	デルタ
ε	イプシロン
θ	シータ
ϕ	ファイ
η	イータ
κ	カッパ
λ, Λ	ラムダ
μ	ミュー
ν	ニュー
σ, Σ	シグマ
τ	タウ
ω	オメガ

第 1 部

鋼構造の基本

建設中の東京都庁舎（1991）

鋼 構 造

第 **1** 章

1.1 構造の形式および構成 ・・・・・・・・・・・・・・・・・・・・・・・・・・・・・・・・

1.1.1 鋼材料の発達と鋼構造の発展

中世まで，鋼は，原料の鉄鉱石や砂鉄を 1000℃ 程度の温度下で半溶融状態として，家内工業的な方法で生産され，これを加工して製品としていた．

14〜15 世紀に水車の力を利用した送風装置が開発され，高温下で溶融状態の鉄（銑鉄）が生産できるようになり，鋳造が可能となった．またドイツでは，**高炉法**による製鉄技術が発明され，鉄の大量生産が始まった．しかし，この銑鉄は 3〜4% 程度の多量の炭素を含有していたため，鋳造には便利であったものの非常に脆く，良質の鉄というにはほど遠かった．また，溶融時の燃料を主に石炭に頼っていたため，硫黄やリンの混入量が多くなり，鋼としての性質は非常に悪かった．

1709 年にイギリスのデルビーによってコークス高炉が実用化され，炭素や硫黄分の少ない銑鉄の製造が可能となった．この頃に力学の発展もあり，1779 年に鋳造した鋼材を使用した世界で最初のアーチ橋であるコールブルックデール橋がイギリスで作られた．さらに 19 世紀になると，大スパンの構造物に鋳鉄製の梁材や形鋼が使用されるようになった（写真 1.1）．

写真 1.1　大スパン構造（セント・パンクラス駅，ロンドン，1867）

1885 年，イギリスの発明王といわれたベッセマーが**転炉製鋼法**を発明し，炭素，硫黄，リンなどの不純成分量の制御が可能となり，強靭さをもった鋼材が大量に生産できるようになった．以後，建築の分野にも多くの鋼材が使用されるようになった．

鉄骨構造の歴史のなかで特筆されるのは，1889 年の第 1 回万国博覧会のモニュメントとして建てられたパリの**エッフェル塔**（写真 1.2）である．当時フランスの土木設計の技師として著名であったエッフェルの設計したこの**鉄骨構造**の塔は，来るべき**鋼構造建**

築時代の到来を感じさせるものとして当時の人々の注目を集めた．この後，鉄骨構造の建築物はヨーロッパでは発展せず，土木構造物に利用されることが多かったが，アメリカに飛び火して 19 世紀後半の**シカゴ派**建築家の鉄骨とガラスの組み合わせによる斬新なデザインにより一世を風靡することとなる．この新しい建築様式はミース・ファン・デル・ローエの建築に集大成される（写真 1.3）．彼の建築は大胆に鉄骨とガラスを取り入れたところに特徴がある．

その後の鉄骨構造は接合法の発展と非常に密接にかかわっている．最初の頃の接合はリベットによる接合が使われていたが，20 世紀初頭より溶接法の発展とともに鉄骨構造の全盛時代が始まる．鉄骨構造が日本で使われるようになったのは鉄道橋が先であるが，建築の分野では 1895 年東京の**秀英舎印刷工場**（鉄骨 3 階建）が最初である．

前述したように，鉄骨構造の発展にはその接合技術が不可欠であったが，それと並行して形鋼の種類が多数考案されたことも接合技術を向上させた．I 形や H 形の形鋼は，断面積に対して断面二次モーメントが大きいため，梁材には有利である．1885 年にはイギリスのドーマン・ロング社で I 形鋼が生産され，1921 年にはアメリカのベスレヘムスチール社で H 形鋼が製造されるようになり，鋼構造は飛躍的に発展していくことになる．

1960 年代からの高力ボルト接合の普及は施工を容易にし，さらにコンピュータによる数値解

写真 1.2 鉄塔（エッフェル塔，パリ，1889）

写真 1.3 鉄とガラスの建築（ベルリン国立美術館，ベルリン，1964）

写真 1.4 日本の超高層ビル（超高層ビル群，新宿，1976）

析の飛躍的な進展により，超高層建築や大スパン建築の設計を可能にした.

　日本でも 1968 年の三井霞が関ビル以来，多くの超高層ビルが建設されるようになり（写真 1.4），大スパンドームの屋根や吊り構造（写真 1.5）などの多様な構造形式のものが誕生した.

写真 1.5　吊り構造（ヨットハーバー，岡山県牛窓町，1994）

1.1.2　鋼構造物の被害とその教訓

　鋼構造物はこれまで多数の事故や地震被害の試練を経て，現在のような安全性に優れた設計法が発展してきた.　これまでの鋼構造物の代表的な被害例を表 1.1 に示す.

表 1.1　鋼構造物の被害

年	災　害	被　害	対　策
1937	ベルギー，ハッセルト橋落下	溶接部脆性破壊	
1940	アメリカ，タコマナローズ橋落下	風による共振破壊	耐風設計
1943	アメリカ，輸送船	溶接部脆性破壊	
1978	宮城県沖地震	ブレースの破断	保有耐力設計
1980 頃	超高層ビルの揺れ	揺れによる不快感	制振構造
1994	アメリカ，ノースリッジ地震	溶接部破断	溶接工法再検討
1995	兵庫県南部地震	溶接部欠陥	
		厚板部の脆性破断	厳格材料 SN 鋼

　最近の鋼構造物が大地震の洗礼を受けたのは，1994 年のアメリカの**ノースリッジ地震**（写真 1.6）と 1995 年の**兵庫県南部地震**（写真 1.7，1.8）である.　いずれの地震でも以下のような被害が観察された.

　　① 溶接部の不良施工による破壊
　　② スカラップや裏当て金端部からの破壊
　　③ 大断面材で溶接にあまり適さない厚板の破壊

　このような破壊の多くはあとで説明す

写真 1.6　ノースリッジ地震の柱被害（アメリカ合衆国，1994）［建設省建築研究所・鋼材倶楽部編：「破壊問題に関する日本鉄骨ワークショップ」報告集，p.62，1996.9.］

写真 1.7　鋼管柱の破断（兵庫県南部地震，1995）

写真 1.8　柱梁接合部の溶接破壊（兵庫県南部地震，1995）

る**脆性破壊**に属するもので，最近の研究成果を取り入れた**ノンスカラップ工法**などの新しい溶接法や，より厳格な建築用の新 JIS の **SN 材**の採用などにより解決されてきた．

1.1.3　鋼構造の特徴

　鋼構造の特徴は，軽量で変形能力が高いことにある．鋼はコンクリートなどに比べると強度が数倍以上高いため，外力を支えるためにそれほど大きな断面を必要としない．しかし，そのため細長くなって座屈が生じたり，たわみが大きくなったりという欠点がある．

　鉄筋コンクリート構造と比較した鋼構造の長所は，次のようになる．

　　① 高強度であるため，軽量にできる．
　　② 靭性が高いため，破壊に至るまでのエネルギー吸収が大きい．
　　③ 溶接やボルトにより容易に接合できる．
　　④ 工場で加工できるため，現場での工期を短縮できる．
　　⑤ 解体が容易で，再利用も簡単にできる．

　このような長所をもつため，超高層ビルや大スパン建築には鋼構造が多く用いられている．一方，鋼構造には次のような短所がある．

　　① 鉄は錆びるため，耐久性が低い．

② 鉄は 600℃ で軟化するため，コンクリートより耐火性において劣る.

③ 鋼構造はコンクリート壁に比べて遮音性が劣る.

④ 鉄筋コンクリート構造に比べて建設コストが高くなる.

　②のため，**耐火被覆**が必要で割高になり，また①のため塗装などのメンテナンスの経費も高くなる．また，③のため，マンションなどの高層住居には敬遠される傾向があるが，低層プレハブ住宅などには**軽量鉄骨造**として多く用いられている.

1.1.4　構造の形式

鋼を用いた構造には，次に示すいくつかの構造形式がある.

■（1）鉄骨造（S造）

鋼材のみで構造体とよばれる建物の躯体を構成する一番ポピュラーな形式が**鉄骨造（S造）**である．ラーメン，トラス，テンション，サスペンション構造など幅広い構造形態が可能である.

■（2）鉄骨鉄筋コンクリート造（SRC造）

鋼材は熱や錆に弱いため，これを鉄筋コンクリートで覆って，鉄骨の弱点をカバーしつつその耐震性を保持している構造形式が**鉄骨鉄筋コンクリート造（SRC造）**である（図1.1）．双方の長所を備えた形式であるが，コストは高くなる.

■（3）コンクリート充填鋼管構造

コンクリート充填鋼管（CFT）構造は，鋼管の内部にコンクリートを充填して，圧縮耐力を大きくするとともに，耐火性も向上できる構造形式である（図1.2）.

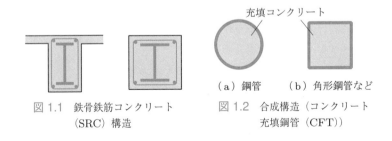

充填コンクリート

（a）鋼管　　　（b）角形鋼管など

図 1.1　鉄骨鉄筋コンクリート（SRC）構造

図 1.2　合成構造（コンクリート充填鋼管（CFT））

■（4）混合構造

　図1.3のように，柱は鉄筋コンクリート造とし，梁に鉄骨の形鋼を用いて，鉄筋コンクリートの圧縮に強い長所と，鉄骨の軽量で大スパンに適する特徴をあわせもつ構造形式が**混合構造**である．ただし，接合部では確実な応力伝達や精度の確保など施工上の配慮が必要である．

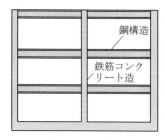

図1.3　混合構造

1.1.5　架構形式

　鋼構造はコンクリートに比べて，高強度のため軽量化でき，変形能力が高いので多様な架構形式が可能である．これには図1.4のようなものがある．

1.2　鋼材の性質 ·······

1.2.1　鋼の含有元素，単位体積質量

　鋼はいろいろな元素との合金であるが，一番多く含まれている炭素がその性質決定に一番大きな影響を与える．鋼には，この炭素を含めてその製造過程で不可避的に含まれる五つの元素がある．その元素とは，炭素C（含有量0.03〜1.2%），ケイ素Si（0.01〜0.3%），マンガンMn（0.3〜0.8%），リンP（0.01〜0.05%），硫黄S（0.005〜0.05%）である．これを**鋼の5元素**とよぶ．

　これらの5元素は，表1.2に示すように，強度など溶接部の品質に大きな影響を与える．そこで，その度合いを同量の炭素含有量に置換して炭素含有量を合わせたもの（**炭素当量Ceq**という）の含有量を通常は0.4%以下に抑えている．5元素のほかに鋼の性質向上を目的に添加される元素には，クロムCr，ニッケルNi，銅Cu，モリブデンMo，タングステンW，バナジウムVなどがある．

　なお，鋼材の長さあたりの単位質量 [kg/m] などの計算には，単位体積質量 $7.85\,\mathrm{g/cm^3}$ が用いられる．

1.2.2　鋼材の応力度とひずみ度

　図1.5のような断面積 A [mm²] の鋼材を荷重 P [N] で引張試験を行い，測定長さ L [mm] の伸び ΔL [mm] を測定し，その結果を次式のように**応力度** σ，**ひずみ度** ε で表す．

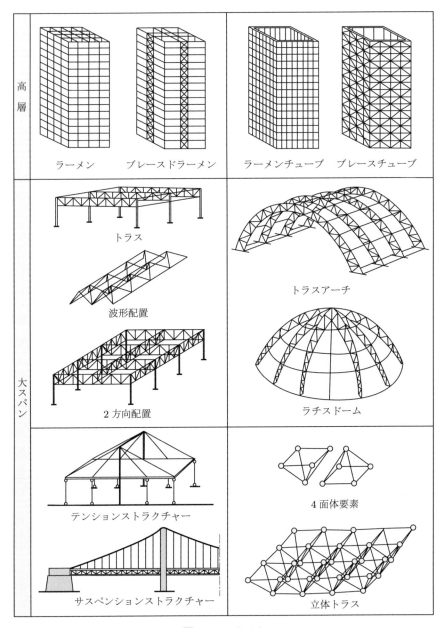

高層

大スパン

ラーメン　　ブレースドラーメン　　ラーメンチューブ　　ブレースチューブ

トラス

波形配置

2方向配置

トラスアーチ

ラチスドーム

テンションストラクチャー

サスペンションストラクチャー

4面体要素

立体トラス

図1.4　架構形式

表 1.2 鋼に含まれる化学成分

元 素		性 質
炭　素	C	量が鋼の強度と 靭性を左右する．強度は炭素量 1% まではその量に比例する．また，破断時の伸びは炭素量に反比例する．
ケイ素	Si	含有量の増加に伴い，降伏点強度が上昇し，降伏比（降伏点／引張強さ）を高める効果がある．しかし， 靭性は低下する．
マンガン	Mn	2% 以下の含有量では， 靭性を損なうことなく含有量に比例して強度が増大する．しかし，高価なため多量に添加できない．
リ　ン	P	鋼を脆くする．耐食性を増す．
硫　黄	S	悪い影響しか与えない．とくに溶接割れを引き起こす原因となる．
クロム	Cr	少量で硬さと強度を増す．含有量が多いと耐食性と耐熱性を増す．ニッケルと同時に用いるとその効果は一層増大し，ステンレス鋼となる．
ニッケル	Ni	クロムと同様であるが，クロムと共存すると相乗効果がある．
銅	Cu	展延性を増し，また耐食性を向上させる．
モリブデン	Mo	高温下での強度と硬さを高め，耐熱性を向上させる．その効果はタングステンより大きい．
バナジウム	V	モリブデンと同様に耐熱性を向上させるが，効果はさらに大きい．
タングステン	W	耐熱性を向上させる．

注）炭素当量 $Ceq = C + \dfrac{Si}{24} + \dfrac{Mn}{6} + \dfrac{Ni}{40} + \dfrac{Mo}{4} + \dfrac{V}{14}$

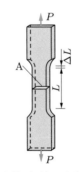

図 1.5 鋼材の引張試験

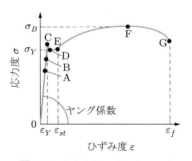

図 1.6 応力度とひずみ度の関係

$$\sigma = \frac{P}{A} \ [\text{N/mm}^2] \tag{1.1}$$

$$\varepsilon = \frac{\Delta L}{L} \tag{1.2}$$

　これより，図 1.6 のような**応力度 - ひずみ度曲線**が得られる．原点から点 A（この点を**比例限度**とよぶ）までは直線となり，応力とひずみは正比例の関係になり，次式のフックの法則が成り立つ．

$$\sigma = E\varepsilon \tag{1.3}$$

ここに，E は**ヤング係数**（または弾性係数）で，鋼の場合はほぼ一定の値をとり，$E = 2.05 \times 10^5 \,[\mathrm{N/mm^2}]$ が設計で用いられる．

　点 B は**弾性限度**とよばれ，この点までは，荷重を取り去るとひずみは元に戻り 0 となるが，このような性質を**弾性**という．

　点 C に達するとわずかに応力度が下がり，その後は応力度は増加せず，ひずみ度だけが増えていく**降伏現象**が観察される．点 C を**上（位）降伏点**，このときのひずみ度を**降伏ひずみ度** ε_Y といい，点 D を**下（位）降伏点**とよぶが，ひずみ速度が速い場合や高強度鋼では観察されない．下降伏点の応力度を**降伏応力度** σ_Y といい，弾性設計ではこの応力度を限界とするため，重要な値である．この降伏点を過ぎると荷重を取り去ってもひずみが残る．この状態を**塑性**といい，残留するひずみを**残留塑性ひずみ**（永久ひずみ）とよぶ．

　さらに，ひずみが増加して点 E に至ると，ふたたび応力度が上昇し始めるが，この現象を**ひずみ硬化**とよび，点 E を**ひずみ硬化開始点**という．点 F で最大応力度となるが，このときの応力度を**引張強さ** σ_B という．

　その後，伸びとともに断面がくびれて細くなり，応力度が低下して点 G で破断する．この点が**破断点**で，そのときのひずみ度を**伸び**とよぶ．

　σ_Y と σ_B との比率 σ_Y/σ_B を**降伏比**とよぶ．一般に，降伏比の大きい鋼材ほど伸びが大きい．したがって，部材端において塑性域を広げ，構造部材の**塑性変形能力**を保証するためには降伏比の大きいものが有利である．一方で，降伏比が部材間で大きく異なるなどの品質にばらつきがあると，想定した崩壊のメカニズムが異なってくることになり大きな問題となる．

　図 1.7 にいろいろな鋼材の応力度とひずみ度の関係を示す．普通鋼（SS400）の引張強さが $450\,\mathrm{N/mm^2}$ 程度であるのに対して，$1000\,\mathrm{N/mm^2}$（MPa）程度の**高強度鋼**もある．

　一般に，鋼材は炭素の含有量が増えると強度は増大するが，伸びは小さくなり，靭性に乏しい．また，降伏点も明確に現れず，降伏比は小さくなっていく．

　なお，降伏点が明確でない鋼材の降伏点は，図 1.8 のように，残留塑性ひずみ度 0.2% の**オフセットひずみ度**から弾性時の傾きと平行な直線を引き，σ-ε 曲線と交わったときの応力度を降伏点とするように決められている．

　図 1.9 に示すように，鋼材が降伏したあと（点 A），荷重を除去していくと，初期載荷時の弾性域の直線と平行になり，荷重を取り去ると残留ひずみ度を生じる（点 B）．さらに，負の荷重を加えると，最初の降伏応力度より低い値で降伏が始まる（点 C）．

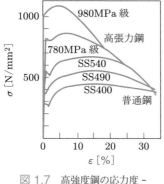

図 1.7 高強度鋼の応力度 -
ひずみ度曲線

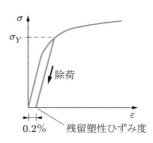

図 1.8 0.2% オフセットひずみ度法
による降伏点

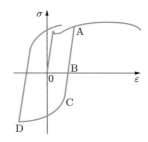

図 1.9 繰り返し載荷時の応力度 - ひずみ度の関係

これ以降の荷重の繰り返し時にも同じ現象が生じる．この現象を**バウシンガー効果**とよぶ．

なお，鋼材の**ポアソン比** ν は 0.3 であり，**せん断弾性係数** G は，弾性係数 E と次の関係がある．

$$G = \frac{E}{2(1+\nu)} \tag{1.4}$$

これより，$G = 2.05 \times 10^5 / \{2(1 + 0.3)\} = 0.79 \times 10^5 \ [\text{N/mm}^2]$ である．

1.2.3 鋼の破壊形式

一般に，鋼材は破壊に至るまでに十分な**延性**を示し，破断するまでには 10〜20% 程度の伸びを示す．このような破断をした鋼材の断面は，カップアンドコーン型とよばれる特有な破面をしていて，ねずみ色をしたギザギザの破面が観察される．このような破壊を**延性破壊**といい，靭性が大きく，破壊までに大きなエネルギーを吸収できる．

これに対して，非常に高強度の鋼や炭素含有量の多い銑鉄などはほとんど変形せず，脆く破壊する．このような破面はなめらかで，写真1.9に示す**シェブロンパターン**とよばれる縞模様が観察される．

この破壊形式は脆性破壊とよばれ，一般の鋼材でも低温の環境のもとで切欠きや溶接欠陥などの存在で鋼が脆くなる性質（これを**切欠き脆性**という）に起因して，局部的な応力

写真 1.9　鋼材の脆性破断面（シェブロンパターン）

集中により発生することが多い．これまで，脆性破壊は船舶や土木構造物に多く見られる現象だったが，ノースリッジ地震や兵庫県南部地震では，それによる建築物への被害が確認されたため，建築物においても設計・施工上注意が必要である．

このほかに，鋼材は大きな応力が生じる場合，1回の加力では何ともなくても，加力を何回も繰り返すと破壊に至る．これを**疲労破壊**という．このような破壊は通常建築物では工場などの移動クレーンに見られるが，地震時での大きな繰り返し応力は回数が少ないため破壊には至らないことが多い．

この疲労破壊に対して，「鋼構造許容応力度設計規準」[1]では，通常の部材や接合部では検討を必要としないが，繰り返し回数 N が，1×10^4 回を超えるクレーン走行梁などの部材については検討を要するとしている．その場合，繰り返し回数が 2×10^6 回で疲労破壊する強度を**基準疲労強さ**とし，部材における応力範囲と繰り返し回数に応じて強度を低減した，**許容疲労強さ**を用いることとしている．

1.2.4　鋼の降伏条件

一般の構造部材にはいろいろな応力が加わり，複合応力状態となっているが，このような場合の降伏応力度は単純な引張降伏応力度より低下する．この現象についてミーゼスは，**せん断弾性ひずみエネルギー**が一定値に達したときに降伏が始まるとして，一般の3次元応力状態に関して次式を提案した．

$$2\sigma_Y^2 = (\sigma_x - \sigma_y)^2 + (\sigma_y - \sigma_z)^2 + (\sigma_z - \sigma_x)^2 + 6(\tau_{xy}^2 + \tau_{yz}^2 + \tau_{zx}^2) \quad (1.5)$$

ここに，σ_Y：引張実験での降伏応力度，σ：x, y, z 方向の垂直応力度，τ：せん断応力度である．

平面応力状態では $\sigma_z = \tau_{yz} = \tau_{zx} = 0$ となり，式 (1.5) は次式で表される．

$$\sigma_Y^2 = \sigma_x^2 + \sigma_y^2 - \sigma_x \sigma_y + 3\tau_{xy}^2 \tag{1.6}$$

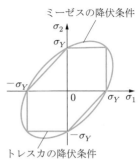

図 1.10　鋼の降伏条件

　主応力に一致する場合には，$\sigma_x = \sigma_1$，$\sigma_y = \sigma_2$，$\tau_{xy} = 0$ となり，**ミーゼスの降伏条件式**は楕円となる．また，最大せん断応力度がある一定値に達したときに降伏するとした**トレスカの降伏条件式**は多角形となり，図 1.10 のような関係となる．

　なお，ミーゼスの条件式でせん断力のみの場合は，

$$\tau_{xy} = \frac{\sigma_Y}{\sqrt{3}} \tag{1.7}$$

となり，降伏せん断応力度は降伏引張応力度の $1/\sqrt{3}$ となることがわかる．

1.3　鋼構造設計の基本事項

　鋼構造物を設計する場合の基本事項をまとめて以下に示す．

■（1）合理的な構造形態

　① 建物用途に適した構造形式を選択する．

　② 架構形式を選択する．

　③ 力学上合理的な形態を追求する．

■（2）強度の確保

　① 過度な応力やひずみを受けないように余裕のある設計をする．

　② 地震時，暴風時，積雪時などの想定外力で一番不利なものを対象に設計する．

　③ 静的な応力だけでなく，動的な応力も考慮する（図 1.11）．

　④ 力学的に明快な構造計画とする．

■（3）変形の抑制

　① 使用上の支障がないように，常時荷重による梁のたわみの限界はスパンの 1/250 以下とする（図 1.12）．

　② 交通や人の移動，設備機器などからの振動を防止する．

　③ 強風時の建物の揺れに対して，居住者にとって不快感，不安感を与えない変形に抑える．

　④ 大地震時の揺れ δ は仕上げ材や設備取付け部を壊す可能性があり，**層間変形角 R_i** は弾性計算で階高 h の 1/200 以下とする（図 1.13）．

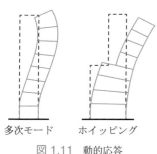

多次モード
ホイッピング
図 1.11 動的応答

たわみ＜$\frac{L}{250}$
L
図 1.12 梁のたわみ

δ_4
δ_3
δ_2
δ_1
h_4
h_3
h_2
h_1
$R_i = \frac{\delta_i}{h_i}$（層間変形角）
図 1.13 水平方向変位

■（4）靭性の確保

靭性とは，図 1.14 に示すように，耐力の低下を伴わずに大きな変形に耐えうる能力である．その確保には以下のことが重要である．

① 大地震時の大きな変形に接合部を破断させない．座屈を起こさない．局部座屈を生じさせない．

② 変形能力の高い鋼材および接合方法を採用する．

③ 脆性破壊しない設計のディテールを採用する．

④ エネルギー吸収の大きい部材で構成する（図 1.15，1.16 参照）．

⑤ 製作・組立て時での欠陥の少なくなる設計ディテールを採用する．

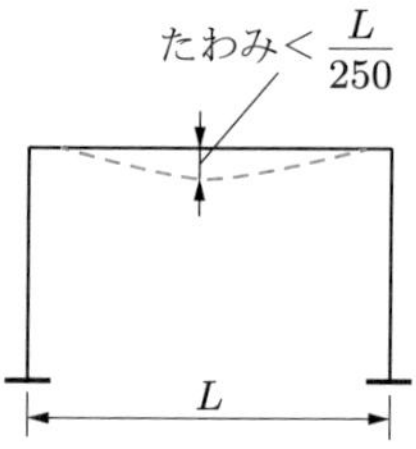

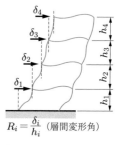

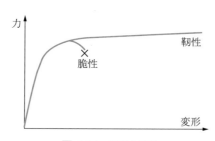

力
靭性
脆性
変形
図 1.14 靭性と脆性

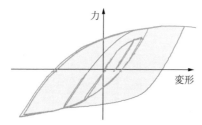

力
変形
図 1.15 鋼構造のエネルギー吸収（ループの描く面積が大きい）

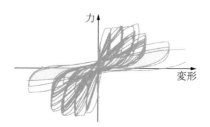

力
変形
図 1.16 鉄筋コンクリート造のエネルギー吸収（ループの描く面積が小さい）

■（5）耐久性・耐火性

① 錆などに対するメンテナンスが容易なように計画する．

② 火災時には軟化して強度が低下するため，消火まで強度に支障がないよう耐火被覆が必要であり，ロックウールの吹付け，厚さ 12 mm 以上の石こうボードやケイ酸カルシウム板の張付けなどの対策を行う（図 1.17）．

（a）ロックウール吹付け　（b）ケイ酸カルシウム板の張付け

図 1.17　耐火被覆

■（6）経済性など

① 敷地条件（地盤，周囲の条件など），工期，施工の難度（安全性）などの施工性がコストに反映されるため，構造形式や工法は十分検討する．

② 省エネルギー対策，地球環境対策に配慮する．

1.4　構造用鋼材

建築構造に用いられる主な鋼材の化学成分と力学的性質を表 1.3 に示す．鋼材は，アルファベットで示す鋼種と，引張強さの下限値で表す．たとえば，SN400 は引張強さが 400 N/mm^2 以上の建築構造用圧延鋼材となる．

1.4.1　建築構造用圧延鋼材（SN 材，N：new structure）

建築物の接合部は柱と梁の接合部のように直交する部材どうしの溶接が多く，しかも複雑である．そのため，接合部の靭性が不足すると，構造物の変形能力に支障をきたすため，エネルギーが十分吸収されないことになる．このような理由から，建築用として 1994 年に新たに JIS に制定された SN 材は，耐震安全性を図るべく以下のように規定している．

① **変形能力の確保**　鋼材の降伏比を 80% 以下に抑えて，構造物が十分に塑性変形できるように配慮されている．

② **溶接性の確保**　SS 材や SM 材と比べると，炭素当量や硫黄などの含有量に厳しい制限を設け，溶接性への影響が考慮されている．

表 1.3　鋼材の規格と種類

規格名称	種類		化学成分（最大）[%]						引張試験値			
			Ceq	C	Si	Mn	P	S	降伏点または耐力 [N/mm²]	引張強さ [N/mm²]	降伏比 [%]	伸び [%]
建築構造用 圧延鋼材 J I S G 3 1 3 6	SN400	A	—	0.24	—	—	0.050	0.050	235~	400~510	—	17~
		B	0.36	0.20	0.35	0.60~1.40	0.030	0.015	235~355	400~510	~80	18~
		C	0.36	0.20	0.35	0.60~1.40	0.020	0.008	235~355	400~510	~80	18~
	SN490	B	0.44	0.18	0.55	1.60	0.030	0.015	325~445	490~610	~80	17~
		C	0.44	0.18	0.55	1.60	0.020	0.008	325~445	490~610	~80	17~
一般構造用 圧延鋼材 J I S G 3 1 0 1	SS400		—	—	—	—	0.050	0.050	235~	400~510	—	17~
	SS490		—	—	—	—	0.050	0.050	275~	490~610	—	19~
	SS540		—	0.30	—	1.60	0.040	0.040	390~	540~	—	17~
溶接構造用圧延鋼材 J I S G 3 1 0 6	SM400	A	—	0.23	—	2.5XC	0.035	0.035	*1	400~510	—	18~
		B	—	0.20	0.35	0.60~1.40	0.035	0.035		400~510	—	22~
		C	—	0.18	0.35	1.40	0.035	0.035		400~510	—	24~
	SM490	A	—	0.20	0.55	1.60	0.035	0.035	*2	490~610	—	17~
		B	—	0.18	0.55	1.60	0.035	0.035		490~610	—	17~
		C	—	0.18	0.55	1.60	0.035	0.035		490~610	—	17~
	SM520	B	—	0.20	0.55	1.60	0.035	0.035	*3	520~640	—	15~
		C	—	0.20	0.55	1.60	0.035	0.035		520~640	—	15~
	SM570	—	—	0.18	0.55	1.60	0.035	0.035	*4	570~720	—	19~

	降伏点または耐力 [N/mm²]	
*1	$6 \leq t \leq 16$	≥ 245
	$16 < t \leq 40$	≥ 235
	$40 < t$	≥ 215
*2	$6 \leq t \leq 16$	≥ 325
	$16 < t \leq 40$	≥ 315
	$40 < t \leq 100$	≥ 295

	降伏点または耐力 [N/mm²]	
*3	$6 \leq t \leq 16$	≥ 365
	$16 < t \leq 40$	≥ 355
	$40 < t \leq 75$	≥ 335
	$75 \leq t \leq 100$	≥ 325
*4	$6 \leq t \leq 16$	≥ 460
	$16 < t \leq 40$	≥ 450
	$40 < t \leq 75$	≥ 430
	$75 < t \leq 100$	≥ 420

③ **板厚方向性能の確保**　建築の接合部は部材が直交する場合が多いため，板厚方向の変形性能が重要である．このため，超音波探傷試験や板厚方向の引張試験により性能が規定されている．

④ **設計の用途に応じた鋼種**　設計の要求に応じて A，B，C の鋼種があり，表 1.4 のように使用区分と性能が規定されている．また，近年柱材やトラスの弦材として使用されることが多くなった**建築構造用炭素鋼鋼管（STKN 材）**の

表 1.4　鋼種と規定

	使用部材または部位	主な規定
A 種	塑性変形を生じない部位	ほぼ従来の SS 材と同様であるが，C 成分の上限（0.24%）がある．溶接を使用する主要構造部材には使用しない．
B 種	一般の構造部材または部位	溶接性，靭性に配慮し，P，S 成分を抑えている．降伏点のばらつき幅（120 N/mm² 以下），降伏比（厚 12 mm 以上で 80% 以下）の上限を設けている．
C 種	溶接組立て加工時を含め板厚方向に大きな引張応力を受ける部材または部位	溶接性，靭性に加え，板厚方向特性，内部性状にも配慮したもの．B 種規定に加え，厚さ方向特性として，絞り値（25% 以上），S 成分（0.008% 以下）の制限のほかに，超音波探傷試験を実施する．

表 1.5　マーキングの例

鋼　種	ドット本数	JIS-H 形鋼　広間隔ドット	外法一定 H 形鋼　連続ドット
SN400B SN400C	2	SN400 B.C ウェブ中心	SN400 B.C ウェブ中心
SN490B SN490C	1	SN490 B.C ウェブ中心	SN490 B.C ウェブ中心

JIS 規格も制定されている．

　さらに，鋼の性能が JIS 規格に対して実効性をもつように鋼種を識別するためのドットによるマーキングを施した**マーキング鋼板**や形鋼がある（表 1.5）．

1.4.2　そのほかの鋼材

■（1）溶接構造用圧延鋼材（SM 材，M：marine）

　溶接による欠陥の減少や強度の低下を防止するために，SS 材に比較して，化学成分の含有量が厳しく規定されている．また，SN 材と同じように，ABC の順に規定が厳しくなっている．

■（2）一般構造用圧延鋼材（SS材，S：structure）

これまで最も多く使用されてきた鋼材で，このなかでも炭素の含有量の少ない SS400 は溶接構造用にも使用可能である．SS490 以上の鋼材は炭素の含有量が多いため，溶接による強度低下などの欠陥が生じやすく，建築には使用されない．

■（3）上記以外の鋼材

上記以外に**一般構造用炭素鋼鋼管（STK材）**，**一般構造用角形鋼管（STKR材）**，**溶接構造用遠心力鋳鋼管（SCW材）** などがあり，これらについてはあとで説明する．

さらに，次ページ以降に述べるように，最近の技術革新により，いろいろな新しい鋼材も開発されている．今後もこれまで以上の性能をもった鋼材が，さまざまな分野で使用されることになるだろう．

1.5　高性能鋼

1.5.1　建築構造用高性能 TMCP 鋼材

40 mm 以上の鋼材を**極厚鋼**とよぶが，このような形鋼や $500 \sim 600 \, \text{N/mm}^2$ の**高張力鋼**は炭素当量が必然的に高くなり，溶接性や靭性が劣るため板厚に応じて基準強度を低減している（1.8 節参照）．

近年，圧延時に精密な温度制御と圧下量の調整によって組織を微細化して，同一の炭素当量でも溶接性に優れた高張力鋼を作ることが可能になった．これを**熱加工制御**（thermo-mechanical controll process）といい，製品を **TMCP 鋼材**という．

建築構造用高性能 590 N/mm² 鋼材，**建築構造用高強度 780 N/mm² 鋼材**は通常の2段焼き入れではなく，間に2相域焼き入れを加えた3段熱処理で製造される．前者の $590 \, \text{N/mm}^2$ 鋼材は，板厚 $19 \sim 100 \, \text{mm}$ でも，降伏応力度 $440 \, \text{N/mm}^2$，引張強さ $590 \, \text{N/mm}^2$ で，降伏比 80% 以下，伸び 20% 以上を確保でき，1.8 節で述べる基準強度 F 値 $= 440$ で使用できる．また，後者の $780 \, \text{N/mm}^2$ 鋼材は同様に，降伏応力度 $700 \, \text{N/mm}^2$，引張強さ $780 \, \text{N/mm}^2$，降伏比 98% 以下，伸び 16% 以上で F 値 $= 700$ で使用できる．さらに，**建築構造用低降伏比 780 N/mm² 鋼材**は，降伏応力度 $630 \, \text{N/mm}^2$，引張強さ $780 \, \text{N/mm}^2$，降伏比 85% 以下，伸び 16% 以上で F 値 $= 630$ で使用できる．

1.5.2 耐火鋼（FR 鋼）

火災時に鋼は300℃を超えると降伏応力度が2/3程度に低下し，600℃以上の高熱では軟化して強度やヤング率が極端に小さくなる（図1.18）．このため，一般の鋼材ではその周りをロックウール吹付けで被覆するなどの**耐火被覆**の必要があるが，その施工によって大幅に経費が増え，鉄骨のメリットが失われる．この解決策として近年開発されたものが**耐火鋼**（**FR 鋼**：fire resistance steel）で，この鋼はクロムCr やモリブデン Mo などの元素を添加して，600℃までは大きな強度低下を生じないで，降伏応力度 215 N/mm² を確保している新鋼材である．

この鋼材により，可燃物の少ない駐車場やホールなどでは鉄骨の無被覆使用が可能で，また**耐火塗料**との組み合わせで耐火被覆を薄くすることもできる（写真1.10）.

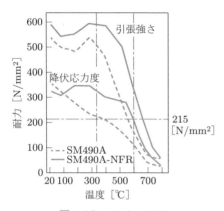

図 1.18　FR 鋼の特性

写真 1.10　耐火鋼を用いた高層トラス構造（P&G 日本本社）

1.5.3 耐候性熱間圧延鋼材（SMA 材，SPA 材）

鉄は酸化して腐食するため，通常は塗装する必要がある．これに対して，ニッケル，クロム，銅，リンなどの元素を添加して**耐食性**を高め，塗装なしにできるものが耐候性鋼である．この鋼は表面に安定した緻密な保護皮膜を形成するために，腐食の進行を抑制できる鋼材で，以下の2種類がある．

■（1）溶接構造用耐候性熱間圧延鋼材（SMA 材，A：atomospheric）

鋼材の機械的性質が SM 材とほぼ同じもので，これには裸のままか，錆安定化処理を行って使用する W タイプと，塗装して使用する P タイプがある．山口県萩市民館はこの鋼材を裸のまま使用し，鉄骨の力強さを表現した建物として有名である

（写真 1.11）．

写真 1.11　耐候性鋼を用いた構造（萩市民館）

■（2）高耐候性圧延鋼材（SPA材）

　SPA材は，SMA材に比べてリンの含有量が多く，溶接性が劣るので，使用板厚が 12 mm 以下に制限されている．

1.5.4　建築構造用低降伏点鋼材（LY100）

　含有元素を少なくして降伏点を $100\,N/mm^2$ 前後に下げた鋼材で，伸びは 50% 以上で変形能力が非常に高い．そこで，大変形を受ける部材や，この鋼のもつ塑性変形によるエネルギー吸収を利用して鋼板による制震壁や制振ブレースとして，建物に組み込んで**制振構法**などに使用される．

1.5.5　ステンレス鋼

　ステンレス鋼（SUS304 ほか）には優れた耐食性があり，2000 年から構造用鋼材として使用できるようになった．接合には高い溶接技術が必要である．

1.6　鋼製品 ・・・・・・・・・・・・・・・・・・・・・・・・・・・・・・・・・・・・・

　鋼製品には**鋼板**，**棒鋼**，**平鋼**，**形鋼**，**鋼管**，**軽量形鋼**などがある．

1.6.1　鋼板，棒鋼，平鋼

■（1）鋼　板

　鋼板はその厚みにより，3 mm 以下を**薄板**，3〜6 mm を**中板**，6 mm 以上を**厚板**といい，厚板のなかでも 40 mm を超えるものを**極厚鋼板**とよぶ．通常これらは切断されて，組立材（ビルトアップ材）や接合部の添板，ガセットプレート，ダイヤフラムなどとして溶接して使用される．このときに，鋼材の管理が悪いと材質の識別が困難になるため，マーキング鋼板のように一定間隔に材質を示す圧延マークを入れたものも製造されている．

■（2）棒 鋼

棒鋼は主に**鉄筋コンクリート用棒鋼**として用いられるが，鉄骨造ではブレース材や吊り構造のテンションロッドなどに使用される．

■（3）平 鋼

平鋼は長方形の断面をもち，厚さ 4.5〜36 mm 程度，幅が 25〜300 mm 程度のもので，組立 H 形鋼やラチス材に使用される．

1.6.2　形 鋼

形鋼は使用が便利であるだけでなく，曲げ応力やたわみに対しても有効な断面形式である．図 1.19 に建築で使用されている代表的な種類を示す．

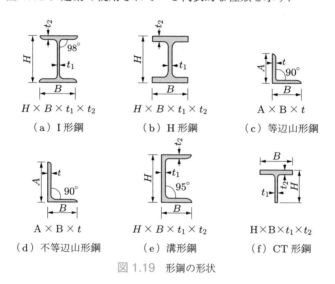

図 1.19　形鋼の形状

■（1）H 形鋼

1921 年に米国のベスレヘム社で初めて製造され始めた形鋼で，従来使用されていた I 形鋼に比べ，断面性能が向上し，溶接などの接合が容易になった．

H 形鋼は，図 1.19 に示すように，上下の**フランジ**と中央の**ウェブ**で構成され，フランジ幅 B とウェブの高さ H の比 B/H が 1〜1/2 程度で，H は 50〜900 mm のものが製造されている．さらに，B/H の大きさで次のように分類される．

　　① $B/H \fallingdotseq 1$　　**広幅 H 形鋼**とよばれ，通常は柱に使用される．
　　② $B/H \fallingdotseq 1/2$　**細幅 H 形鋼**とよばれ，一般に梁材に使用される．

　③ $B/H \fallingdotseq 3/4$　　中幅 H 形鋼とよばれ，柱，梁両方に使用される．

　また，図1.20のように高さは同一でもフランジ厚の異なる H 形鋼，いわゆる外法一定 H 形鋼は，フィレット（フランジとウェブの境界で断面が変化する部分）を小さくするなどの圧延技術が進歩したため，容易に製造できるようになったものである．このために柱や梁の断面の高さが一定となり，仕上げ寸法などが一定となって設計がやりやすくなった．

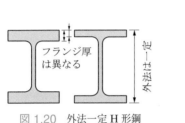
図 1.20　外法一定 H 形鋼

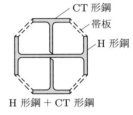
図 1.21　CT 形鋼を用いた柱

■（2）山形鋼

　アングルともよばれ，L 形断面の形鋼で，両辺の長さが等しいものを等辺山形鋼，等しくないものを不等辺山形鋼という．鋼板に比べると座屈しにくいため，トラス部材やブレースとして使用されることが多い．また，母屋や胴縁あるいは軽微な仕上げの下地材としてたいへん重宝する．

■（3）溝形鋼

　チャンネルともよばれ，三面が直交した形で接合が容易なため，組立材，母屋，胴縁などに使用される．

■（4）CT 形鋼

　H 形鋼を半分に切ったもの（カット・ティー）を CT 形鋼といい，H 形鋼に溶接して十字形とした柱断面（図1.21）や，平鋼やアングルでラチス形式にした梁材として使用される．

1.6.3　鋼管，角形鋼管など

　鋼管は断面軸性能に方向性がないことが特徴であり，円形鋼管と角形鋼管がある．角形鋼管は，建築物の柱形状や柱梁接合部の製作などに適していることから多用される．主なものには次のものがある．

■（1）円形電縫鋼管

（a）電縫鋼管　　長尺の鋼板を筒状に冷間ロール成形し，継ぎ目の部分を高周波電気抵抗溶接して連続的に作る．従来からの一般構造用炭素鋼鋼管（STK）（T：Tube（管），K：構造）とSN材を用いる建築構造用炭素鋼鋼管（STKN）がある．柱材やトラス部材として使用され，外径60〜600 mmのものがある．

（b）板巻き鋼管，UOE鋼管　　一定の長さの鋼板をロールに巻きつけたり，U字形からO字形へとプレス曲げ成形したりして円形に加工し，継ぎ目を内外両面から溶接するものである．外径400〜1200 mmのものがあり，建築物の柱材として使用される．

（c）スパイラル鋼管　　長い鋼板をスパイラル状に溶接し，筒状に製作して大口径管を作るものである．

（d）建築構造用熱間成形継目無鋼管（シームレス鋼管）　　加熱炉の熱間で鋼棒に中空を作り，管に成形製造したものである．これには外径100〜400 mmのものがある．

（e）溶接構造用遠心力鋳鋼管（SCW-CF，C：Casting（鋳込む），W：Weld（一体化），CF：Centrifugal-force（遠心力））（図1.22）　　溶鋼を鋳型に入れ，これを高速回転させて遠心力で作る継ぎ目のない鋼管である．管厚を自由に変えることができ，肉厚の大きいものを製造したり，部分的に厚くして柱梁接合部のリングスチフナを同時に鋳造したりすることもできる．

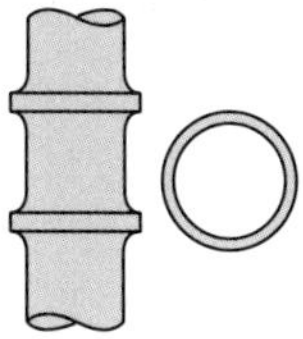

図1.22　遠心力鋳鋼管

■（2）角形鋼管（図1.23）

（a）一般構造用角形鋼管（STKR）（R：Rectangular（長方形の））　　電縫鋼管をプレスして角形に仕上げたものである．外径50〜550 mmの正方形断面のもの，外径20〜400 mmの長方形断面のものがある．

（a）ロール成形角形鋼管および　（b）プレス成形角形鋼管　（c）溶接組立ボックス柱
　　　プレス成形角形鋼管

図1.23　角形鋼管の種類

（b）建築構造用角形鋼管　　建築構造用鋼管をプレスして角形に仕上げたものである．外径 200〜550 mm の正方形断面のものがある．

（c）建築構造用冷間プレス成形角形鋼管（国土交通大臣認定）　　鋼板をロの字形またはコの字形にプレス成形後，1か所または2か所を溶接したもので，外径 400〜1400 mm の長方形断面のものがある．

（d）建築構造用熱間成形継目無角形鋼管　　建築構造用熱間成形継目無鋼管をさらに角形にロール成形したものである．外径 150〜300 mm のものがある．

■（3）溶接組立ボックス柱

溶接組立ボックス柱は，高層ビルの柱断面は大型で厚肉となるため，4枚の厚肉鋼板を溶接して作られる．一般に板厚 80 mm までのものが用いられる．

1.6.4　軽量形鋼

軽量形鋼（light gauge steel）は，板厚 2.3〜4.5 mm の鋼板を冷間加工して作ったものであり，小規模の住宅構造材として，また大構造物の母屋，胴縁，間仕切り壁や天井の下地骨組としても広く用いられる．その種類には図 1.24 のようなものがある．

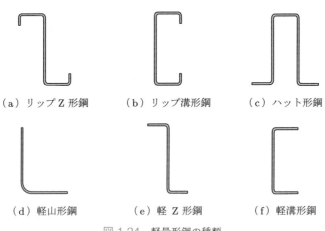

（a）リップZ形鋼　　　（b）リップ溝形鋼　　　（c）ハット形鋼

（d）軽山形鋼　　　（e）軽Z形鋼　　　（f）軽溝形鋼

図 1.24　軽量形鋼の種類

1.6.5　デッキプレート（合成床用）

デッキプレートは，図 1.25 に示すような厚さ 0.8〜1.6 mm の角波形に加工した薄板を，上にコンクリートを打設して合成スラブとして使用される．これはコンクリートスラブの型枠として使用されるが，施工時の作業床としても都合がよい．通

常は，鉄筋を配筋した鉄筋コンクリートスラブと一体
となっているが，スラブ耐力には加算しないのが一
般的である．種類は，表 1.6 に示すように，捨て型枠
用，永久型枠用，構造用がある．

図 1.25 デッキプレート

表 1.6 デッキプレートの種類の例

種類	山高さ [mm]	働き幅 [mm]	断面形状・寸法
捨て型枠	50	614	
永久型枠	75	690	
構造	100	500	

1.7 ボルト類

1.7.1 高力ボルト

　構造部材の接合に最もよく用いられるのが高力ボルトである．**インパクトレンチ**（写真 3.4 参照）で施工され，大きな締付け力を加えることにより，鋼板間に摩擦力を生じさせて，力を伝達する**摩擦接合**と，締付け力でボルトが離間しない範囲で引張力を伝達する**引張接合**がある．そのためには大きな締付け力に耐える必要があり，引張強さ 800～1000 N/mm^2 の高強度鋼で製造される．

　高力ボルトはその強度により F8T（800 N/mm^2 級鋼）と F10T（1000 N/mm^2 級鋼）がある．インパクトレンチで突起部を掴み，ナットを締め付け，軸部が一定の張力になったらくびれ部で破断するようにした**トルシア形高力ボルト**（tor-shear type，図 1.26）が普及している．その接合強度などは第 3 章で述べる．

1.7.2　普通ボルト

　普通ボルトは，SS400 などの普通鋼材で作られたボルトで，その接合耐力はボルト軸部のせん断耐力で決まる．これは一般に，軽微な接合部に用いられる．

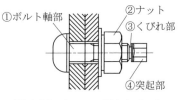

図 1.26　トルシア形高力ボルト

① ボルト軸部
② ナット
③ くびれ部
④ 突起部

1.7.3　頭付きスタッドボルト

　頭付きスタッドボルトは，鉄骨の梁上面に溶接し，合成構造としてコンクリートスラブと一体化する場合や，柱脚の固定度を確実にするために，**シアーコネクター**として柱脚部に溶接し，コンクリート中に埋め込まれるものである（図 4.15，4.20 参照）．その形状は図 1.27 のようなもので，専用の溶接ガンで鉄骨にアーク溶接される（**スタッド溶接**）．その種類と表示の例を表 1.7 に示す．また使用例を写真 1.12 に示す．

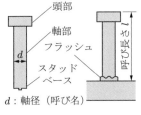

図 1.27　頭付きスタッドボルト

頭部
軸部
フラッシュ
スタッドベース
呼び長さ l
d：軸径（呼び名）

表 1.7　頭付きスタッドボルトの種類と表示

呼び径 [mm]	呼び長さ [mm]	スタッド協会表示例
13	80, 100	
16	120	STUD13ϕ × 100
19	80, 100	STUD19ϕ × 130
22	130, 150	

写真 1.12　スタッドボルトとデッキプレート

1.7.4 アンカーボルト

アンカーボルトは，主に露出形式柱脚を基礎に緊結するためのもので，基礎に一部埋め込まれた形で設置されるものである．転造ねじによるものと切削ねじによるものがあり，JIS では前者は ABR，後者は ABM とそれぞれ表される（JIS B 1220）．

材質は，建築構造用圧延棒鋼（SNR400，SNR490）もしくは建築構造用ステンレス鋼材（SUS304A）である．

なお，転造ねじは，その有効断面は軸部と同じであり，降伏後の伸びは 15% 程度である．一方，切削ねじはその有効断面は切削部の欠損により軸部の 75% 程度であり，伸びは 8% 程度である．それぞれの軸径および有効断面積は付録 7 に示す．

1.8 設計に用いる材料強度 ・・・・・・・・・・・・・・・・・・・・・・・・・・・・・・・

鋼構造の設計において，弾性の限界を示す降伏応力度は強度の一つの指標と考えられ，これまでの慣用設計法ではこれをもとに設計強度を決めてきた．近年の**耐震設計法**では，これまでの多くの災害の結果をふまえて，弾性設計から終局強度設計へと考えを移行してきた．さらに，新しい技術や材料の開発に伴って，高強度鋼や板厚 40 mm を超える極厚鋼材の使用も増加する傾向にある．このような鋼材は，普通鋼材と比較して，一般に破断までの伸びがあまり大きくないため，変形能力を重視する現在の設計では使用が制限されている．

このような経緯から現在の設計においては，「降伏応力度あるいは引張強さの 70% のうち，小さいほうの値を設計の基準とする」ことにされている．この基準強度を **F 値**といい，これを材料の許容応力度の基準として採用している．各鋼材についてその値を表 1.8 に示す．

慣用の**許容応力度設計規準**[1] や**塑性設計指針**[2] における降伏応力度もこの F 値が設計の基準となっている．また，高力ボルトなどについてもそれぞれ基準となる F 値が設定されていて，これをもとに設計は行われている．

通常，長期応力時ではこの値の 1/1.5 を許容応力度とし，地震時などの短期応力時ではこの F 値を使用する．座屈や局部応力などの扱いについてはそれぞれ関連する章で説明するが，以下のようになっている．

$$F \text{ 値}/1.5 \ \rightarrow \text{そのまま} \qquad\qquad \rightarrow \text{許容引張応力度（長期）}$$
$$\rightarrow \text{圧縮座屈を考慮} \quad \rightarrow \text{許容圧縮応力度（長期）}$$
$$\rightarrow \text{曲げ座屈を考慮} \quad \rightarrow \text{許容曲げ応力度（長期）}$$
$$\rightarrow \text{せん断降伏} \qquad\quad \rightarrow \text{許容せん断応力度（長期）}$$

表 1.8 基準強度および許容応力度

鋼種	基準強度 F			許容応力度（長期）	
	板 厚			引張，圧縮	せん断
	$t \leqq 40$	$40 < t \leqq 75$	$75 < t \leqq 100$		
SN400, SS400, SM400, SMA400, STKN400, STK400, STKR400, SNR400	235	215		$F/1.5$ ただし，座屈を 考慮しない場合.	$F/(1.5\sqrt{3}\,)$
SS490	275	255			
SN490B, C, SM490, SMA490, STKN490, STK490, STKR490, SNR490	325	295			
SM520B, C	355	335	325		
SS540	375	—			
BCR295	295 $(t \leqq 22)$				
BCP235	235 $(t \leqq 40)$				
BCP325	325 $(t \leqq 40)$				

　また塑性設計指針などで用いられる**破断強度**には，JIS における引張強さ（表 1.3 参照）の下限値が用いられる.

第2章 部材設計の基本

2.1 引張力を受ける部材 ••••••••••••••••••••••••••••••••

2.1.1 引張材

　構造部材のなかで，主として引張力を受ける部材を**引張材**とよぶ．引張材としては，図 2.1 に示すような，トラス構造の引張部材，水平力に抵抗するブレース，あるいは山形ラーメンにおけるタイバーなどが考えられる．引張材には，棒鋼，平鋼，あるいは山形鋼，溝形鋼，H 形鋼などの形鋼が使用されている．図 2.2 に示すように，これらを単材として用いた**単一引張材**と，2 個以上を組み合わせた**組立引張材**がある．

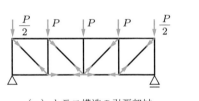

（a）トラス構造の引張部材 　　（b）ブレース 　　（c）タイバー

図 2.1　種々の引張材

　断面一様な中心引張材は最も単純な構造部材であり，図 2.3 に示すように，荷重 - 変形関係は素材試験における応力度 - ひずみ度曲線に対応している．最初の直線部分，すなわち，弾性域においては，荷重 P と伸び量 δ との関係は**フックの法則**に従い，次式で表される．

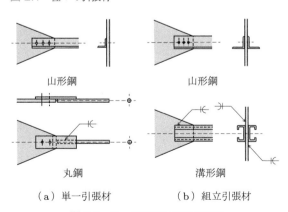

山形鋼　　　　　　　山形鋼

丸鋼　　　　　　　溝形鋼

（a）単一引張材 　　　　（b）組立引張材

図 2.2　単一引張材と組立引張材

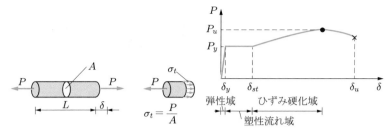

図 2.3　中心引張材の荷重 - 変形関係

$$P = \frac{EA}{L}\delta \quad \text{または} \quad \delta = \frac{L}{EA}P \tag{2.1}$$

ここに，L：材長，A：断面積，E：弾性係数（ヤング係数）である．

降伏荷重 P_y および降伏伸び量 δ_y は次式となる．

$$P_y = A\sigma_y \quad \text{あるいは} \quad P_y = \frac{EA}{L}\delta_y \tag{2.2}$$

$$\delta_y = L\varepsilon_y \quad \text{あるいは} \quad \delta_y = \frac{L}{EA}P_y \tag{2.3}$$

ここに，σ_y：降伏応力度，ε_y：降伏ひずみ度である．

塑性流れ域においては，ひずみ硬化開始点 δ_{st} まで，荷重の増加なしに変形が進行する．ひずみ硬化域に入ると，荷重は増加して最大耐力 P_u に到達する．それぞれ次式のように表される．

$$\delta_{st} = L\varepsilon_{st} \tag{2.4}$$
$$P_u = A\sigma_B \tag{2.5}$$

ここに，ε_{st}：ひずみ硬化開始ひずみ度，σ_B：引張強さである．

その後，部材のある断面にくびれが生じて荷重が減少し始め，最終的に破断する．

2.1.2　引張材の設計

引張材の設計式は次式で表される．

$$\sigma_t = \frac{N_t}{A_e} \leqq f_t \tag{2.6}$$

ここに，σ_t：引張応力度 [N/mm²]，N_t：引張軸方向力 [N]，A_e：引張材の**有効断面積** [mm²]，f_t：許容引張応力度 [N/mm²] である．

許容引張応力度は，1.8 節などでも述べたように，次式で表される．

長期応力の場合　$f_t = \dfrac{F}{1.5}$ 　　　　　　　　　　　　　　(2.7)

ここに，F：材料の基準強度，1.5：安全率である．

$t \leqq 40\,\mathrm{mm}$ の場合は，SN400，SN490 で次のようになる．

SN400　$f_t = \dfrac{235}{1.5} = 156\,[\mathrm{N/mm^2}]$

SN490　$f_t = \dfrac{325}{1.5} = 216\,[\mathrm{N/mm^2}]$

短期応力の場合には，長期応力の場合の値を 1.5 倍して用いる．

SN400　$f_t = 156 \times 1.5 = 235\,[\mathrm{N/mm^2}]$

SN490　$f_t = 216 \times 1.5 = 325\,[\mathrm{N/mm^2}]$

なお，引張材の有効断面積 A_e は，全断面積 A からボルト孔による欠損および偏心の影響を差し引いた値である．

2.1.3　ボルト孔を控除した引張材の有効断面積

■（1）並列ボルト配置の場合（図 2.4）

並列ボルト配列の引張材の有効断面積 A_e は，次式で求められる．

$$A_e = A - mdt \tag{2.8}$$

ここに，A：引張材の全断面積，m：破断線上にあるボルト本数，d：ボルトの孔径，t：引張材の板厚である．

■（2）千鳥または不規則なボルト配置の場合（図 2.5）

千鳥配置または不規則なボルト配置の場合の**有効断面積** A_e は，想定される各破断線について有効断面積を計算し，これらのうちの最小値として求められる．

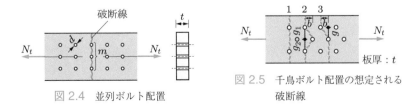

図 2.4　並列ボルト配置

図 2.5　千鳥ボルト配置の想定される破断線

$$A_e = A - \sum a \tag{2.9}$$

ここに，A：引張材の全断面積，a：等価欠損断面積である．

　等価欠損断面積の第1孔については，次のように求められる．

$$a = a_0 = dt \tag{2.10}$$

ここに，a_0：正味欠損断面積である．

　第2孔以降については，それに先だつ孔との位置関係から次のように求められる．

$$\left.\begin{array}{ll} b \leqq 0.5g \text{ のとき} & a = a_0 \\ 0.5g < b \leqq 1.5g \text{ のとき} & a = \left(1.5 - \dfrac{b}{g}\right) a_0 \\ b \geqq 1.5g \text{ のとき} & a = 0 \end{array}\right\} \tag{2.11}$$

ここに，b：孔の間隔，g：列の間隔である．

　形鋼の場合は，図2.6のように脚を展開して1枚の板と考え，式 (2.11) から有効断面積を求める．

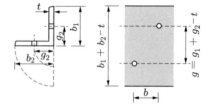

図 2.6　形鋼の場合の g の扱い

2.1.4　引張材の偏心の影響

　引張材の材端接合部においては，引張材の断面の重心線とボルト列線とは一致せず，これの不一致による付加曲げモーメントが生じる**偏心引張材**となる場合が多い．偏心引張力を受けると，応力分布が一様でなくなる．やむを得ず偏心が生じる場合には，偏心による影響を考慮して部材の断面積を決定する．

　単一の山形鋼や溝形鋼がガセットプレートの片側に接合される場合には偏心が著しいので，偏心の影響を略算的に考慮して，図2.7(a)のように突出脚 b の 1/2 を無視した次式の等価断面積を用いる．

$$A_e = A - \sum a - 0.5bt \tag{2.12}$$

　また，ガセットプレートの両側に接合される場合には，偏心の影響を考慮しなくてよい（図2.7(b)）．

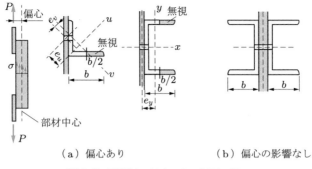

（a）偏心あり （b）偏心の影響なし

図 2.7 引張材の偏心による断面の扱い

2.1.5 引張ボルトの有効断面積

棒鋼にねじがあるものの有効断面積は，表 3.5，3.6，付録 7 のねじ部有効断面積を用いる．

■ 例題 2.1 ■ 図 2.8 において，図 (a) に示す応力度 - ひずみ度曲線をもつ部材で，図 (b) のように組み立てられた引張材の荷重 P - 変形 δ 曲線を求めよ．各材とも断面積を A とする．

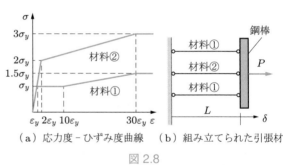

（a）応力度 - ひずみ度曲線 （b）組み立てられた引張材

図 2.8

解答 式 (2.2)，(2.3) より

$\varepsilon = \varepsilon_y$ のとき $\delta = L\varepsilon_y$, $P = 3A\sigma_y$

$\varepsilon = 2\varepsilon_y$ のとき $\delta = 2L\varepsilon_y$,

$\quad P = 2A\sigma_y + A2\sigma_y = 4A\sigma_y$

$\varepsilon = 10\varepsilon_y$ のとき $\delta = 10L\varepsilon_y$,

$\quad P = 2A\sigma_y + A\left\{2\sigma_y + \dfrac{3\sigma_y - 2\sigma_y}{30\varepsilon_y - 2\varepsilon_y}(10\varepsilon_y - 2\varepsilon_y)\right\}$

$\quad = \dfrac{30}{7}A\sigma_y$

図 2.9 P-δ 曲線

$\varepsilon = 30\varepsilon_y$ のとき $\delta = 30L\varepsilon_y$, $P = 2A \cdot 1.5\sigma_y + A \cdot 3\sigma_y = 6A\sigma_y$

以上より，P-δ 曲線は図 2.9 となる．

■ 例題 2.2 ■　図 2.10 に示すような，高力ボルト配置の引張材の有効断面積を求めよ．ただし，高力ボルトは F10T，M20 とする．

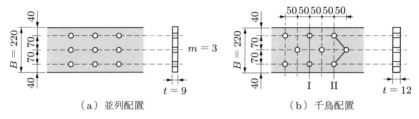

図 2.10　引張材の高力ボルト配置

解答　(1) 図 (a) の場合

破断線上のボルト本数　$m = 3$

ボルト孔径　$d = 22$ [mm]

部材の全断面積　$A = Bt = 220 \times 9 = 1980$ [mm^2]

したがって，有効断面積 A_e は式 (2.8) より次のように求められる．

$$A_e = 1980 - 3 \times 22 \times 9 = 1386 \ [\text{mm}^2]$$

(2) 図 (b) の場合

ボルト孔径　$d = 22$ [mm]

部材の全断面積　$A = Bt = 220 \times 12 = 2640$ [mm^2]

式 (2.8) より　破断線 I　$A_e = 2640 - 2 \times 22 \times 12 = 2112$ [mm^2]

破断線 II

式 (2.10) より　第 1 ボルト孔　$a = 22 \times 12 = 264$ [mm^2]

式 (2.11) より

第 2 ボルト孔　$\dfrac{b}{g} = \dfrac{50}{70} = 0.714,$　　$a = (1.5 - 0.714) \times 264 = 208$ [mm^2]

第 3 ボルト孔　$\dfrac{b}{g} = \dfrac{50}{70} = 0.714,$　　$a = (1.5 - 0.714) \times 264 = 208$ [mm^2]

式 (2.9) より　$A_e = 2640 - (264 + 208 + 208) = 1960$ [mm^2] < 2112 [mm^2]

したがって，破断線 II についての A_e のほうが小さいので，これがこの引張材の有効断面積となる．

■ 例題 2.3 ■ 図 2.11 に示すような，長期応力として引張軸力 $N_t = 60$ [kN] を受ける単一引張材を山形鋼：L-65 × 65 × 6，SN400 で設計し，その端部接合部を高力ボルト（F10T）接合で設計せよ．

図 2.11　山形鋼の引張材端部の接合部

解答　(1) 高力ボルト本数の検討

F10T，M20 の長期許容せん断力（一面摩擦）は，表 3.5 より 47.1 kN/本である．したがって，高力ボルトの所要本数 n は次のように求められる．

$$n = \frac{N_t}{R_s} = \frac{60}{47.1} = 1.27 \quad \rightarrow \quad n = 2 \quad \therefore \text{OK}$$

(2) 断面の算定

L - 65 × 65 × 6 を用いると，その断面積は付表 3.2 より $A = 752.7$ [mm²]．孔径 22 [mm] とすると，

ボルト孔による断面欠損（式 (2.10) より）　$a_1 = 22 × 6 = 132$ [mm²]

偏心による断面欠損　$a_2 = \dfrac{65}{2} × 6 = 195$ [mm²]

式 (2.12) より　有効断面積　$A_e = 752.7 - (132 + 195) = 425.7$ [mm²]

したがって，式 (2.6) より次のようになる．

$$\sigma_t = \frac{6.0 × 10^4}{425.7} = 140.9 \text{ [N/mm²]} < f_t = \frac{235}{1.5} = 156 \text{ [N/mm²]} \quad \therefore \text{OK}$$

■ 例題 2.4 ■ 図 2.12 に示すような，短期応力として引張軸力 $N_t = 800$ [kN] を受ける組立引張材を 2 個の溝形鋼：2 [−150 × 75 × 6.5 × 10，SN400 で設計し，その端部接合部を高力ボルト（F10T）接合で設計せよ．

図 2.12　溝形鋼の組立引張材端部の接合部

解答　(1) 高力ボルト本数の検討

F10T，M20 の短期許容せん断力（二面摩擦）は，表 3.5 より 141 kN/本である．したがって，高力ボルトの所要本数は，次のように求められる．

$$n = \frac{N_t}{R_s} = \frac{800}{141} = 5.67 \quad \rightarrow \quad n = 6 \text{ [本]} \quad \therefore \text{OK}$$

(2) 断面の算定

[−150 × 75 × 6.5 × 10 を用いると，その断面積は付表 3.3 より $A = 2371$ [mm²]．

孔径 22 [mm] とすると，式 (2.8) より

　有効断面積　$A_e = 2(A - mdt) = 2 \times (2371 - 2 \times 22 \times 6.5) = 4170$ [mm²]

したがって，式 (2.6) より次のようになる．

$$\sigma_t = \frac{800 \times 10^3}{4170} = 191.8 \text{ [N/mm}^2\text{]} < f_t = \frac{235}{1.5} \times 1.5 = 235 \text{ [N/mm}^2\text{]} \quad \therefore \text{ OK}$$

2.2　圧縮力を受ける部材と曲げ座屈 ・・・・・・・・・・・・・・・・・・・・・・・・・・・

2.2.1　圧縮材

　圧縮力のみを受ける部材は，圧縮材とよばれる．圧縮材には，図 2.13(a)，(b) に示す，トラスにおける圧縮を受ける部材や圧縮ブレースなどがある．なお，ラーメンを構成する柱は，図 (c) のように圧縮力と曲げを同時に受けるので，複合応力を受ける部材として取り扱わなければならない．ここでは，中心圧縮材および偏心圧縮材を取り扱う．

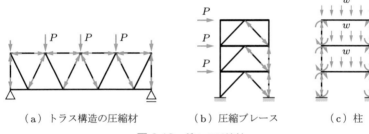

（a）トラス構造の圧縮材　　　　（b）圧縮ブレース　　　　（c）柱

図 2.13　種々の圧縮材

2.2.2　中心圧縮材

　図 2.14 に示すような，断面一様（A：断面積）な両端ピン支持の部材に圧縮力 N_c が作用する場合，圧縮力が小さいときには，柱は一様に縮み，圧縮応力度 σ_c（$= N_c/A$）が生じる．しかし，圧縮力が漸増して限界値 N_{cr} を超えると，突然横方向に曲がり始め，圧縮力が一定のまま変形が増加して，ついに部材は崩壊する．このように，部材の変形が，縮むという釣り合い状態から横方向に曲がるという釣り合い状態に移行することを**座屈現象**といい，そのときの限界荷重 N_{cr} を**座屈荷重**という．

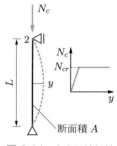

図 2.14　中心圧縮部材

■（1）弾性座屈（オイラー座屈）

部材が弾性応力状態で座屈を生じる場合，その現象を弾性座屈，そのときの荷重を**弾性座屈荷重**（オイラー荷重 N_E）という．この荷重を求めるには座屈後（変形後）の部材の変形状態を想定して力の釣り合いを考える．部材の任意点における曲率と曲げモーメントとの関係，すなわち，たわみ曲線の微分方程式を適用することにより座屈荷重が求められる．

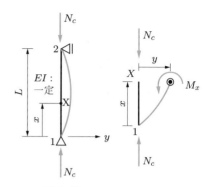

図 2.15　座屈後の釣り合い

いま，図 2.15 に示すような座屈後の変形状態にある両端ピン支持の部材を点 1 からの距離 x の位置 X で切断した自由体について力の釣り合いを考える．

点 X におけるモーメントの釣り合い（$\sum M = 0$）より，次式となる．

$$M_x = N_c y \tag{2.13}$$

これをたわみ曲線の微分方程式（$\mathrm{d}^2 y / \mathrm{d}x^2 = -M_x / EI$）に代入すれば，次式が得られる．

$$\frac{\mathrm{d}^2 y}{\mathrm{d}x^2} + k^2 y = 0 \tag{2.14}$$

ここに，$k^2 = N_c / EI$ であり，E：ヤング係数，I：座屈する軸回りの断面二次モーメントである．

微分方程式 (2.14) の一般解は次のように与えられる．

$$y = C_1 \cos kx + C_2 \sin kx \qquad (C_1, \ C_2：積分定数) \tag{2.15}$$

境界条件 $(x = 0, \ y = 0)$ および $(x = L, \ y = 0)$ より，積分定数 C_1，C_2 は次のように求められる．

$$C_1 = 0, \qquad C_2 \sin kL = 0 \tag{2.16}$$

$C_2 = 0$ の場合には $y = 0$ となり，座屈を生じないことになるので，$C_2 \neq 0$ となり，次式が成立する．

$$\sin kL = 0 \quad すなわち \quad kL = n\pi \quad (n = 1, 2, 3, \ldots) \tag{2.17}$$

$k^2 = N_c/EI$ を用いて書き直せば，次式が求められる．

$$N_c = \frac{n^2\pi^2 EI}{L^2} \tag{2.18}$$

また，座屈変形は，式 (2.15) に式 (2.17) を代入すれば次式のように表される．

$$y = C_2 \sin\frac{n\pi}{L}x \tag{2.19}$$

ここで，$n = 1, 2, 3$ に応じた座屈荷重と変形（座屈モード）は，図 2.16 のようになる．

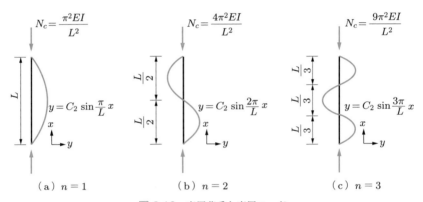

図 2.16　座屈荷重と座屈モード

n の値が大きくなれば座屈荷重は大きくなる．荷重は徐々に増加すると考えれば，$n = 1$ のときの値を弾性座屈荷重 N_E とすればよい．$n = 2$ 以上の荷重については，変形 $y = 0$ の点で横変形拘束（座屈止め）を設けた部材の場合に生じると考えることができる．

したがって，両端ピン支持部材の弾性座屈荷重（オイラー荷重 N_E）および座屈変形 y は次式となる．

$$N_E = \frac{\pi^2 EI}{L^2}, \qquad y = C_2 \sin\frac{\pi}{L}x \tag{2.20}$$

また，弾性座屈荷重 N_E を柱の断面積 A で割った**弾性座屈応力度** σ_E は次式となる．

$$\sigma_E = \frac{N_E}{A} = \frac{\pi^2 EI}{L^2 A} = \frac{\pi^2 E(\sqrt{I/A})^2}{L^2} = \frac{\pi^2 E}{(L/i)^2} = \frac{\pi^2 E}{\lambda^2} \tag{2.21}$$

ここに，i：**断面二次半径**（$= \sqrt{I/A}$），λ：**細長比**（$= L/i$）である．

■（2）非弾性座屈

圧縮材の細長比が小さくなると座屈応力度は増大し，比例限度を超えて非弾性域に達する．**非弾性座屈荷重**を求める方法として，**接線係数理論**，**換算係数理論**および **Shanley 理論**がある．

（a）接線係数理論 部材が圧縮力を受けて非弾性域で座屈を生じるときには，座屈発生時における応力度−ひずみ度曲線の接線勾配 E_t を用いて部材の曲げ剛性として，弾性座屈の場合の EI の代わりに $E_t I$ とすればよい．このとき，非弾性域における座屈荷重 N_{cr}^t および座屈応力度 σ_{cr}^t は次式となる．

$$N_{cr}^t = \frac{\pi^2 E_t I}{L^2}, \qquad \sigma_{cr}^t = \frac{N_{cr}^t}{A} = \frac{\pi^2 E_t}{\lambda^2} \tag{2.22}$$

この座屈荷重を**接線係数荷重**という．

（b）換算係数理論 部材が非弾性座屈したとき，部材断面における変形の凹側では圧縮ひずみが増大し，応力度は E_t に比例して増えるが，変形の凸側ではひずみは減少し，応力は E に比例して減少する．そのときの座屈荷重 N_{cr}^r，座屈応力度 σ_{cr}^r は次式のように求められる．

$$N_{cr}^r = \frac{\pi^2 E_r I}{L^2}, \qquad \sigma_{cr}^r = \frac{N_{cr}^r}{A} = \frac{\pi^2 E_r}{\lambda^2} \tag{2.23}$$

ここに，E_r：**換算係数**であり，この座屈荷重を**換算係数荷重**という．また，長方形断面では，E_r は次のように表せる．

$$E_r = \frac{4 E E_t}{(\sqrt{E} + \sqrt{E_t})^2} \tag{2.24}$$

（c）Shanley 理論 接線係数理論と換算係数理論のうち，換算係数理論が正しいと考えられるが，多くの実験結果は接線係数理論に近い値を示す．この矛盾を Shanley は次のように説明した．すなわち，実際の材は接線係数荷重で曲がり始め，圧縮荷重の増加とともに曲げが進行する．そのために，接線係数荷重 N_{cr}^t は座屈荷重の下限値を与え，換算係数荷重 N_{cr}^r は上限値を与えることになる．実際の座屈荷重 N_{cr} はこれら二つの荷重の間にあり，図 2.17 に示すように，N_{cr} は N_{cr}^t に比べてわずかに大きい値なので，$N_{cr} \fallingdotseq N_{cr}^t$ である．

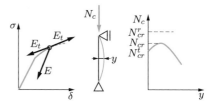

図 2.17　塑性座屈荷重

2.2.3　許容圧縮応力度

　実際の部材は理想的な中心圧縮材とはならず，次のような原因のために座屈応力度は理論値より低めの値となる．

- 残留応力度の影響
- 元たわみ，偏心荷重の影響
- 不均質な材料特性
- そのほかの座屈現象の影響

そこで，**許容圧縮応力度** f_c は座屈応力度 σ_{cr} を安全率 ν で割って定められている．

　圧縮材は，細長比 λ が大きいと弾性座屈するが，λ が小さくなると座屈応力度は大きくなり，塑性範囲で座屈する．弾性座屈から塑性座屈に移行する境目の細長比を**限界細長比** Λ という．限界細長比 Λ は，弾性座屈応力度が材料の基準強度 F の 60% に達するときとして，式 (2.21) において $\sigma_E = 0.6F$ より次のようになる．

$$\Lambda = \sqrt{\frac{\pi^2 E}{0.6F}} \tag{2.25}$$

Λ は材料強度 F に応じて次の値となる．

$$\text{SN400 材}\quad F = 235\ [\text{N/mm}^2]\ \text{より}\quad \Lambda = \sqrt{\frac{3.14^2 \times 2.05 \times 10^5}{0.6 \times 235}} = 120$$

$$\text{SN490 材}\quad F = 325\ [\text{N/mm}^2]\ \text{より}\quad \Lambda = \sqrt{\frac{3.14^2 \times 2.05 \times 10^5}{0.6 \times 325}} = 102$$

　長期応力に対する許容圧縮応力度 f_c は，細長比 λ の値から次のように求められる．

（a）弾性座屈の場合 ($\lambda \geqq \Lambda$)　　細長比 λ が限界細長比 Λ より大きく，弾性座屈を起こす場合には，許容圧縮応力度 f_c はオイラー座屈応力度 σ_E を安全率 $\nu = 2.17$ で割って，次のように求められる．

$$f_c = \frac{1}{2.17} \cdot \frac{\pi^2 E}{\lambda^2} \tag{2.26}$$

　また，限界細長比 Λ，材料の基準強度 F を用いて書き直せば，次式で表される．

$$f_c = \frac{0.277F}{(\lambda/\Lambda)^2} \tag{2.27}$$

（b）塑性座屈の場合 ($\lambda < \Lambda$)　　細長比 λ が限界細長比 Λ より小さく，塑性座屈を起こす場合の塑性座屈応力度 σ_{cr} には，λ との関係を放物線式（ジョンソン提唱）を適用する．ここで，$\lambda = 0$ のとき $\sigma_{cr} = F$，また $\lambda = \Lambda$ のとき $\sigma_{cr} = 0.6F$ という二つの条件を満足する放物線を求めれば次式となる．

$$\sigma_{cr} = \left\{ 1 - 0.4 \left(\frac{\lambda}{\Lambda} \right)^2 \right\} F \tag{2.28}$$

また，許容応力度を求めるために，塑性座屈応力度を割る安全率 ν にも放物線式を適用する．その条件として，座屈を起こさない $\lambda = 0$ のとき $\nu = 1.5$ とし，限界細長比 $\lambda = \Lambda$ のとき弾性座屈で用いた $\nu = 2.17$ とすれば，安全率 ν は次式となる．

$$\nu = \frac{3}{2} + \frac{2}{3} \left(\frac{\lambda}{\Lambda} \right)^2 \tag{2.29}$$

したがって，式 (2.28)，(2.29) より，塑性座屈を起こすときの許容圧縮応力度 f_c は次式で表される．

$$f_c = \frac{\left\{ 1 - 0.4 (\lambda/\Lambda)^2 \right\} F}{\nu} \tag{2.30}$$

図 2.18 に，細長比と座屈応力度および許容圧縮応力度との関係を示す．また，短期応力に対する許容応力度 f_c は，長期応力時のものを 1.5 倍して用いる．

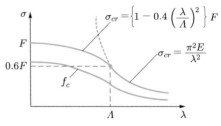

図 2.18　座屈応力度 σ_{cr} と許容圧縮応力度 f_c

2.2.4　中心圧縮材の許容応力度設計

両端ピン支持の圧縮材の設計式は次式で表される．

$$\sigma_c = \frac{N_c}{A} \leqq f_c \tag{2.31}$$

ここに，σ_c：圧縮応力度 $[\mathrm{N/mm^2}]$，N_c：圧縮軸方向力 $[\mathrm{N}]$，A：断面積 $[\mathrm{mm^2}]$，f_c：許容圧縮応力度 $[\mathrm{N/mm^2}]$ である．

2.2.5　有効座屈長さ

部材の両端がピン支持でない場合の許容圧縮応力度 f_c は，実際の部材の長さ L の代わりに，それぞれの支持条件に応じた**有効座屈長さ** L_k を用いて，両端ピン支持の場合と同じように次式の細長比 λ_k から計算できる．

$$\lambda_k = \frac{L_k}{i} \tag{2.32}$$

両端の支持条件と部材の有効座屈長さを表 2.1 に示す．

表 2.1　理想化された支持端をもつ中心圧縮材の有効座屈長さ

移動に対する条件	拘束		自由	拘束	自由	
回転に対する条件	両端固定	一端ピン 一端固定	両端固定	両端ピン	一端自由 一端固定	一端ピン 一端固定
座屈のモード （破線が座屈 変形を示す）						
L_k/L　理論値	0.5	0.7	1.0	1.0	2.0	2.0
推奨値	0.65	0.8	1.2	1.0	2.1	2.0

2.2.6　偏心圧縮材

　大きな軸圧縮力と曲げモーメントを受ける部材や施工時点でのたわみや節点変位を有する圧縮材は，**偏心圧縮力を受ける部材**として扱う．ここでは，図 2.19 に示すような両端ピン支持の部材の両端に，圧縮荷重 N_c が偏心量 e を伴って作用する場合を考える．点 X における曲げモーメント M_x は，$\sum M = 0$ より次式となる．

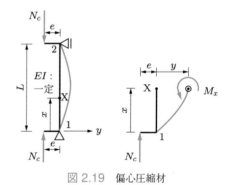

図 2.19　偏心圧縮材

$$M_x = N_c(y + e) \quad (2.33)$$

たわみ曲線の微分方程式 $\mathrm{d}^2y/\mathrm{d}x^2 = -M_x/EI$ に式 (2.33) を代入すれば，次式が得られる．

$$\frac{\mathrm{d}^2y}{\mathrm{d}x^2} + k^2y = -k^2e \quad (2.34)$$

ここに，$k^2 = N_c/EI$ である．

　また，一般解は次式のように与えられる．

$$y = C_1 \cos kx + C_2 \sin kx - e \quad (2.35)$$

ここに，C_1, C_2：積分定数であり，境界条件 $(x=0, y=0)$ および $(x=L, y=0)$ より，次のようになる．

$$C_1 = e, \qquad C_2 = \frac{e(1-\cos kL)}{\sin kL} \tag{2.36}$$

したがって，たわみ曲線は次式となる．

$$y = e\left(\cos kx + \frac{1-\cos kL}{\sin kL}\sin kx - 1\right) \tag{2.37}$$

最大たわみ $y_{\max}$ は，材中央 $(x=L/2)$ で生じるので，

$$y_{\max} = e\sec\frac{kL}{2}\left(1-\cos\frac{kL}{2}\right) \tag{2.38}$$

となり，断面内の最大圧縮応力度 $\sigma_{\max}$ は次式で与えられる．

$$\sigma_{\max} = \frac{N_c}{A} + \frac{N_c(y_{\max}+e)}{Z} = \sigma_c\left(1 + \frac{Ae}{Z}\sec\frac{\pi}{2}\sqrt{\frac{\sigma_c}{\sigma_E}}\right) \tag{2.39}$$

ここに，A：断面積，Z：断面係数，$\sigma_c = N_c/A$，$\sigma_E = N_E/A = \pi^2 E/\lambda^2$ である．

■ 例題 2.5 ■ 7.3.1 項の設計例に用いられている 図 2.20 の組立 H 形鋼（付表 3.1）の断面性能を求めよ． 形状は H - 700 × 300 × 14 × 28 である．

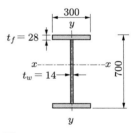

図 2.20　組立 H 形鋼の断面

解答　(1) 断面積

$$A = 300 \times 28 \times 2 + (700 - 28 \times 2) \times 14$$
$$= 2.582 \times 10^4 \ [\text{mm}^2]$$

(2) x 軸に関する断面二次モーメント，断面係数，断面 二次半径

断面二次モーメント　$I_x = \dfrac{300 \times 700^3 - (300-14) \times (700 - 28 \times 2)^3}{12}$
$$= 2.209 \times 10^9 \ [\text{mm}^4]$$

断面係数（全断面）　$Z_x = \dfrac{I_x}{H/2} = \dfrac{2.209 \times 10^9}{700/2} = 6.311 \times 10^6 \ [\text{mm}^3]$

断面二次半径　$i_x = \sqrt{\dfrac{I_x}{A}} = \sqrt{\dfrac{2.209 \times 10^9}{2.582 \times 10^4}} = 292.5 \ [\text{mm}]$

(3) y 軸に関する断面二次モーメント，断面係数，断面二次半径

断面二次モーメント

$$I_y = \frac{28 \times 300^3 \times 2 + (700 - 28 \times 2) \times 14^3}{12} = 1.261 \times 10^8 \ [\mathrm{mm}^4]$$

断面係数（全断面） $Z_y = \dfrac{I_y}{B/2} = \dfrac{1.261 \times 10^8}{300/2} = 8.407 \times 10^5 \ [\mathrm{mm}^3]$

断面二次半径 $i_y = \sqrt{\dfrac{I_y}{A}} = \sqrt{\dfrac{1.261 \times 10^8}{2.582 \times 10^4}} = 69.88 \ [\mathrm{mm}]$

(4) 梁端部フランジ溶接の強度算定に用いるフランジ部分のみ有効とした断面の x 軸に関する断面二次モーメント，および断面係数

$$I_x = \frac{300 \times 700^3 - 300 \times (700 - 28 \times 2)^3}{12} = 1.898 \times 10^9 \ [\mathrm{mm}^4]$$

$$Z_x = \frac{1.898 \times 10^9}{700/2} = 5.423 \times 10^6 \ [\mathrm{mm}^3]$$

■ 例題 2.6 ■ 鋼管 $\phi 216.3 \times 6$（STKN490），長さ $L = 5$ [m]，両端ピン支持の圧縮材の短期許容圧縮耐力を求めよ．

解答 (1) $\phi 216.3 \times 6$ の断面性能（JIS G 3444）は付表 4.1 より

$$A = 39.61 \times 10^2 \ [\mathrm{mm}^2], \qquad i = 74.4 \ [\mathrm{mm}]$$

(2) 許容圧縮応力度

$$\lambda = \frac{L}{i} = \frac{5000}{74.4} \fallingdotseq 67.2 \xrightarrow{\text{切り上げ}} \lambda = 68 < \Lambda = 102$$

$$\frac{\lambda}{\Lambda} = \frac{68}{102} \fallingdotseq 0.667, \qquad F = 325 \ [\mathrm{N/mm}^2]$$

式 (2.29) より $\nu = \dfrac{3}{2} + \dfrac{2}{3} \times 0.667^2 = 1.796$

式 (2.30) より $f_c = \dfrac{(1 - 0.4 \times 0.667^2) \times 325}{1.796} = 148.80 \ \rightarrow \ 148 \ [\mathrm{N/mm}^2]$

または，付表 1.2 より求めることもできる．

圧縮材の長期許容圧縮応力度は $f_c = 148 \ [\mathrm{N/mm}^2]$ となり，短期許容圧縮応力度は $f_c = 148 \times 1.5 = 222 \ [\mathrm{N/mm}^2]$ である．

(3) 許容圧縮耐力

$$N_c = A f_c = 39.61 \times 10^2 \times 222 = 8.80 \times 10^5 \ [\mathrm{N}] = 880 \ [\mathrm{kN}]$$

■ 例題 2.7 ■ H 形鋼 H‑$400 \times 400 \times 13 \times 21$（SN400），長さ $L = 4$ [m]，両端ピン支持の圧縮材の長期許容圧縮耐力を求めよ．

解答 (1) H‑$400 \times 400 \times 13 \times 21$ の断面性能は付表 3.1 より

$$A = 218.7 \times 10^2 \ [\text{mm}^2], \qquad i_x = 175 \ [\text{mm}], \qquad i_y = 101 \ [\text{mm}]$$

(2) 許容圧縮応力度

$$\lambda_x = \frac{L}{i_x} = \frac{4000}{175} \fallingdotseq 22.86 \quad \xrightarrow{\text{切り上げ}} \quad \lambda_x = 23$$

$$\lambda_y = \frac{L}{i_y} = \frac{4000}{101} \fallingdotseq 39.6 \quad \xrightarrow{\text{切り上げ}} \quad \lambda_y = 40$$

$$\lambda_x < \lambda_y \quad \rightarrow \quad \lambda = 40 \qquad （大きいほうを選ぶ）$$

SN400，$\lambda = 40$ の圧縮材の長期許容圧縮応力度 f_c

$$\lambda = 40 < \Lambda = 120, \qquad \frac{\lambda}{\Lambda} = \frac{40}{120} = 0.333$$

式 (2.29) より $\quad \nu = \dfrac{3}{2} + \dfrac{2}{3} \times 0.333^2 = 1.5 + 0.074 = 1.574$

式 (2.30) より $\quad f_c = \dfrac{(1 - 0.4 \times 0.333^2) \times 235}{1.574} = 142.6 \quad \rightarrow \quad 142 \ [\text{N/mm}^2]$

(3) 許容圧縮耐力

$$N_c = A f_c = 218.7 \times 10^2 \times 142 = 3.11 \times 10^6 \ [\text{N}] = 3110 \ [\text{kN}]$$

■ 例題 2.8 ■ 図 2.21 に示すような，元たわみ（施工時点のたわみ）のある圧縮材のたわみ曲線および材中央の最大縁応力度を求めよ．

解答 図 2.21 のような元たわみは次式で表される．

$$y_0 = a \cdot \sin \frac{\pi x}{L}$$

点 X でたわみを y とおけば，曲げモーメント M_x は次のように求められる．

$$M_x = N_c(y_0 + y)$$

たわみ曲線の微分方程式 $\mathrm{d}^2 y / \mathrm{d}x^2 = -M_x / EI$ に M_x を代入すると，次式となる．

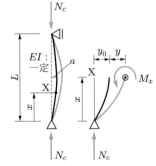

図 2.21 元たわみのある圧縮材の変形

$$\frac{\mathrm{d}^2 y}{\mathrm{d}x^2} + k^2 y = -k^2 y_0$$

ここに，$k^2 = N_c/EI$ である．

一般解は次式で表される．

$$y = C_1 \cos kx + C_2 \sin kx + \frac{N_c a}{N_E - N_c} \sin \frac{\pi x}{L}$$

ここに，$N_E = \pi^2 EI/L^2$ である．

境界条件 $(x = 0,\ y = 0)$ および $(x = L,\ y = 0)$ を代入すれば，$C_1 = C_2 = 0$ となる．したがって，たわみ曲線は次式となる．

$$y = \frac{N_c a}{N_E - N_c} \sin \frac{\pi x}{L}$$

材中央のたわみ $\delta_{\max}$ は次式となる．

$$x = \frac{L}{2} \text{ のとき} \quad \delta_{\max} = \frac{N_c a}{N_E - N_c}$$

材中央の曲げモーメント $M_{\max}$，および最大縁応力度 $\sigma_{\max}$ は次式となる．

$$M_{\max} = N_c(a + \delta_{\max}) = \frac{N_E N_c a}{N_E - N_c}$$

$$\sigma_{\max} = \frac{N_c}{A} + \frac{M_{\max}}{Z} = \sigma_c \left(1 + \frac{\sigma_E}{\sigma_E - \sigma_c} \cdot \frac{Aa}{Z}\right)$$

ここに，$\sigma_c = N_c/A$，$\sigma_E = N_E/A$ である．

2.3　曲げ応力を受ける部材 ・・・・・・・・・・・・・・・・・・・・・・・・・・・

2.3.1　曲げ応力度

図 2.22 (a) に示すように，部材が曲げモーメント M_x を受けると部材には曲げ変形が生じ，断面に生じる応力度は中立軸を境として一方は引張応力度に，他方は圧縮応力度になる．平面保持の仮定から曲げモーメントによる断面に生じる垂直応力度は次のように求められる．

いま，断面の切片 ABCD が，図 2.22 (b) のように変形した場合，図 (e) に示すように断面の中立軸 $(n - n)$ から距離 y の位置の材繊維（断面積 $\mathrm{d}A$）とし，図 (c) に示すようにその伸びを $\Delta \mathrm{d}x$ とすると，垂直ひずみ度 ε は $\varepsilon = \Delta \mathrm{d}x/\mathrm{d}x$ である．また曲率半径を ρ とすると，三角形の相似条件から次式となる．

$$\varepsilon = \frac{y}{\rho} \tag{2.40}$$

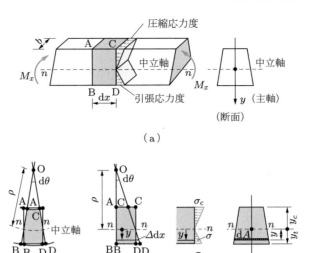

図 2.22　曲げ応力度

部材が弾性体のときは，フックの法則から垂直応力度 σ は次のように表され，図 2.22(d) のようになる.

$$\sigma = E\varepsilon = E\frac{y}{\rho} \tag{2.41}$$

この垂直応力度を用いて断面に作用する軸方向力 N の釣り合いから，式 (2.42) が，また曲げモーメント M_x との釣り合いから式 (2.43) が求められる.

$$N = \int_A \sigma \, dA = \frac{E}{\rho} \int_A y \, dA = \frac{E}{\rho} S = 0 \tag{2.42}$$

$$M_x = \int_A \sigma y \, dA = \frac{E}{\rho} \int_A y^2 \, dA = \frac{E}{\rho} I \tag{2.43}$$

ここに，$S = \int_A y \, dA$：中立軸に関する断面一次モーメント，$I = \int_A y^2 \, dA$：中立軸に関する断面二次モーメントである.

すなわち，式 (2.42) より，中立軸は図心軸に一致することがわかる.

また，式 (2.41)，(2.43) から次式が求められる.

$$\sigma = \frac{M_x}{I} y \tag{2.44}$$

すなわち，曲げモーメントにより生じる垂直応力度は中立軸からの距離に比例し，断面の上下端で最大となる. 断面の最大引張応力度 $_t\sigma_b$，最大圧縮応力度 $_c\sigma_b$ は次式

となる.

$$_t\sigma_b = \frac{M_x}{I}\,y_t = \frac{M_x}{Z_t} \quad \text{ただし,}\quad Z_t = \frac{I}{y_t} \tag{2.45}$$

$$_c\sigma_b = \frac{M_x}{I}\,y_c = \frac{M_x}{Z_c} \quad \text{ただし,}\quad Z_c = \frac{I}{y_c} \tag{2.46}$$

ここに,y_t,y_c:中立軸から引張側および圧縮側の縁端までの距離,Z_t,Z_c:引張側および圧縮側の断面係数である.

図 2.23 に示す長方形断面,および H 形断面の曲げ応力度は次のように求められる.

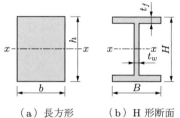

（a）長方形　　（b）H 形断面

図 2.23　長方形断面,H 形断面の形状

長方形断面の場合

$$\left.\begin{array}{l} y_t = y_c = \dfrac{h}{2}, \quad I = \dfrac{bh^3}{12}, \quad Z = Z_t = Z_c = \dfrac{bh^2}{6} \\[2mm] \sigma_b = {}_t\sigma_b = {}_c\sigma_b = \dfrac{M_x}{Z} \end{array}\right\} \tag{2.47}$$

H 形断面の場合

$$\left.\begin{array}{l} y_t = y_c = \dfrac{H}{2}, \quad I = \dfrac{BH^3}{12} - \dfrac{(B - t_w)(H - 2t_f)^3}{12} \\[2mm] Z = Z_t = Z_c = \dfrac{I}{H/2}, \quad \sigma_b = {}_t\sigma_b = {}_c\sigma_b = \dfrac{M_x}{Z} \end{array}\right\} \tag{2.48}$$

なお,形鋼にはフィレット部分があり,これを含んで計算したものである.

2.3.2　横座屈

次に,梁の座屈現象について説明する.梁に作用する曲げモーメントが一定の大きさになると,図 2.24 のように,突然ねじり変形とそり変形を伴って横方向（曲げモーメントの加わる面に垂直な方向）に膨らむ現象が生じる.これを

荷重

図 2.24　横座屈現象

梁の**横座屈**という.この現象は,梁断面の両主軸のうち,断面二次モーメントの大きいほうの主軸（強軸）回りに曲げを受けるときに起こる.

なお,以下に示す横座屈荷重に関する理論式については,「建築鋼構造」[3]を参照してほしい.

■（1）そりを拘束されないH形断面材の場合

横座屈荷重を求めるためには，ねじりに関する知識を必要とするので，まず，ねじりについて説明する.

図 2.25 のように，H形断面材の両端にねじりモーメントを加えると，材軸方向に一様にねじり変形を生じ，ねじり角 ϕ の勾配 $d\phi/dz$ は材軸に沿って一定となる.力の釣り合い条件式は次のように表される.

$$M_{TS} = GJ\frac{\mathrm{d}\phi}{\mathrm{d}z} \qquad (2.49)$$

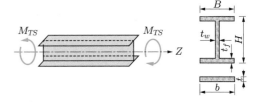

図 2.25 一様ねじりを受ける H 形断面材，板要素

ここに，M_{TS}：サン・ブナンのねじりモーメント [N·mm]，G：せん断弾性係数 $(= 79000 \,[\mathrm{N/mm^2}])$，$J$：**サン・ブナンのねじり係数** $[\mathrm{mm^4}]$ である.

板要素の場合のサン・ブナンのねじり係数は次式である.

$$J = \frac{1}{3}\sum bt^3 \qquad (2.50)$$

ここに，b：板要素の幅 [mm]，t：板要素の厚さ [mm] である.

H形断面材の場合には次式となる.

$$J = \frac{1}{3}\left\{2Bt_f^3 + (H - 2t_f)t_w^3\right\} \qquad (2.51)$$

■（2）そりを拘束されるH形断面の場合

図 2.26 のように，材端で断面のそりを拘束したり，材軸方向に沿ってねじりモーメントが変化する場合には，サン・ブナンのねじりとともに**ワーグナーのそりねじり**を考慮しなければならない.ねじり変形によるね

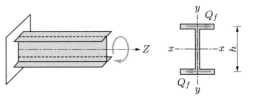

ワーグナーのそりねじり

図 2.26 材端で断面のそりを拘束される H 形断面材

じり角 ϕ と上・下フランジに生じるせん断力 Q_f の関係は次式となる.

$$Q_f = \frac{EI_f h}{2}\cdot\frac{\mathrm{d}^3\phi}{\mathrm{d}z^3} \qquad (2.52)$$

ここに，I_f：上・下各フランジの y 軸回りの断面二次モーメント，h：フランジ中心間距離である．

ワーグナーのそりねじりモーメント M_{TW} は，次のようになる．

$$M_{TW} = -h \cdot \frac{EI_f h}{2} \cdot \frac{\mathrm{d}^3\phi}{\mathrm{d}z^3} = -EI_w \frac{\mathrm{d}^3\phi}{\mathrm{d}z^3} \tag{2.53}$$

$$I_w = \frac{I_f h^2}{2} = \frac{I_y h^2}{4}, \qquad I_y = 2I_f \tag{2.54}$$

ここに，I_w：**曲げねじり定数（そり係数）**$[\mathrm{mm}^6]$，I_y：y 軸回りの断面二次モーメント $[\mathrm{mm}^4]$ である．

そりを拘束される場合のねじりモーメントの釣り合い条件式は，次のようになる．

$$M_T = M_{TS} + M_{TW} = GJ\frac{\mathrm{d}\phi}{\mathrm{d}z} - EI_w\frac{\mathrm{d}^3\phi}{\mathrm{d}z^3} \tag{2.55}$$

2.3.3　等曲げを受ける単純梁の横座屈荷重

図 2.27 に示すように，等曲げを受ける単純梁が横座屈を生じた場合の，ねじり角 ϕ のみで表される力の釣り合い条件式は次のようになる．

$$\frac{\mathrm{d}^4\phi}{\mathrm{d}z^4} - \frac{GJ}{EI_w} \cdot \frac{\mathrm{d}^2\phi}{\mathrm{d}z^2} - \frac{M^2}{E^2 I_y I_w}\phi = 0 \tag{2.56}$$

式 (2.56) から，**弾性横座屈モーメント** M_e は次のように求められる．

$$M_e = \sqrt{\frac{\pi^2 EI_y GJ}{L_b^2} + \frac{\pi^4 E^2 I_y I_w}{L_b^4}} \tag{2.57}$$

ここに，L_b：部材の横方向拘束間隔（圧縮フランジの支点間距離）である．

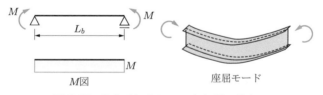

図 2.27　等曲げを受ける H 形断面材の横座屈

2.3.4　許容曲げ応力度

■（1）補剛区間内で等曲げの場合

一様な曲げを受ける形鋼梁などでは，座屈曲げモーメントは，弾性域の場合，式 (2.57) で与えられるが，座屈曲げモーメントが降伏曲げモーメントの 60% を超えると（$M \geqq$

$0.6 M_y$），式 (2.57) に一致しない．また，曲げモーメントが降伏曲げモーメントを超えると（$M \geqq M_y$，$M_y = \sigma_y \cdot Z$），横座屈は問題とならない．

そこで，座屈曲げモーメントの大きさに応じて三つの範囲に分けて考える．

（a）弾性域の場合　　まず，弾性域では，弾性横座屈モーメント M_e と曲げ座屈応力度 σ_{cr} および断面係数 Z の関係は

$$M_e = \sigma_{cr} Z \tag{2.58}$$

となる．また，**降伏曲げモーメント** M_y は，降伏曲げ応力度 σ_y と基準強度 F との関係を $\sigma_y = F$ とおくと，次のように表せる．

$$M_y = \sigma_y Z = FZ \tag{2.59}$$

式 (2.58)，(2.59) より，曲げ降伏時の曲げ座屈応力度は次式で表される．

$$\sigma_{cr} = \frac{F}{M_y / M_e} \tag{2.60}$$

ここに，座屈曲げモーメント M_e と，降伏曲げモーメント M_y の比の平方根 λ_b は，**曲げ材の細長比**とよばれ，次式で表される．

$$\lambda_b = \sqrt{\frac{M_y}{M_e}} \tag{2.61}$$

また，弾性域の限界（$M_e = 0.6 M_y$）のときの曲げ材の細長比は，**弾性限界細長比** $_e\lambda_b$ とよばれ，次式で表される．

$$_e\lambda_b = \frac{1}{\sqrt{0.6}} = 1.29 \tag{2.62}$$

曲げ座屈の安全率 ν は，長期応力の場合，曲げ材の細長比 λ_b と弾性限界細長比 $_e\lambda_b$ の比を用いて次式で表す．

$$\nu = \frac{3}{2} + \frac{2}{3} \left(\frac{\lambda_b}{_e\lambda_b} \right)^2 \tag{2.63}$$

したがって，**許容曲げ応力度** f_b は，式 (2.60)〜(2.63) を用いて次のように表せる．

$$f_b = \frac{\sigma_{cr}}{\nu} = \frac{F}{(M_y / M_e)\nu} = \frac{F}{\lambda_b^2 \nu} \tag{2.64}$$

弾性域での安全率は，細長比として弾性限界細長比を用いると（$\lambda_b = {}_e\lambda_b$），式 (2.63) より $\nu = 2.17$ となり，許容曲げ応力度 f_b は次式で表される．

$$f_b = \frac{F}{\lambda_b^2 \times 2.17} \tag{2.65}$$

（b）塑性域の場合　　塑性域で λ_b が 0.3 以下の場合，実験結果から，曲げ座屈しないことがわかっているので，許容曲げ応力度は「降伏曲げ応力度 $\sigma_y =$ 基準強度 F」とおいて，安全率 1.5 で割って，次のようになる．

$$f_b = \frac{F}{1.5} \tag{2.66}$$

　このときの曲げ材の細長比を，**塑性限界細長比** $_p\lambda_b\ (= 0.3)$ という．

（c）弾塑性域の場合（曲げ細長比が弾性限界細長比以下の場合，$_p\lambda_b \leqq \lambda_b \leqq {}_e\lambda_b$）　　弾性限界細長比のときと塑性限界細長比のときの値を直線補間して，次式で表す．

$$f_b = \left\{ 1 - \frac{0.4(\lambda_b - {}_p\lambda_b)}{{}_e\lambda_b - {}_p\lambda_b} \right\} \frac{F}{\nu} \tag{2.67}$$

以上の 3 つの f_b を図 2.28 に示す．

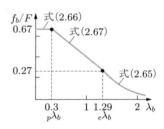

図 2.28　曲げ許容応力度

■（2）補剛区間内で曲げモーメントが変化する場合の補正

　一般に，曲げモーメントは補剛区間内で変化するが，これに対しては，式 (2.57) の弾性横座屈モーメントに補正係数 C を掛ける．

$$M_e = C\sqrt{\frac{\pi^2 E I_y G J}{L_b^2} + \frac{\pi^4 E^2 I_y I_w}{L_b^4}} \tag{2.68}$$

ここに，補正係数 C，および塑性限界細長比 $_p\lambda_b$ は以下のように決める．

　① 曲げモーメントが補剛区間内で直線的に変化する場合

　補正係数 C は，次式とする．

$$C = 1.75 + 1.05 \frac{M_2}{M_1} + 0.3 \left(\frac{M_2}{M_1}\right)^2 \quad かつ \quad 2.3 以下 \tag{2.69}$$

また，塑性限界細長比は次式とする．

$$_p\lambda_b = 0.6 + 0.3 \frac{M_2}{M_1} \tag{2.70}$$

ここに，M_1，M_2：それぞれ座屈区間端部における大きいほう，小さいほうの M，M_2/M_1：複曲率の場合は正，単曲率の場合は負（図 2.29）である．

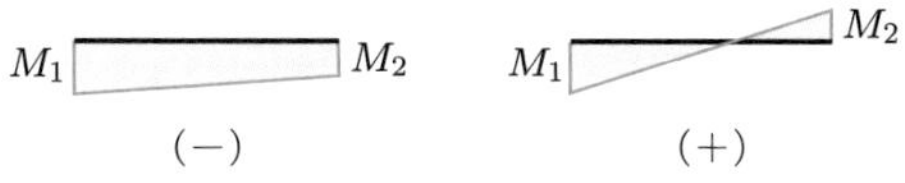

図 2.29　M_2/M_1 の符号

② 補剛区間内で M が最大となる場合

$$_p\lambda_b = 0.3, \qquad C = 1.0 \tag{2.71}$$

■（3）そのほかの場合

ベースプレートのような幅広の板は，面外曲げを受ける．その許容曲げ応力度は，次のようになる．

$$f'_{b1} = \frac{F}{1.3} \tag{2.72}$$

曲げを受けるピンの許容曲げ応力度は，次のようになる．

$$f'_{b2} = \frac{F}{1.1} \tag{2.73}$$

■ 例題 2.9 ■ 図 2.30 に示すような横方向の支持点の間隔が 10 m の梁 H - 596 × 199 × 10 × 15 が強軸回りに等曲げを受けるときの，弾性横座屈モーメント M_e を求めよ．

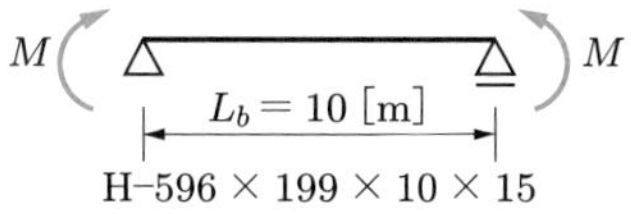

図 2.30　等曲げモーメントを受ける梁

H-596 × 199 × 10 × 15

解答

$$L_b = 1.0 \times 10^4 \text{ [mm]}, \qquad E = 2.05 \times 10^5 \text{ [N/mm}^3\text{]}$$

$$G = 7.90 \times 10^4 \text{ [N/mm}^2\text{]}, \qquad I_y = 1.980 \times 10^7 \text{ [mm}^4\text{]}$$

$$J = \frac{1}{3} \sum bt^3 = \frac{1}{3} \times \left\{ 2 \times 199 \times 15^3 + (596 - 15 \times 2) \times 10^3 \right\}$$

$$= 6.364 \times 10^5 \text{ [mm}^4\text{]}$$

$$I_w = \frac{I_y h^2}{4} = \frac{1.980 \times 10^7 \times (596 - 15)^2}{4} = 1.671 \times 10^{12} \text{ [mm}^6\text{]}$$

式 (2.57) より

$$M_e = \sqrt{ \frac{\pi^2 \times 2.05 \times 10^5 \times 1.980 \times 10^7 \times 7.90 \times 10^4 \times 6.364 \times 10^5}{(1.0 \times 10^4)^2} + \frac{\pi^4 \times (2.05 \times 10^5)^2 \times 1.980 \times 10^7 \times 1.671 \times 10^{12}}{(1.0 \times 10^4)^4} }$$

$$= 1.835 \times 10^8 \text{ [N} \cdot \text{mm]} = 183.5 \text{ [kN} \cdot \text{m]}$$

■ 例題 2.10 ■ 図 2.31 に示すような横補剛支点間距離 $L_b = 6$ [m] の梁（H - 400 × 200 × 8 × 13, SN400）が強軸回りに等曲げ，片曲げ，逆曲げを受けるときの長期許容曲げ応力度 f_b を求めよ．

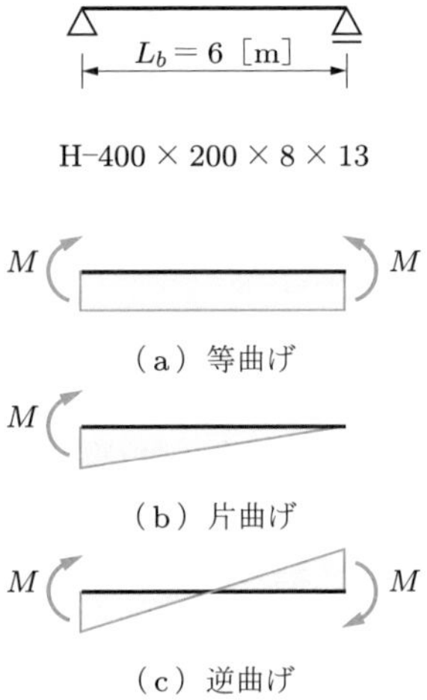

H-400 × 200 × 8 × 13

解答　(1) SN400, H - 400 × 200 × 8 × 13 の断面性能は，付表 3.1 より

$$I_y = 1.740 \times 10^7 \ [\text{mm}^4]$$

$$Z = Z_x = 1.170 \times 10^6 \ [\text{mm}^3]$$

$$J = 3.590 \times 10^5 \ [\text{mm}^4]$$

$$I_w = 6.510 \times 10^{11} \ [\text{mm}^6]$$

$$F = 235 \ [\text{N/mm}^2]$$

$$E = 2.05 \times 10^5 \ [\text{N/mm}^2]$$

$$G = 0.790 \times 10^5 \ [\text{N/mm}^2], \quad L_b = 6000 \ [\text{mm}]$$

（a）等曲げ

（b）片曲げ

（c）逆曲げ

図 2.31　梁に加わるモーメントの形

(2) 許容曲げ応力度

(a) 等曲げの場合

$$\frac{M_2}{M_1} = -1$$

式 (2.69) より　$C = 1.75 + 1.05 \times (-1) + 0.3 \times (-1)^2 = 1$

式 (2.68) より

$$M_e = 1.75 \times \sqrt{\dfrac{\pi^2 \times 2.05 \times 10^5 \times 1.740 \times 10^7 \times 0.7900 \times 10^5 \times 3.590 \times 10^5}{6000^2} + \dfrac{\pi^4 \times (2.05 \times 10^5)^2 \times 1.740 \times 10^7 \times 6.510 \times 10^{11}}{6000^4}}$$

$$= 2.520 \times 10^8 \ [\text{N} \cdot \text{mm}]$$

式 (2.59) より　$M_y = 235 \times 1.170 \times 10^6 = 2.750 \times 10^8 \ [\text{N} \cdot \text{mm}]$

式 (2.61) より　$\lambda_b = \sqrt{\dfrac{2.7495 \times 10^8}{2.520 \times 10^8}} = 1.045$

式 (2.62) より　$_e\lambda_b = 1.29$，　　式 (2.70) より　$_p\lambda_b = 0.6 + 0.3 \times (-1) = 0.3$

式 (2.63) より　安全率 $\nu = \dfrac{3}{2} + \dfrac{2}{3} \times \left(\dfrac{1.045}{1.29}\right)^2 = 1.94$, $_p\lambda_b < \lambda_b < _e\lambda_b$ なので，

式 (2.67) より　$f_b = \left\{1 - \dfrac{0.4(1.045 - 0.3)}{1.29 - 0.3}\right\} \times \dfrac{235}{1.94} = 84.67 \ \rightarrow \ 84.7 \ [\text{N/mm}^2]$

(b) 片曲げの場合

$$\frac{M_2}{M_1} = 0$$

式 (2.69) より $\quad C = 1.75 + 1.05 \times (0) + 0.3 \times (0)^2 = 1.75 < 2.3 \qquad \therefore C = 1.75$

式 (2.68) より

$$M_e = 1.75 \times \sqrt{\frac{\pi^2 \times 2.05 \times 10^5 \times 1.740 \times 10^7 \times 0.7900 \times 10^5 \times 3.590 \times 10^5}{6000^2} + \frac{\pi^4 \times (2.05 \times 10^5)^2 \times 1.740 \times 10^7 \times 6.510 \times 10^{11}}{6000^4}}$$

$$= 4.410 \times 10^8 \ [\text{N} \cdot \text{mm}]$$

式 (2.59) より $\quad M_y = 235 \times 1.170 \times 10^6 = 2.750 \times 10^8 \ [\text{N} \cdot \text{mm}]$

式 (2.61) より $\quad \lambda_b = \sqrt{\dfrac{2.7495 \times 10^8}{4.410 \times 10^8}} = 0.790$

式 (2.62) より $\quad {}_e\lambda_b = 1.29,\qquad$ 式 (2.70) より $\quad {}_p\lambda_b = 0.6 + 0.3 \times (0) = 0.6$

式 (2.63) より $\quad$ 安全率 $\nu = \dfrac{3}{2} + \dfrac{2}{3} \times \left(\dfrac{0.790}{1.29}\right)^2 = 1.75,\ {}_p\lambda_b < \lambda_b < {}_e\lambda_b$ なので，

式 (2.67) より $\quad f_b = \left\{1 - \dfrac{0.4(0.790 - 0.6)}{1.29 - 0.6}\right\} \times \dfrac{235}{1.75} = 119.5 \ [\text{N/mm}^2]$

(c) 逆曲げの場合

$$\frac{M_2}{M_1} = 1$$

式 (2.69) より $\quad C = 1.75 + 1.05 \times (1) + 0.3 \times (1)^2 = 3.1 > 2.3 \qquad \therefore C = 2.3$

式 (2.68) より

$$M_e = 2.3 \times \sqrt{\frac{\pi^2 \times 2.05 \times 10^5 \times 1.740 \times 10^7 \times 0.7900 \times 10^5 \times 3.590 \times 10^5}{6000^2} + \frac{\pi^4 \times (2.05 \times 10^5)^2 \times 1.740 \times 10^7 \times 6.510 \times 10^{11}}{6000^4}}$$

$$= 5.796 \times 10^8 \ [\text{N} \cdot \text{mm}]$$

式 (2.59) より $\quad M_y = 235 \times 1.170 \times 10^6 = 2.750 \times 10^8 \ [\text{N} \cdot \text{mm}]$

式 (2.61) より $\quad \lambda_b = \sqrt{\dfrac{2.750 \times 10^8}{5.796 \times 10^8}} = 0.689$

式 (2.62) より $\quad {}_e\lambda_b = 1.29,\qquad$ 式 (2.70) より $\quad {}_p\lambda_b = 0.6 + 0.3 \times (1) = 0.9$

式 (2.63) より　安全率 $\nu = \dfrac{3}{2} + \dfrac{2}{3} \times \left(\dfrac{0.689}{1.29}\right)^2 = 1.69$, $\lambda_b < {}_p\lambda_b$ なので,

式 (2.66) より　$f_b = \dfrac{235}{1.69} = 139.1 \ [\text{N/mm}^2]$

2.4　せん断力を受ける部材

せん断力が作用する部材断面において, 中立軸から y_1 の位置のせん断応力度は次式で表される.

$$\tau = \frac{QS_1}{Ib} \tag{2.74}$$

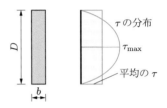

図 2.32　せん断応力度の分布

ここに, Q:せん断力, S_1:y_1 から外縁までの部分の中立軸に関する断面一次モーメント, I:中立軸に関する部材断面二次モーメント, b:板厚である.

また, せん断応力度の分布は, 図 2.32 に示すように, 中立軸位置で最大となり, 最大せん断応力度は平均せん断応力度 Q/A に対して次式で表される.

$$\tau_{\max} = \kappa \frac{Q}{A} \tag{2.75}$$

ここに, κ:せん断応力度の形状係数 (矩形断面の場合 $= 1.5$), A:断面積 $(= bD)$ である.

H 形鋼の場合, フランジ幅に対してウェブプレートの板厚が小さいので, せん断応力度は, 図 2.33 に示すように, ウェブプレート部分で大きくなる. また, 最大せん断応力度 $\tau_{\max}$ はウェブプレートの中央に生じるが, せん断応力をウェブプレート断面積で割ったせん断応力度の値との差はほとんどないので, 次式で略算できる.

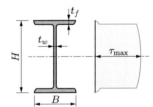

図 2.33　H 形鋼断面のせん断応力度の分布

$$\tau_{\max} = \frac{Q}{(H - 2t_f)t_w} \tag{2.76}$$

ここに, t_f:フランジの板厚, t_w:ウェブプレートの板厚である.

なお, **許容せん断応力度** f_s は, 式 (1.7) で示した降伏せん断応力度 τ_{xy} に対して σ_Y を基準強度 F に置き換え, また安全率 $\nu = 1.5$ で割って, 次式で表される.

$$f_s = \frac{F}{1.5\sqrt{3}} \tag{2.77}$$

2.5　薄板材と局部座屈 ·····················

2.5.1　板要素の局部座屈

　鉄骨部材断面は板要素を組み合わせた形で構成されており，板要素が薄すぎると部材の全体座屈を生じる前に図 2.34 に示すような，板要素が**局部座屈**を起こす場合がある（写真 2.1）．そのときの板要素の**局部座屈圧縮応力度** σ_{cr} または局部座屈せん断応力度 τ_{cr} は次式で表される [2]．

$$\sigma_{cr} \quad \text{あるいは} \quad \tau_{cr} = \frac{k\pi^2 E}{12(1-\nu^2)}\left(\frac{t}{b}\right)^2 = \frac{\overline{k}}{(b/t)^2} \tag{2.78}$$

ここに，k：荷重条件，境界条件および板の形によって定まる係数，ν：ポアソン比，t：板厚，b：板幅，$\overline{k} = k\pi^2 E/\{12(1-\nu^2)\}$ である．

　表 2.2 に，荷重点が単純支持で一様圧縮あるいは一様せん断を受ける板の代表的な k の値を示す．

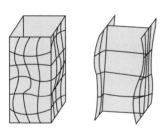

図 2.34　各種断面材に生じる局部座屈

写真 2.1　局部座屈（圧縮）

表 2.2　荷重点単純支持の場合の座屈モード

応力	支持辺の周辺条件	座屈形状	幅方向の座屈の波形	k	適用の例
圧縮	両辺単純支持			4.00	H 形鋼柱のウェブ
	一辺単純支持　一辺固定			5.42	
	両辺固定			6.97	
	一辺自由　一辺固定			1.28	
	一辺自由　一辺単純支持			0.425	H 形鋼のフランジ
せん断	4 辺単純支持		（対角線方向に座屈）	5.34	H 形鋼梁のウェブ

2.5.2　幅厚比の制限

図 2.35 に式 (2.78) の**幅厚比** b/t と板要素の局部座屈応力度 σ_{cr}（あるいは τ_{cr}）との関係を示す．この曲線は圧縮材の座屈応力度曲線の細長比 λ を幅厚比 b/t に置き換えたものになっている．この式の適用は圧縮材と同様に，弾性座屈域を $0.6F$ までとし，それ以上の応力度については非弾性座屈域と考える．なお，$\sigma_{cr} = 0.6F$ のときの幅厚比を Λ とすると，$\Lambda = \sqrt{\overline{k}/(0.6F)}$ となる．図に示すように，弾性座屈曲線に $(\Lambda,\ 0.6F)$ で接する直線を非弾性座屈式とすると次式となる．

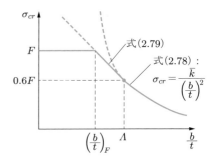

図 2.35　幅厚比と局部座屈応力度の関係

$$\sigma - 0.6F = -\frac{2\overline{k}}{\Lambda^3}\left(\frac{b}{t} - \Lambda\right) \tag{2.79}$$

式 (2.79) において，$\sigma = F$ となる幅厚比 $(b/t)_F$ 以下の幅厚比を有する板要素は，弾性設計では局部座屈を起こさないので，**幅厚比の制限値** $(b/t)_F$ は，$\sigma = F$，ポアソン比 $\nu = 0.3$ を用いて以下の式となる．

$$\left(\frac{b}{t}\right)_F = \frac{2}{3}\Lambda = 0.818\sqrt{\frac{kE}{F}} \tag{2.80}$$

$$k = 4 \text{ の場合}\quad \left(\frac{b}{t}\right)_F = 1.63\sqrt{\frac{E}{F}} \tag{2.81}$$

$$k = 0.425 \text{ の場合}\quad \left(\frac{b}{t}\right)_F = 0.533\sqrt{\frac{E}{F}} \tag{2.82}$$

また，せん断力を受ける板の場合には，式 (2.79) において $k = 5.34$ とし，$F \rightarrow F/\sqrt{3}$ と置き換えて次式となる．

$$\left(\frac{b}{t}\right)_F = 2.48\sqrt{\frac{E}{F}} \tag{2.83}$$

以上の式をもとに「鋼構造許容応力度設計規準」[1] では，表 2.3 に板要素の幅厚比の制限値を示している．なお，山形鋼の場合は，応力の不均等や全体座屈などを考慮して一般フランジより小さい値としてある．

さらに「鋼構造許容応力度設計規準」[1] では，円形鋼管の場合，次式を制限値に

表 2.3　幅厚比の制限値

支持条件	一縁支持・他縁自由		両縁支持	
主に受ける応力	圧縮		せん断	圧縮
分類	一般	ねじれ座屈が連成しやすいもの	—	—
具体例	(a) H，溝形断面のフランジ (b) e 以外の山形鋼の突出部 (c) H 形鋼などの開断面材に設けるスチフナ (d) C 形鋼などのリップや自由縁を補剛するためのリブ	(e) 単一山形鋼やはさみ板式の複山形鋼の突出部	(f) 梁のウェブ	(g) 柱のウェブや箱形断面材のフランジ (h) 自由縁をリブで補剛した H，溝形鋼のフランジ (i) 閉断面材に設けるダイアフラム
制限値　一般式	$0.53\sqrt{E/F}$	$0.44\sqrt{E/F}$	$2.4\sqrt{E/F}$	$1.6\sqrt{E/F}$
制限値　$F=400$ 級	16	13	71	47
制限値　$F=490$ 級	13	11	60	40

している．

$$\frac{D}{t} \leqq 0.114 \frac{E}{F} \tag{2.84}$$

ここに，D：円形鋼管の外径，t：板厚である．

　幅厚比を求める際の形鋼の板幅のとり方を図 2.36 に示す．

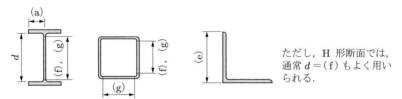

ただし，H 形断面では，通常 $d=$(f) もよく用いられる．

図 2.36　板幅のとり方

　軽量形鋼のように幅厚比が制限値を超える場合は，図 2.37 の断面のように，一縁支持他縁自由の板要素の場合は自由縁側から，二縁支持の板要素の場合は板幅の中央部から，制限値を超えた部分を無効とみなした断面に対して存在応力を求めて検討を行うことができる．

図 2.37　リップ溝形鋼の無効部分

■ 例題 2.11 ■ 図 2.38 に示すような H 形断面材および箱形断面材の幅厚比の制限値を求めよ.

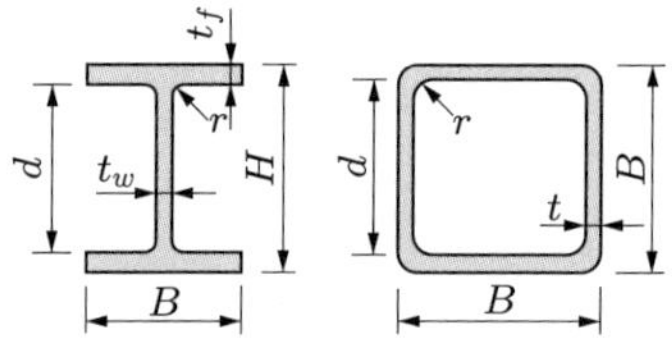

図 2.38 断面の形状

解答 (1) H 形断面

フランジ

$$\frac{b}{t} \leqq 0.53\sqrt{\frac{E}{F}}$$

$$\frac{B}{t_f} \leqq 0.53 \times \sqrt{\frac{2.05 \times 10^5}{235}} = 15.7 \quad \rightarrow \quad 16 \quad (F = 400 \text{ 級})$$

$$\frac{B}{t_f} \leqq 0.53 \times \sqrt{\frac{2.05 \times 10^5}{325}} = 13.3 \quad \rightarrow \quad 13 \quad (F = 490 \text{ 級})$$

ウェブは圧縮材（柱）を梁と区別して求められる.

圧縮材（柱）

$$\frac{d}{t} \leqq 1.6\sqrt{\frac{E}{F}}$$

$$\frac{d}{t_w} \leqq 1.6 \times \sqrt{\frac{2.05 \times 10^5}{235}} = 47.3 \quad \rightarrow \quad 47 \quad (F = 400 \text{ 級})$$

$$\frac{d}{t_w} \leqq 1.6 \times \sqrt{\frac{2.05 \times 10^5}{325}} = 40.2 \quad \rightarrow \quad 40 \quad (F = 490 \text{ 級})$$

梁

$$\frac{d}{t} \leqq 2.4\sqrt{\frac{E}{F}}$$

$$\frac{d}{t_w} \leqq 2.4 \times \sqrt{\frac{2.05 \times 10^5}{235}} = 70.9 \quad \rightarrow \quad 71 \quad (F = 400 \text{ 級})$$

$$\frac{d}{t_w} \leqq 2.4 \times \sqrt{\frac{2.05 \times 10^5}{325}} = 60.3 \quad \rightarrow \quad 60 \quad (F = 490 \text{ 級})$$

(2) 箱形断面

$$\frac{d}{t} \leqq 1.6\sqrt{\frac{E}{F}}$$

$$\frac{d}{t} \leqq 1.6 \times \sqrt{\frac{2.05 \times 10^5}{235}} = 47.3 \quad \rightarrow \quad 47 \quad (F = 400 \text{ 級})$$

$$\frac{d}{t} \leqq 1.6 \times \sqrt{\frac{2.05 \times 10^5}{325}} = 40.2 \quad \rightarrow \quad 40 \quad (F = 490 \text{ 級})$$

以上の制限値をまとめたものが表 2.3 である.

接合の基本

第 **3** 章

3.1 接合要素と接合形式 ‥‥‥‥‥‥‥‥‥‥‥

3.1.1 接合形式

鋼構造は組立構法（写真 3.1，図 3.1）の一種で，いろいろな接合方法を用いて，部材や鋼板を組み立てて空間を構成する構造である．そのため，部材と鋼板（写真 3.2，図 3.2），梁どうしや柱と梁（写真 3.3，図 3.3）を互いに一体化させる接合方法が重要な要素となる．その接合形式は大別すると，**ボルト接合**と**溶接接合**がある．

写真 3.1 建設中 ［提供：（株）フジタ］

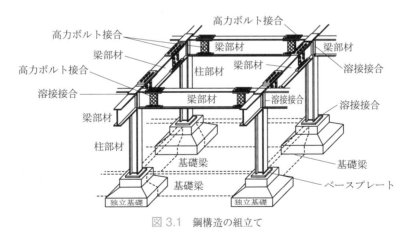

図 3.1 鋼構造の組立て

写真 3.2 ウェブ高力ボルト，フランジ溶接前
［提供：(株) フジタ］

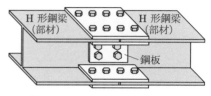

図 3.2 梁部材と鋼板の接続方法

写真 3.3 フランジ溶接後

図 3.3 柱部材と梁部材の接合方法

3.1.2 ボルト接合

ボルト接合は，図 3.4 に示すように普通ボルト接合，高力ボルト接合がある．高力ボルト接合は，図 3.5 のように接合しようとする部材に孔を開け，その孔にボルトを差し込んで，**高力ボルト**による締付け摩擦力により，部材と部材，部材と鋼板を一体化させる接合方法である．写真 3.4 に示すような**トルシア形高力ボルト**（日

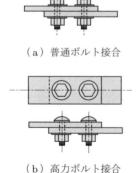

（a）普通ボルト接合

（b）高力ボルト接合

図 3.4 ボルト接合

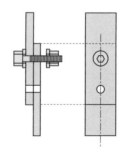

図 3.5 ボルトの接合方法

（a）トルシア形高力ボルト　　　（b）電動シアーレンチ

写真3.4　トルシア形高力ボルトと電動シアーレンチ（インパクトレンチ）

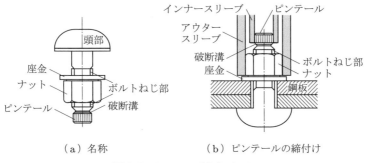

（a）名称　　　　　　　　（b）ピンテールの締付け

図3.6　トルシア形高力ボルト

本鋼構造協会規格 JSS II-09，JIS に準拠）による高力ボルト接合が多く用いられている．トルシア形高力ボルトは，電動シアーレンチを用いてある一定の締付け力になると破断溝がねじ切られ，図3.6のようにピンテールが離れる機構をもったものである．

3.1.3　溶接接合

溶接接合には，大別すると，被覆電気アーク溶接，ガスシールドアーク溶接，サブマージアーク溶接，エレクトロスラグ溶接，スタッド溶接などがある．各種溶接方法について説明する．

■（1）被覆電気アーク溶接

被覆電気アーク溶接（図3.7(a)）は，電気を用いて被溶接金属と被覆剤を塗布した溶接棒の間にアークを発生させ，被覆剤および心線の溶融により生じるガスおよびスラグで溶接部分を外気の窒素や酸素の侵入を防ぎながら被溶接金属を溶融して接合する方法である．現場において手作業で用いられる．

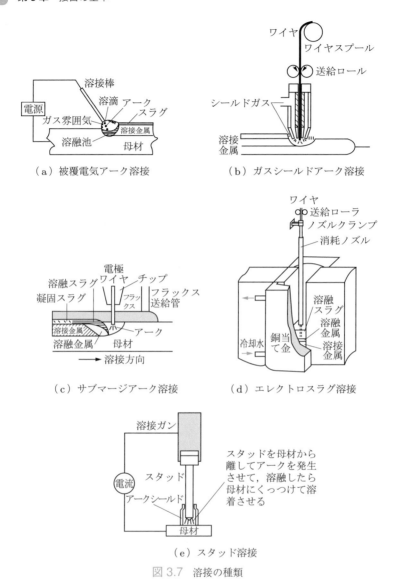

（a）被覆電気アーク溶接　　　　（b）ガスシールドアーク溶接

（c）サブマージアーク溶接　　　　（d）エレクトロスラグ溶接

（e）スタッド溶接

図 3.7　溶接の種類

■（2）ガスシールドアーク溶接

　ガスシールドアーク溶接（図 3.7（b））は，炭酸ガスやアルゴンガスなどで溶接部を外気から遮断するように膜を張り，溶接金属を外気から保護しながら被溶接金属を溶融して質の良い溶接部を得る方法である．機械化された工場で用いられる．

■（3）サブマージアーク溶接

　サブマージアーク溶接（図3.7(c)）は，粒状のフラックスを溶接線上に沿って散布し，このフラックス中に裸の電極ワイヤを挿入して，電極ワイヤの先端と被溶接金属の間にアークを発生させて行う自動アーク溶接法である．

■（4）エレクトロスラグ溶接

　エレクトロスラグ溶接（図3.7(d)）は，銅または鋼製当て金に囲まれた溶接部にノズルを立て，これを通して溶接ワイヤを継続的に与えて，スラグ浴中を流れる電流によって発生する電気抵抗発生熱によりワイヤおよびノズルを溶融する．同時に，高温スラグの対流により接合される被溶接金属の開先面をも溶融して，下から上に溶接されていく方法である．角形組立柱（ボックス柱）の内ダイヤフラム溶接などに用いられる（図4.23参照）．

■（5）スタッド溶接

　スタッド溶接（図3.7(e)）は，主に**アークスタッド溶接**をいう．合成梁や柱脚部のシアーコネクターおよびコンクリートアンカーなどの溶接に使用され，梁・柱の鋼部材にスタッドを直接溶接する方法である．1.7節で述べた頭付きスタッドボルトを用いる．

3.2　ボルト接合

3.2.1　接合方法

　ボルト接合は，図3.8に示すように，**摩擦接合**，**支圧接合**，**引張接合**に分類できる．

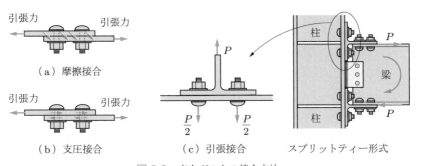

図 3.8　高力ボルトの接合方法

■ （1）摩擦接合

　材質が高張力鋼である高力ボルトは，締め付けるとボルトの軸中に大きな引張力が発生する．図3.9のように，その反作用である締付け力に比例した接合鋼板間の摩擦抵抗により，図3.8(a)のように応力を伝達させようとする接合方法が摩擦接合である．摩擦面がすべり始めるときの摩擦力，すなわちすべり耐力は次式で表される．

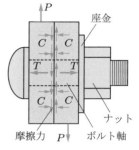

図3.9　高力ボルト接合の応力

$$すべり耐力 = 摩擦係数 \mu \times 締付け力 C \tag{3.1}$$

ただし，摩擦係数 μ は 0.45 程度（グラインダー仕上げ，赤錆発生時，または，ブラスト処理の場合），締付け力 C は「ボルトの降伏応力度×(0.75～0.85)×ねじ部断面積（＝**設計ボルト張力**）」である．

　高力ボルト摩擦接合は，ボルトの軸を通して応力を伝達する普通ボルト接合と異なり，鋼板の面を通して応力を伝えるところに特徴がある．すべり耐力が作用応力に比べて大きい場合には，接合部でのずれは全くなく，一枚板と同じ鋼板とみなすことができる．

■ （2）支圧接合

　支圧接合は，普通ボルトの場合，図3.8(b)のように，孔の支圧とボルト軸のせん断力により応力を負担する接合方法である．すなわち，部材や鋼板に開けられた孔に差し込んだボルトの軸は，孔のすき間だけすべったあとは，図3.10のように，孔の支圧とボルト軸のせん断力により応力を伝達する．ただし，ボルト孔を精密に加工することが，剛性および耐力に対して重要である．

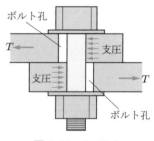

図3.10　支圧接合

■ （3）引張接合

　引張接合は，図3.8(c)のように，ボルトの軸を通して応力を伝えようとする接合方法である．普通ボルトの場合は，ボルト軸の伸びや板部の変形により，接合部の剛性が低下する問題がある．また，せん断力を同時に負担することもあり，その検討

も必要である．一方，高力ボルトの場合は，鋼板が離間するまでは剛な接合である．

3.2.2 摩擦接合の終局破壊形式

　高力ボルト接合のすべり発生後における破壊形式は，支圧接合と同様の3種類が考えられる．すなわち，**ボルト軸のせん断破壊**，**孔の支圧破壊**，**鋼材の縁端部破壊**がある．まず，ボルト軸のせん断破壊は鋼材の支圧抵抗が大きい場合，ボルト軸がボルト孔壁の側圧を受けて，図3.11(a)のようにせん断破壊を生じるタイプである．次に，孔の支圧破壊はボルトのせん断抵抗が大きいため，図(b)のように上鋼板と下鋼板の孔壁側面が変形してしまうタイプである．さらに，縁端部破壊は，図(c)のように孔と鋼材の縁端との距離が小さいためちぎれたり，押し裂かれたりするタイプである．

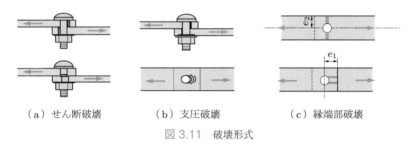

（a）せん断破壊　　　　（b）支圧破壊　　　　（c）縁端部破壊
図 3.11　破壊形式

　設計では，以上に述べたような破壊にならないように，ボルト径，板厚，**最小縁端距離**を決定する必要がある．ここでは，それに関係する基準を表3.1〜3.4に示す．なお，ボルトの配置で，応力方向の配置線距離を**ゲージ**，ボルト間隔を**ピッチ**とよぶ．

3.2.3 高力ボルトの種類

　高力ボルトは，その材質により分けられる．通常は，表3.4の2種類が用いられる．ボルト記号のF8T，F10Tは，それぞれ引張強さ基準値（破断強度）が800，1000 N/mm^{2}のものである．なお，F8Tはほとんど使用されていない．また，ねじ形状を改良したF14T相当の超高力ボルトも開発され使用されている．ボルト径には，表3.5に示すようにM12〜M30の種類がある．たとえば，M12のMはミリメートル形のねじピッチで，軸断面径が12 mmであることを示している．

表 3.1　高力ボルトセットの強度種別[4)]

セットの種類	適用する構成部品の機械的性質による等級			最小強度 [N/mm²]	
機械的性質による種類	ボルト	ナット	座金	σ_B	σ_y
1種	F8T	F10（F8）	F35	800	640
2種	F10T	F10	F35	1000	900

表 3.2　最小縁端距離 [mm][4)]

径 [mm]	縁端の種類	
	せん断縁 手動ガス切断縁	圧延縁・自動ガス切断縁 のこ引き縁・機械仕上げ縁
10	18	16
12	22	18
16	28	22
20	34	26
22	38	28
24	44	32
27	49	36
30	54	40

3.2.4　有効断面積

　第2章で述べたように，接合部では接合部材の断面積がボルトの孔や偏心の考慮により欠損するので引張力を伝達するときには，図3.12のように接合部材の断面積から欠損部分を差し引いた**有効断面積**によって安全性を確かめなければならない．高力ボルトの孔径の値は，表3.5に示す．写真3.5は工場内で作業ロボットがH形鋼にボルト孔開け作業をしているところである．

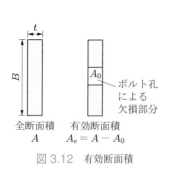

図 3.12　有効断面積

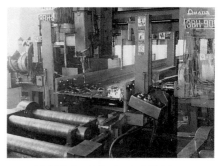

写真 3.5　高力ボルト孔開け加工

表 3.3 形鋼のピッチゲージ位置の標準 [mm] [5]

(a) 形鋼のゲージ位置

A あるいは B	g_1	g_2	最大軸径	B	g_1	g_2	最大軸径	B	g_1	最大軸径
40	22		10	100	60		12	40	24	10
45	25		12	125	75		16	50	30	12
50	30		12	150	90		22	65	35	20
60	35		16	175	105		22	70	40	20
65	35		20	200	120		24	75	40	22
70	40		20	250	150		24	80	45	22
75	40		22	300*1	150	40	24	90	50	24
80	45		22	350	140	70	24	100	55	24
90	50		24	400	140	90	24			
100	55		24							
125	50	35	24							
130	50	40	24							
150	55	55	24							
175	60	70	24							
200	60	90	24							

*1 千鳥打ちとする.

(b) ボルトのピッチ

軸径 d		10	12	16	20	22	24	28
ピッチ p	標準	40	50	60	70	80	90	100
	最小	25	30	40	50	55	60	70

(c) 千鳥打ちのゲージとピッチ間隔

	軸径 b		
g	16	20	22
	$p=48$	$p=60$	$p=66$
35	33	49	56
40	27	45	53
45	17	40	48
50		33	43
55		25	37
60			26
65			12

表 3.4 高力ボルトの基準張力，許容応力度および破断強度 [6]

材 料	基準張力 σ_0 [N/mm²]	許容応力度 [N/mm²]		破断強度 [N/mm²]
		引張	せん断	
F8T	400	250	120	800
F10T	500	310	150	1000

表 3.5 高力ボルト F10T の許容力表（長期応力に対する許容耐力）[1]

ボルト 呼び径	ボルト 軸 径 [mm]	ボルト 孔 径 [mm]	ボルト軸 断面積 [mm²]	ボルト 有 効 断面積 [mm²]	設 計 ボルト 張 力 [kN]	許容せん断力 [kN]		許 容 引張力 [kN]
						一面摩擦	二面摩擦	
M12	12	14.0	113	84	56.9	17.0	33.9	35.1
M16	16	18.0	201	157	106	30.2	60.3	62.1
M20	20	22.0	314	245	165	47.1	94.2	97.4
M22	22	24.0	380	303	205	57.0	114	118
M24	24	26.0	452	353	238	67.9	136	140
M27	27	30.0	573	459	319	85.9	172	177
M30	30	33.0	707	561	379	106	212	219

3.2.5 許容耐力

■（1）高力ボルト

（a）摩擦接合の場合　前項でも述べたように，すべり耐力の大きさは図 3.13 のように接合面の**摩擦係数** μ と**設計ボルト張力** T_0 の積によって決まる．ボルト 1 本あたりの許容せん断力 R_s の考え方は，次に示すとおりである．

$$R_s = \frac{m\mu T_0}{\nu} \tag{3.2}$$

ここに，R_s：許容せん断力，ν：安全率（$= 1.5$（長期）），μ：摩擦係数（$= 0.45$），m：摩擦面数（$m = 1$ は**一面せん断**，$m = 2$ は**二面せん断**をさす），T_0：設計ボルト張力である．

とくに T_0 については，F8T の場合は $0.85\sigma_y A_{fe}$，F10T の場合は $0.75\sigma_y A_{fe}$ とする．A_{fe} はボルト有効断面積であり，また σ_y は表 3.1 に示す．

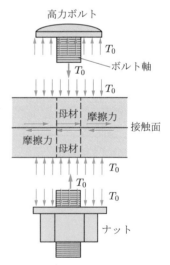

図 3.13 摩擦接合の応力状態

以上の考え方から求められる許容せん断力と同等となる**ボルト軸断面積** A_{fn} あたりの**基準張力** σ_0 [N/mm^2]（表 3.4）を用いて，許容せん断応力度 f_s（$= \mu_0\sigma_0/\nu = 0.45\sigma_0/1.5$, 表 3.4）および R_s（$= f_s \times A_f$）を求めることも行われる．この値を表 3.5 に示す．

（b）引張接合の場合　　**引張接合**の応力の状態を図 3.14（a）に示す．図（b）において純引張接合では，高力ボルトに初張力として設計ボルト張力 T_0 を導入したあと（点 a），引張外力 P が作用すると，ボルト張力はわずかずつ増加して接合材間のボルト軸長が伸びるため，接合材どうしの圧着力は弱まり，離間荷重時点（点 b）で接合材どうしは離れてしまう．しかし，実際には**離間荷重**は，導入された初張力の約 90% 程度（点 d）になる．したがって，導入初張力を表 3.5 の設計ボルト張力 T_0，長期応力に対する安全率を 1.5 とすると，許容引張力 R_t は次式となる．

$$R_t = \frac{0.90T_0}{1.5} = 0.60T_0 \tag{3.3}$$

よって，R_t は設計ボルト張力 T_0 の 60% の値となる．

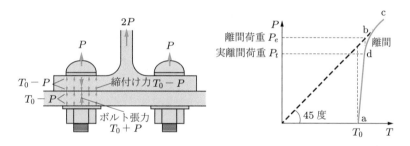

（a）引張接合の応力状態　　　（b）外力 P とボルト張力 T の関係

図 3.14　引張接合

（c）支圧接合の場合　　高力ボルト接合では，通常は，支圧接合は行われないが，支圧接合の高力ボルト 1 本あたりの許容せん断力 R_s の計算にあたっては，普通ボルトの場合を参考にする．

（d）せん断力と引張力を受ける場合　　図 3.15 のように，せん断力と引張力を同時に受ける高力ボルトのせん断力は，次式の R_{st} 以下でなければならない．

$$R_{st} = R_s\left(1 - \frac{T}{T_0}\right) \tag{3.4}$$

ここに，R_s：表 3.5 に示す高力ボルトの許容せん断力，T：ボルトに加わる外力に対応する引張力（表 3.5 に示す高力ボルトの許容引張力を超えることはできない），

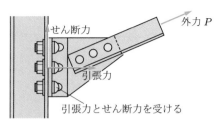

図3.15 せん断力と引張力を受けた場合

T_0：表3.5に示す設計ボルト張力である.

■（2）普通ボルト

（a）支圧接合の場合 ボルトの長期応力に対する許容力を表3.6に示す（短期応力に対しては1.5倍）.

表3.6 ボルトの長期応力に対する許容力[1]（メートル並目ねじ）

ボルト呼び径	ボルト軸径 [mm]	ボルト孔径 [mm]	ねじ部有効断面積 [mm²]	一面せん断 [kN]	二面せん断 [kN]	許容支圧力 [kN] 板厚 [mm]										許容引張力 [kN]
						1.6	2.3	3.2	4.0	4.5	6.0	8.0	9.0	10.0	12.0	
M12	12	12.5	7.79	7.79	15.6	5.6	8.1	11.3	14.1	15.9	21.2					13.5
M16	16	16.5	14.5	14.5	29.0	7.5	10.8	15.0	18.8	21.2	28.2	37.6				25.1
M20	20	20.5	22.6	22.6	45.3	9.4	13.5	18.8	23.5	26.4	35.3	47.0	52.9	58.8		39.2
M22	22	22.5	28.0	28.0	56.0	10.3	14.9	20.7	25.9	29.1	38.8	51.7	58.2	64.6	77.6	48.5
M24	24	24.5	32.6	32.6	65.2	11.3	16.2	22.6	28.2	31.7	42.3	56.4	63.5	70.5	84.6	56.5

注）1. 短期許容力は1.5倍とする.
2. 「鋼構造許容応力度設計規準」[1] より，ボルト孔径は最大の孔径としてボルト軸径 +0.5 mm としている.

許容せん断力は，軸断面積に各材質的に応じた許容せん断応力度（表3.4参照）を掛けて求めることができる. ボルト1本あたりの許容せん断力は，次のようになる.

$$\text{一面せん断の場合} \quad R_s = \frac{\pi d^2 f_s}{4} \tag{3.5}$$

$$\text{二面せん断の場合} \quad R_s = \frac{2\pi d^2 f_s}{4} \tag{3.6}$$

ここに，d：ボルトの公称軸径，f_s：ボルトの材質に応じた許容せん断応力度である.

許容支圧力は，一面せん断の場合は図3.16(a)のように薄いほうの板厚tにより決まり，二面せん断の場合は図(b)のように両側の板厚の和と中央の板厚のうち薄いほうによって次式で決められる.

$$R_l = dt f_l \tag{3.7}$$

ここに，R_l：接合材の許容支圧力，t：接合材の厚さの和の小さいほうの値，f_l：接

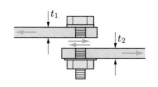
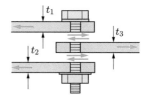

（a）一面せん断
（t_1, t_2 の小さいほうを t とする）

（b）二面せん断
（$(t_1 + t_2)$ と t_3 の小さいほうを t とする）

図 3.16 支圧接合の応力状態

合材の許容支圧応力度である.

許容支圧応力度は長期応力に対して次式による.

$$f_l = 1.25F \tag{3.8}$$

支圧接合における許容耐力は, R_s と R_l のうち小さいほうを用いる.

（b）引張接合の場合　ボルト1本あたりの許容引張力 R_t は次式から求められる（図 3.17 参照）.

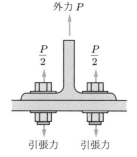

$$R_t = \frac{\pi d^2 f_{tb}}{4} \tag{3.9}$$

ここに, d：ボルトの公称軸径, f_{tb}：ボルトの材質に応じた許容引張応力度である.

ただし, ボルトを引張接合に用いる場合は, その耐力を発揮する前に被接合材が変形しないよう剛性を十分確保しなければならない.

図 3.17 引張力を受けた場合

（c）組合せ応力を受ける場合　引張力とせん断力を同時に受けるボルトの許容引張力を求めるには, 許容引張応力度を次式の f_{ts} 以下に抑えればよい（図 3.15, 図 3.18 参照）.

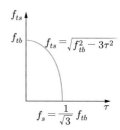

$$f_{ts} = \sqrt{f_{tb}^2 - 3\tau^2} \tag{3.10}$$

ここに, f_{tb}：ボルトの許容引張応力度, τ：ボルトに作用するせん断応力度である.

図 3.18 f_{ts}-τ 関係図

■（3）アンカーボルト

アンカーボルトには転造ねじ（ABR）と切削ねじ（ABM）があり，材料強度は 2 種類ある．その許容応力度を表 3.7 に，断面積を付表 7.1，7.2 に示す．

アンカーボルトは引張力とせん断力を受けるが，その強度の考え方は普通ボルトと同様である．

表 3.7　アンカーボルトの長期応力に対する許容応力度 [1]

種類	引張	せん断
ABR400, ABM400	$235/1.5$ 軸径 40 mm を超えるものは $215/1.5$	$235/1.5\sqrt{3}$ 軸径 40 mm を超えるものは $215/1.5\sqrt{3}$
ABR490, ABM490	$325/1.5$ 軸径 40 mm を超えるものは 2951.5	$325/1.5\sqrt{3}$ 軸径 40 mm を超えるものは $2951.5\sqrt{3}$
そのほか	$F/1.5$	$F/1.5\sqrt{3}$

3.2.6　設計制限

ボルト接合の設計制限は以下のとおりである．

■（1）高力ボルト

① 高力ボルト接合ではボルトを最低 2 本以上配置する．

② 偏心接合の場合における有効断面は，突出部の $0.50h$ を欠損部分とする．ただし，耐震規定では，ボルト本数に応じて欠損を考える（表 5.2 参照）．

③ ボルト孔径は，基準法施工令および JASS 6 によっており，高力ボルトの場合，ボルト軸径より M12〜M24 では 2 mm，M27，M30 では 3 mm まで大きくできる．

④ 孔中心間距離はねじの呼び径の 2.5 倍以下とする．

■（2）普通ボルト

① 普通ボルト接合ではボルトを最低 2 本以上配置する．

② 偏心のあるリベット・ボルトなどの引張接合部は，偏心による影響を考慮する（高力ボルトと同様）．

③ 構造耐力上主要な部分である鋼材を接合するには，高力ボルト，または溶接によらなければならない．ただし，軒高が 9 m 以下，かつ梁間 3 m 以下の（小規模）建築物で，ボルトがゆるまないようにコンクリートで埋め込み，またはナットの部分を溶接する，もしくはナットを二重に使用した場合はボルトを用

いてもよい.

④ ボルト孔径は, ボルト軸径より 0.5 mm 以上大きくしてはならない.

⑤ 溶接と併用した場合は溶接が全応力を負担するものとして設計する.

⑥ ボルトで締め付ける板厚は, ボルト径の 5 倍以下とする.

■（3）フィラー

フィラーとは, 接合される材厚が左右および上下で異なるときに, 材厚をそろえるために挿入する調整板のことである（図 3.19）. フィラーを使う場合の注意点は次のとおりである.

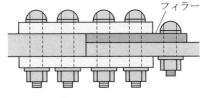

図 3.19　フィラー

① 普通ボルト接合で, 厚さ 6 mm 以上のフィラーを介して応力を伝える場合は, 接合部の存在応力を母材とフィラーからなる断面に均等に分布させるのに必要な数のボルトを接合部に追加する. 追加ボルトなどは, フィラーを添え板より延長した余長部に配置しても, 添え板内に配置してもよい.

② 高力ボルト摩擦接合の場合は, ①の規定は適用しないが, 摩擦が働くようフィラーの表面仕上げに注意を払う必要がある.

③ 板の両面にフィラーを設ける場合は, 厚いほうのフィラーの厚さより追加ボルトの数を定める. また, フィラーは 4 枚以上重ねてはならない.

3.2.7　継手の設計

継手の設計において許容応力度設計（一次設計）を行う方法について説明する. 許容応力度設計は, 長期・短期荷重によって求めた負担せん断力や引張力などの応力および曲げ応力度, せん断応力度や引張応力度などの応力度が長期・短期許容力および長期・短期許容応力度より小さくなるようにする設計方法である. すなわち, 応力 P が作用したとき, ボルトの場合の長期・短期許容耐力を R とすると,

① ボルトの必要耐力

$$P \leqq nR \tag{3.11}$$

ここに, n：ボルト本数である.

さらに, 母材耐力・添え板耐力の検討が行われる. これは, 以下の式となる.

② 母材, 添え板の必要耐力

$$P \leqq R = A_e f_t \tag{3.12}$$

また，溶接の場合の長期・短期許容応力度は，次のようになる．

$$\left. \begin{array}{l} \text{軸方向力に対して} \quad f_w = f_t \\ \text{せん断力に対して} \quad f_w = f_s \end{array} \right\} \tag{3.13}$$

ここに，f_t，f_s は引張およびせん断の長期・短期許容応力度である．

以下では，許容応力度設計を理解するために，設計例で説明する．

■ 例題 3.1 ■ 図 3.20 に示す，高力ボルト接合を用いた継手の一面摩擦接合によるボルトの長期および短期許容耐力を求めよ．ただし，高力ボルトは F10T，M22 を 6 本使用し，ピッチ，縁端距離は十分なものとする．母材と添え板の材質は SN400，厚さは $t = 20$ [mm]，幅は $b = 160$ [mm] である．

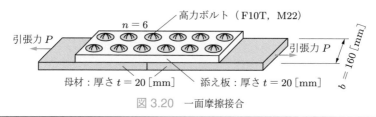

高力ボルト（F10T，M22）

$n = 6$

引張力 P

$b = 160$ [mm]

引張力 P

母材：厚さ $t = 20$ [mm]　添え板：厚さ $t = 20$ [mm]

図 3.20　一面摩擦接合

解答　(1) 高力ボルトは F10T，M22 を使用するので，その長期・短期の一面摩擦による許容せん断力 R は表 3.5 より，次のようになる．

長期：$_L R = 57.0$ [kN]，　　短期：$_S R = 57.0 \times 1.5 = 85.5$ [kN]

よって，ボルト本数 $n = 6$ [本] のときの長期および短期許容耐力 $_L P_a$，$_S P_a$ は，式 (3.11) より次のようになる．

長期許容耐力　$_L P_a = n _L R = 6 \times 57.0 = 342$ [kN]

短期許容耐力　$_S P_a = n _S R = 6 \times 85.5 = 513$ [kN]

(2) 母材，添え板の耐力は，式 (3.12) より次のようになる．

母材，添え板の長期許容耐力　$_L R = 20 \times (160 - 2 \times 24) \times \dfrac{235}{1.5}$

$$= 351 \times 10^3 \ [\text{N}] = 351 \ [\text{kN}]$$

短期許容耐力　$_S R = 351 \times 1.5 = 526$ [kN]

よって，長期許容耐力および短期許容耐力に対して，$P < R$ となる．ゆえに，継手の許容耐力は高力ボルトの許容耐力で決まる．

■ 例題 3.2 ■ 図 3.21 に示す，高力ボルト接合を用いた継手の二面摩擦接合によるボルト接合の長期および短期許容耐力を求めよ．ただし，高力ボルトは，F10T，M20 を 4 本使用し，板厚は母材が SN400，$t = 20$ [mm]，添え板は SN400，$t = 12$ [mm] とし，板幅は共に $b = 160$ [mm] とする．

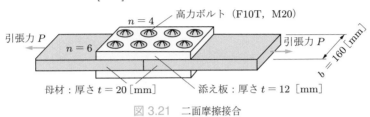

$n = 4$　高力ボルト（F10T，M20）

引張力 P　$n = 6$　引張力 P

$b = 160$ [mm]

母材：厚さ $t = 20$ [mm]　添え板：厚さ $t = 12$ [mm]

図 3.21　二面摩擦接合

解答　(1) 高力ボルトは F10T，M20 を使用するので，その長期・短期の二面摩擦による許容せん断力 R は表 3.5 より，次のようになる．

　　長期：$_LR = 94.2$ [kN]，　　短期：$_SR = 94.2 \times 1.5 = 141$ [kN]

よって，長期および短期許容耐力 $_LP_a$，$_SP_a$ は式 (3.11) より次のようになる．

　　長期許容耐力　$_LP_a = n \cdot {_LR} = 4 \times 94.2 = 377$ [kN]

　　短期許容耐力　$_SP_a = n \cdot {_SR} = 4 \times 141 = 564$ [kN]

(2) 母材，添え板の耐力（t，$\sum t$ の薄いほう）は式 (3.12) より次のようになる．

　　母材，添え板の長期許容耐力　$_LR = 20 \times (160 - 2 \times 22) \times \dfrac{235}{1.5}$

$$= 363 \times 10^3 \text{ [N]} = 363 \text{ [kN]}$$

　　短期許容耐力　$_SR = 20 \times (160 - 2 \times 22) \times 235 = 545$ [kN]

よって，長期許容耐力および短期許容耐力に対して，$P > R$ となる．ゆえに，継手の許容耐力は母材，添え板の許容耐力で決まる．

■ 例題 3.3 ■ 暴風時における屋根面ブレース（図 3.22）を検討せよ．

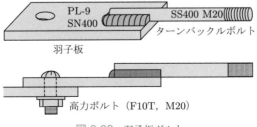

PL-9　SS400 M20

SN400　ターンバックルボルト

羽子板

高力ボルト（F10T，M20）

図 3.22　羽子板ボルト

暴風時 $P = 46.6$ [kN] が作用するものとする.

ターンバックルボルト SS400, M20

羽子板 板厚9 [mm] × 幅85 [mm]

解答 (1) 羽子板ボルトの短期許容引張力は表3.6より,次のようになる.

$$R_t = 39.2 \times 1.5 = 58.8 > 46.6 \text{ [kN]} \quad \therefore \text{ OK}$$

(2) 高力ボルトはF10T,M20を使用する.その短期許容せん断力は,表3.5より許容せん断力の一面摩擦による場合の値を採用し,これを1.5倍して求める.

許容せん断力 $R_s = 47.1 \times 1.5 = 70.6 > 46.6$ [kN] $\quad \therefore$ OK

(3) 羽子板には孔径22 mmのボルト孔がある.その短期許容引張力は次のようになる.

$$9 \times (85 - 22) \times \frac{235}{1.5} \times 1.5 = 133 > 46.6 \text{ [kN]} \quad \therefore \text{ OK}$$

3.3 溶接接合

3.3.1 接合形式

鋼構造では溶接で接合することを**溶接継手**といい,溶接された部分を**溶接継目**という.それらの溶接継手に使用される接合形式は,ほとんどの場合,3.1節で述べた各種溶接によって行われる.溶接継手を作るために用いられる主な接合形式には,**完全溶込み溶接**と**隅肉溶接**がある.

■(1)完全溶込み溶接

図3.23のように,接合しようとする鋼材(**母材**)の端部を適当な角度に切り取り,これらを突合せて溝(**開先形状(グルーブ)**)を作り,この溝のなかに溶接金属を埋め込む方法を**完全溶込み溶接**(写真3.6参照)という.完全溶込み溶接の形式にはいろいろあるが,継目の強度が信頼できること,残留応力が少ないこと,溶接姿勢,開先加工や溶接の経済性などを考慮して決める.板厚が6 mm程度以下の薄い材では,図3.24(a)のように開先加工をしないでI形が用いられるが,それより厚くなると図(b)に示すV形,レ形(写真3.7参照)などが用いられる.さらに厚い場合は,図(c)の両面J形やK,X,J,U,H形などが用いられる.

完全なものにするためには,図3.25のように裏側から一層溶接する.このときの表面の溶接の第1層は欠陥を含みやすいので,裏側からこれらを削りとって(裏はつり)から裏側の溶接を行う.また,片側からしか溶接できない場合は,図3.26(a),(b)のように**裏当て金**(写真3.8参照)を当てて溶接する.その場合,完全溶込み溶

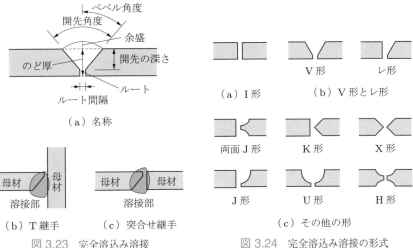

（a）名称

（b）T継手　　（c）突合せ継手

図 3.23　完全溶込み溶接

（a）I形　　　　（b）V形とレ形

両面J形　　K形　　X形

J形　　U形　　H形

（c）その他の形

図 3.24　完全溶込み溶接の形式

写真 3.6　フランジ手動溶接部
（完全溶込み）［提供：（株）フジタ］

写真 3.7　鋼管完全溶込み溶接開先仕上げ

接の始めと終わりの部分についてはアークが不安定になりやすいため，図(c)のようなエンドタブとよばれる金属を取り付けて，あらかじめ欠陥になりやすい溶接の始めと終わりの部分を，この上まで延長する．なお，溶接終了後に欠陥部分であるエンドタブを除去する場合と除去しない場合がある．以上はスチールタブ

写真 3.8　裏当て金（エンドタブ除去後）

とよばれるものであるが，固形タブ（セラミックス系，フラックス系）も用いられる．

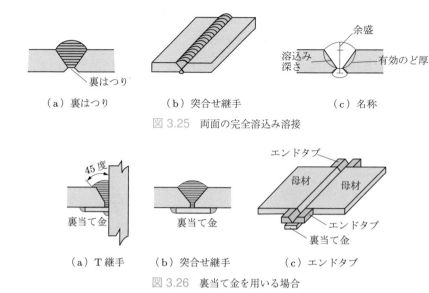

（a）裏はつり　　　（b）突合せ継手　　　（c）名称

図 3.25　両面の完全溶込み溶接

（a）T 継手　　　（b）突合せ継手　　　（c）エンドタブ

図 3.26　裏当て金を用いる場合

　完全溶込み溶接を用いた継手としては，図 3.27 に示すように，かど継手，十字継手などを作ることができる．なお，完全溶込み溶接では断続溶接をしてはいけない．

　以上は完全溶込み溶接であるが，図 3.28 は**部分溶込み溶接**といわれ，断面の一部は溶接されないもので，厚板で箱形の柱を構成するときなどに用いられる．

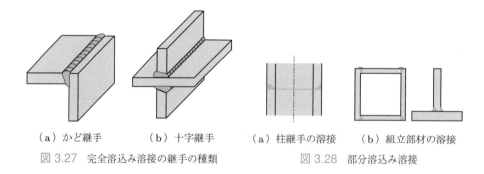

（a）かど継手　　　（b）十字継手

図 3.27　完全溶込み溶接の継手の種類

（a）柱継手の溶接　　　（b）組立部材の溶接

図 3.28　部分溶込み溶接

■（2）隅肉溶接

　鋼板と鋼板を図 3.29 のように重ねるか，または 60°～120° に配置して，その隅角部を図 3.30 のように溶接金属をおいて接合部材の一部を溶かし込んで接合する方法を**隅肉溶接**という．通常は，隅肉溶接は図 3.31 の

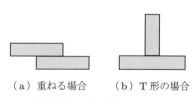

（a）重ねる場合　　　（b）T 形の場合

図 3.29　隅肉溶接の接合方法

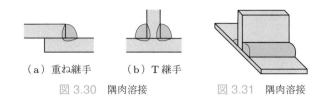

（a）重ね継手　（b）T 継手

図 3.30　隅肉溶接　　　　　図 3.31　隅肉溶接

ような形にする．また隅肉溶接は，図 3.32 に示すような重ね継手，T 継手，十字継手，かど継手，へり継手などのような継手にも用いられる．図 3.33 に示すように，力の作用方向に対して隅肉溶接を，直角にするものを**前面隅肉溶接**，同じ方向にするものを**側面隅肉溶接**という．また，長い区間を溶接する場合には，図 3.34 に示す連続隅肉溶接，断続隅肉溶接，並列溶接，千鳥溶接などが使われる．

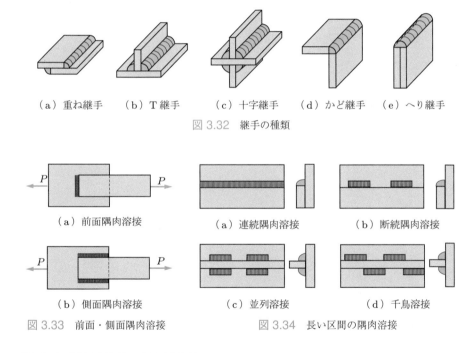

（a）重ね継手　（b）T 継手　（c）十字継手　（d）かど継手　（e）へり継手

図 3.32　継手の種類

（a）前面隅肉溶接

（b）側面隅肉溶接

図 3.33　前面・側面隅肉溶接

（a）連続隅肉溶接　　　（b）断続隅肉溶接

（c）並列溶接　　　　　（d）千鳥溶接

図 3.34　長い区間の隅肉溶接

■（3）隅肉孔溶接，隅肉溝溶接

　図 3.35 のように，接合する部材の一方に孔を開けて，その孔の周囲に隅肉溶接を行ってもう一方の板と接合する方法を隅肉孔溶接，隅肉溝溶接という．強度上信頼度は低いが，板周辺が溶接できない場合や，板面積が大きく，内部も接合したい場合，あるいは重ね部分の座屈や分離を防ぎたい場合，組立材を集結させたい場合などに用いられる．

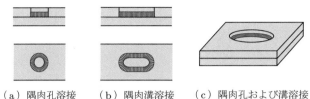

（a）隅肉孔溶接　　（b）隅肉溝溶接　　（c）隅肉孔および溝溶接

図 3.35　隅肉孔溶接と隅肉溝溶接

■（4）プラグ溶接，スロット溶接

図 3.36 のように接合する部材の一方に孔を開けて，板表面まで孔いっぱい溶接して，もう一方の部材と接合する方法をプラグ溶接，スロット溶接という．使用箇所は前述の隅肉孔溶接や隅肉溝溶接と同じである．

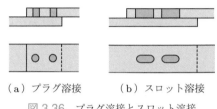

（a）プラグ溶接　　　（b）スロット溶接

図 3.36　プラグ溶接とスロット溶接

■（5）フレア溶接

図 3.37 のように，接合する部材の一面および両面が丸みを帯びている鋼棒や軽量形鋼などの箇所に行う溶接をフレア溶接という．この溶接は部材に丸みがあり奥のすき間が小さいため，その部分が欠陥になりやすいので，溶接を行う際，十分注意を要する．

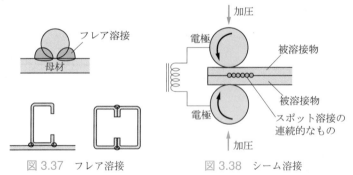

図 3.37　フレア溶接　　　　図 3.38　シーム溶接

■（6）シーム溶接

図 3.38 のように，円形状電極間に被溶接物をはさみ，電極に加圧力をかけたまま電極を回転しながら連続的にスポット溶接を繰り返していく溶接をシーム溶接という．抵抗溶接の一種である．薄板の接合に用いられる．

■（7）溶接工作および組立て時の表示方法

溶接記号の表示方法を表3.8, 3.9, 図3.39に, また, その例を図3.40に示す.

表3.8 溶接部の形状と記号（JIS Z 3021）

溶接部の形状	基本記号	備 考
両フランジ形	⋏	
片フランジ形	⋏	
I 形	‖	フラッシュ溶接, 摩擦溶接などを含む.
V 形	∨	X 形は説明線の基線（以下基線という）に対称にこの記号を記載する. フラッシュ溶接, 摩擦溶接などを含む.
レ形, 両面レ形（K 形）	⌴	K 形は基線に対称にこの記号を記載する. 記号のたての線は左側に書く. フラッシュ溶接, 摩擦溶接などを含む.
J 形, 両面 J 形	⊬	両面 J 形は基線に対称にこの記号を記載する. 記号のたての線に左側に描く.
U 形, 両面 U 形（H 形）	⋎	H 形は基線に対称にこの記号を記載する.
フレア V 形, フレア X 形	⋎	フレア X 形は基線に対称にこの記号を記載する.
フレアレ形, フレア K 形	⌴	フレア K 形は基線に対称にこの記号を記載する. 記号のたて線は左側に描く.
隅肉	◺	記号のたて線は左側に描く. 並列溶接の場合は基線に対称にこの記号を記載する. ただし, 千鳥溶接の場合はたて線が右側にある記号を用いることができる.
プラグ, スロット	⊓	
ビード, 肉盛	⌒	肉盛溶接の場合は, この記号を二つ並べて記載する.
スポット, プロジェクション, シーム	✳	重ね継手の抵抗溶接, アーク溶接, 電子ビーム溶接などによる溶接部を表す. ただし, 隅肉溶接を除く. シーム溶接の場合は, この記号を二つ並べて記載する.

注）フラッシュ溶接：軽く接触させながら大電流を流し, 接触面の火花で加熱し, 加圧し圧接する.
　　摩擦溶接：接触面の摩擦熱と加圧により圧接する.

表3.9 補助記号（JIS Z 3021）

区 分		補助記号	備 考
溶接部の表面形状	たいら	──	
	とつ	⌒	基線の外に向かってとつとする
	へこみ	⌣	基線の外に向かってへこみとする
溶接部の仕上げ方法	チッピング	C	
	研削	G	
	切削	M	
	指定せず	F	
現 場 溶 接 全 周 溶 接		⚑	全周溶接が明らかなときは省略してよい
全周現場溶接		⚑	

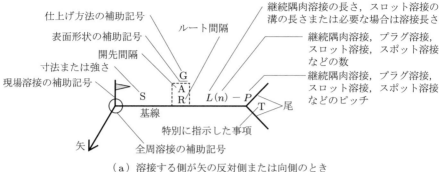

（a）溶接する側が矢の反対側または向側のとき

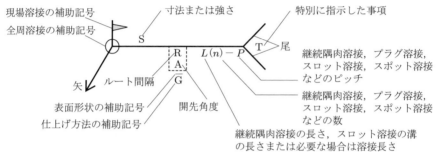

（b）溶接する側が矢のある側または手前側のとき

図 3.39 記載方法（JIS Z 3021）

3.3.2 溶接耐力

■（1）有効断面積

溶接継目の**有効断面積**は，接合部材の継目部分を介して行われる応力伝達に重要な役割をもつ（図 3.41）．この面積は，完全溶込み溶接，隅肉溶接それぞれについて，次に説明する有効のど厚と有効長さの積として算定する．

■（2）のど厚

のど厚には，図 3.42(a) に示すように，余盛を除いた**のど厚**を用いる．実際ののど厚と異なるので，**有効のど厚**とよぶこともある．

突合せ継目ののど厚 a は，接合される母材の厚さをとり，図 3.43 のように厚さが異なる場合には薄いほうの板厚 $a = t_1$ をとる．

隅肉継目ののど厚は，図 3.42 に示したように**隅肉サイズ** s から求められる二等辺三角形の隅肉の頂点から斜辺までの長さをとる．ただし，図 3.44 のように，不等

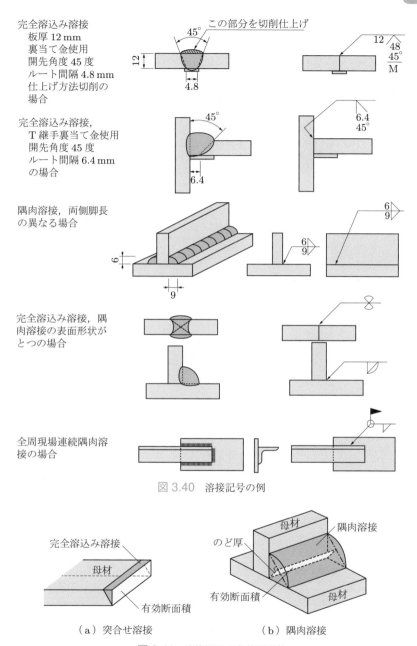

完全溶込み溶接
　板厚 12 mm
　裏当て金使用
　開先角度 45 度
　ルート間隔 4.8 mm
　仕上げ方法切削の
　場合

完全溶込み溶接，
　T 継手裏当て金使用
　開先角度 45 度
　ルート間隔 6.4 mm
　の場合

隅肉溶接，両側脚長
の異なる場合

完全溶込み溶接，隅
肉溶接の表面形状が
とつの場合

全周現場連続隅肉溶
接の場合

図 3.40　溶接記号の例

（a）突合せ溶接　　　　　　（b）隅肉溶接

図 3.41　溶接継目の有効断面積

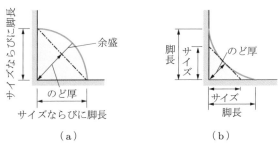

図 3.42　隅肉溶接のサイズ，のど厚および脚長

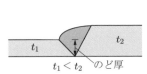

図 3.43　板厚が異なる場合ののど厚　　　図 3.44　不等辺脚長
（完全溶込み溶接）

脚隅肉の場合は，短脚を脚長として隅肉サイズを求める．隅肉溶接ののど厚は次式
で計算する．

$$a = 0.7s \tag{3.14}$$

■（3）有効長さ

完全溶込み溶接の有効長さは，図 3.45 のように，材
軸に直角に測った接合部の幅とする．

隅肉溶接の有効長さは，図 3.46(a) に示すように，溶
接の全長から隅肉サイズの 2 倍を差し引いたものとす
る．これは，図 3.47 のようにビードの始端部と終端部

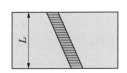

図 3.45　完全溶込み溶接の
有効長さ

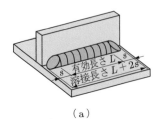

（a）

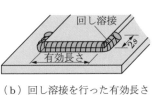

（b）回し溶接を行った有効長さ

図 3.46　隅肉溶接の有効長さ

図 3.47　始端部と終端部

（クレーター部）の溶込み形状が不良となりやすいことを考慮して，この部分を低減するためである．なお，図3.46(b)のように，$2s$の長さだけ回して溶接を行った場合は，回し溶接を行った部分を除いた一辺の長さが有効長さになる．

溶接記号に溶接長さを記入するときには，有効長さを記入する．

■（4）許容力

許容力は，のど厚aと有効長さLからなる有効断面積を用いて，下記の方法で計算する．ここで溶接の許容応力度をf_wとしているが，溶接形式によって異なる．すなわち，隅肉溶接の場合にはf_wとして許容せん断応力度f_sを用いるが，完全溶込み溶

表3.10 完全溶込み溶接の許容応力度

	軸方向力	せん断力
許容応力度	$f_w = f_t$	$f_w = f_s$

接の場合には，表3.10に示すように，応力の作用状態に応じて許容せん断応力度f_s，許容引張応力度f_tなど，母材と同じ許容応力度を用いることができる．この理由は，隅肉溶接は，外力に対してのど断面に作用するせん断応力度で抵抗させる方法であり，完全溶込み溶接は母材と同じ応力伝達をするからである．完全溶込み溶接継目の許容力は，以下のように求められる．

① 軸方向力またはせん断力（図3.48参照）

$$P_a = A_e f_w \qquad (3.15)$$

ここに，P_a：継目の許容力，A_e：有効断面積（$= aL$），a：のど厚，L：有効長さ，f_w：許容応力度（表3.10）である．

② 曲げモーメント（図3.49参照）

$$M_a = f_t Z \qquad (3.16)$$

ここに，M_a：許容曲げモーメント，f_t：許容引張応力度，Z：断面係数（$= aL^2/6$）である．

③ ねじりモーメント（図3.50参照）

$$M_{ta} = \frac{f_s J}{a} \qquad (3.17)$$

ここに，M_{ta}：許容ねじりモーメント，f_s：許容せん断応力度，J：ねじり剛性（H形

（a）軸方向力

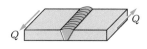

（b）せん断力

図3.48 軸方向力およびせん断

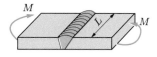

図3.49 曲げモーメント

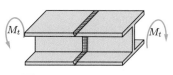

図3.50 ねじりモーメント

断面：$= \sum a^3 L / 3$）である.

■（5）継手の設計

作用する力やモーメントに対応する許容値を用いて次式で検定する.

$$P \leq P_a, \qquad M \leq M_a, \qquad M_t \leq M_{ta}$$

3.3.3　設計制限

溶接には以下の設計上の制限がある.

■（1）完全溶込み溶接

① 余盛は 3 mm 未満とする.

② 有効のど厚 a は母材の板厚 t と同じにする（$a = t$）.

③ 接合される母材の板厚が異なる場合（$t_1 < t_2$）は，小さいほうの板厚 t_1 とする.

■（2）隅肉溶接

① 隅肉溶接の最大サイズ　　隅肉溶接のサイズ s は，薄いほうの母材の厚さ t_1 以下とする. ただし，T 形継手で板厚 t_1 が 6 mm 以下の場合には，隅肉のサイズを板厚 t_1 の 1.5 倍，かつ 6 mm 以下まで増やすことができる.

② 隅肉溶接の最小サイズ　　板厚が 6 mm を超える母材に施す隅肉のサイズは 4 mm 以上で，かつ，厚いほうの母材の厚さの平方根の 1.3 倍以上とする. または 10 mm 以上の場合はこの限りでない.

③ 力を伝達する隅肉溶接の有効長さは，隅肉のサイズの 10 倍以上，かつ 40 mm 以上とする. また，側面隅肉溶接の有効長さがサイズの 30 倍を超えるときは，応力の不均等分布を考慮して許容応力度を低減する.

④ 構造上主要な接合部では設計応力が小さい場合にも，30 kN 以上の耐力を有するように継目を設計する.

⑤ 応力を伝達する重ね継手は，2 列以上の隅肉溶接を用いて，薄いほうの板厚の 5 倍以上，かつ 30 mm 以上重ね合わせる.

■ 例題 3.4 ■ 図 3.51 に示す，完全溶込み
溶接による引張継手の長期および短期許容力
を求めよ．ただし，母材は SN490 とし，両
端にはエンドタブを設けることとする．

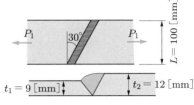
図 3.51 完全溶込み溶接による引張継手

解答 完全溶込み溶接の有効のど厚 a は板厚
の薄いほうをとり，$a = t_1$．また，有効長さ
L は材軸に直角に測った幅をとるから，次の
ように求められる．

(1) のど厚，有効長さ $a = 9$ [mm], $L = 100$ [mm]

(2) 有効断面積 $aL = 9 \times 100 = 900$ [mm^2]

(3) SN490 の完全溶込み溶接の長期許容引張応力度は，表 1.8 より次のようになる．

$$_L f_w = f_t = \frac{325}{1.5} = 217 \text{ [N/mm}^2\text{]}$$

また，短期許容引張応力度は，$_s f_w = {}_L f_w \times 1.5 = 325$ [N/mm^2] となる．

(4) ゆえに，この継手の長期許容引張力は，式 (3.15) より次のようになる．

$$_L P_a = aL {}_L f_w = 900 \times 217 = 195 \times 10^3 \text{ [N]} = 195 \text{ [kN]}$$

また，短期許容引張力は次のようになる．

$$_s P_a = aL {}_s f_w = 900 \times 325 = 293 \times 10^3 \text{ [N]} = 293 \text{ [kN]}$$

■ 例題 3.5 ■ 図 3.52 に示す隅肉溶接（サイズ
9 mm とする）の長期および短期許容引張力を求
めよ．ただし，母材は SN400，板厚 $t_1 = t_2 = 12$ mm とする．

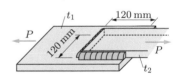
図 3.52 隅肉溶接による引張継手

解答 (1) サイズ $s = 9$ [mm]

(2) のど厚 $a = 0.70 \times s = 0.70 \times 9$

$\qquad\qquad = 6.3$ [mm]

(3) 有効長さ $L = 120 - 2s = 120 - 2 \times 9$

$\qquad\qquad = 102$ [mm] $> (10s = 90$ [mm] かつ > 40 [mm])

(4) 重ね長さ $120 > 5t = 60$ [mm] かつ 30 [mm]

(5) 有効断面積 側面：$2 \times 6.3 \times 102 = 1285$ [mm^2]

$\qquad\qquad$ 前面：$6.3 \times 102 = 643$ [mm^2]

$\qquad\qquad$ 合計：$\sum aL = 1285 + 643 = 1928$ [mm^2]

(6) 隅肉溶接の長期許容応力度 $f_w = {}_Lf_s = 90.5 \, [\text{N/mm}^2]$

短期許容応力度 $f_w = {}_Sf_s = 90.5 \times 1.5 = 136 \, [\text{N/mm}^2]$

(7) 式 (3.15) より

長期許容引張力 ${}_LP_a = \sum aL \cdot {}_Lf_s = 1928 \times 90.5 = 174 \times 10^3 \, [\text{N}] = 174 \, [\text{kN}]$

短期許容引張力 ${}_SP_a = \sum aL \cdot {}_Sf_s = 1928 \times 136 = 262 \times 10^3 \, [\text{N}] = 262 \, [\text{kN}]$

3.3.4 溶接金属と熱応力の影響

図 3.53 は，被溶接金属の表面にアーク溶接で溶接し，その溶接部を冷却させたあとの断面を概略的に表したものである．

A 部分は，溶接棒が溶融して被溶接金属に溶着した部分であり，これを**溶着金属**という．B 部分は，アーク熱で被溶接金属が溶融した部分であり，A 部分と B 部分を合わせて**溶接金属**という．また，溶接金属と溶融しない被溶接金属との境界部分を**ボンド**という．ボンドは，被溶接金属が溶融温度範囲に加熱された部分である．ボンドに隣接する C 部分は，アーク熱で被溶接金属が溶融温度以下のある温度まで加熱されたあとに自然冷却し，最初の被溶接金属と異なる金属組織・機械的性質に変質した部分で，**熱影響部**という．熱影響部は次の①〜③に示す性質がある．

①　溶接金属や熱影響部の金属組織は被溶接金属と異なり，それに伴って硬化部分や軟化部分と機械的性質の変化を生じる．

②　接合部の近辺は残留応力や変形を生じる恐れがある．

③　溶接金属や熱影響部には，設計施工条件が適切でないと溶接部分に欠陥を生じる恐れがある．

これらは，どれも溶接継手の諸性質に影響を与えやすいため，気を付ける必要がある．

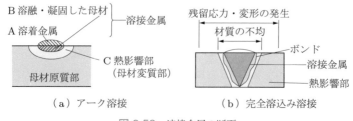

（a）アーク溶接　　　　　（b）完全溶込み溶接

図 3.53　溶接金属の断面

3.3.5 溶接部分の欠陥と検査

鋼構造は，溶接部分に欠陥がないことを基本として設計される構造であるため，溶接部を施工する際，良い作業環境や溶接熟練工を確保することによって欠陥を生じさせない状況をつくることが非常に重要である．なぜなら，許容応力度設計では溶接部に致命的な欠陥が生じた場合，許容応力度で対処できない性質を含んでいるためである．しかし，厳密には欠陥のない溶接部分を達成することは非常に難しい．

溶接部分に悪影響を及ぼす危険性のある欠陥としては，図 3.54 に示す溶着金属の余盛の過大，のど厚不足，脚長不足などのほかに，作業環境や溶接技術などの悪条件によって生じる**アンダーカット，オーバラップ，スラグ巻き込み，ブローホール，溶込み不足**などがある．これらの欠陥をもつ溶接部分は力の伝達が滑らかでなく，応力集中を誘発したり，または金属疲労などによってひび割れの原因になり，最終的には，溶接部分の破断をもたらす危険性がある．したがって，溶接後は綿密な検査を行い，欠陥箇所が見つかれば，それを除去して新たに溶接をし直す必要がある．

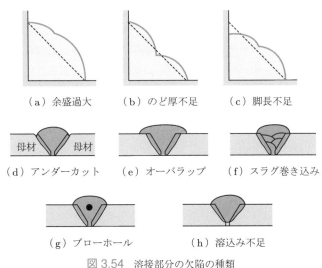

（a）余盛過大　　　（b）のど厚不足　　　（c）脚長不足

（d）アンダーカット　　（e）オーバラップ　　（f）スラグ巻き込み

（g）ブローホール　　　　（h）溶込み不足

図 3.54　溶接部分の欠陥の種類

3.4　最大強さ

3.4.1　高力ボルト接合

ボルトおよび高力ボルトの設計に際して，許容応力度による算定のほかに破断に対する検討を必要とする場合は，ボルト 1 本あたりの最大強さを次式より求める．

軸方向力に対しては，ねじ部で破断するので，せん断力を受ける面の数 m，有効

断面 A_{fe}（$= 0.75 A_{fn}$）について次式で耐力を求める.

$$P_u = m A_{fe} \tau_u \tag{3.18}$$

せん断強度に対しては，高力ボルトの場合はせん断面がねじ部にかかることは少なく，破断面を軸部とした場合，これまでに $\tau_u = 0.62 \sigma_B$ という実験研究[6] がある. そこで，本書ではこの研究をもとに次式を最大せん断強度としている.

$$Q_u = 0.60 m A_{fn} \sigma_B \tag{3.19}$$

ここに，A_{fn}：ボルトの軸断面積，σ_B：ボルトの引張強さ（F10T：$1000\,\mathrm{N/mm^2}$）である.

なお，最大耐力式としては，慣用的に普通ボルトの場合と同様に，ねじ部断面積 A_{fe}（$= 0.75 A_{fn}$）に $\tau_u = 0.75 \sigma_B$ を掛けて計算されることもある. この場合は，$Q_u = 0.75 m \cdot A_{fn} \cdot 0.75 \sigma_B = 0.56 m A_{fn} \sigma_B$ である.

3.4.2 溶接接合

溶接設計にあたり，許容応力度による算定のほかに，溶接部の破断に対する検討を必要とする場合は，溶接継目の最大強さは次のとおりである.

① 完全溶込み溶接

軸方向力に対して

$$P_u = A_{e1} \sigma_B \tag{3.20}$$

せん断力に対して

$$Q_u = \frac{A_{e1} \sigma_B}{\sqrt{3}} \tag{3.21}$$

となる. ここに，A_{e1}：完全溶込み溶接継目の有効断面積，σ_B：接合される母材の引張強さである.

② 隅肉溶接

側面隅肉溶接継目に対して

$$Q_u = \frac{A_{e2} \sigma_B}{\sqrt{3}} \tag{3.22}$$

となる. ここに，A_{e2}：隅肉溶接継目の有効のど断面積である.

第2部

構造設計

熊本パークドーム（1998）［提供：（株）フジタ］

第4章

構造設計

4.1 安全等の検証方法 ••••••••••••••••••••••••••••••••••••

4.1.1 検証項目

　構造設計においては，主に以下の3項目について安全の検証が行われるが，本書では，①について述べる．

　① 自重，積載荷重，積雪，暴風，地震動などの外力に対する構造強度の安全
　② 火災時における避難，建築物の崩壊などに対する安全
　③ 必要な耐久性能の確保

4.1.2 外力に対する構造の安全の検証方法

　建築基準法施行令に示された安全の検証方法には，以下の四つがある．

写真 4.1　兵庫県南部地震の被害

■（1）許容応力度等計算

　許容応力度等計算による検証方法は一般的な方法で，最も普及している計算法である．
外力に対する構造の安全の検証は，建築物の常時の使用に対しては，自重と積載荷重による長期にわたる安全の余裕の確保や梁のたわみによる支障などがないようにする長期許容応力度設計と，積雪，暴風，地震動のような短期間のみ加わる応力に対して，建築物のいずれの部分も材料の許容応力度を確保することにより，建築物を無損傷あるいは軽微な損傷に留めることを検証する短期許容応力度設計が行われる．これらは建築物のいずれの部分も材料の許容応力度を超えないことを確認する方法で**一次設計**という．これは，「鋼構造許容応力度設計規準」[1] などに従う．

　また，過大な層間変形を超えないこと，剛性バランスの検討，とくに極めて稀に起こる大地震動で建築物が崩壊しないことを確認するため，建築物の保有水平耐力の確保などにより安全を検証する**二次設計**がある．これは「鋼構造塑性設計指針」[2]などを参考にして建築物の崩壊荷重（保有水平耐力）を求め，「建築基準法施行令第82条」に従って層間変形角，必要保有水平耐力に対して検証する．

■（2）限界耐力計算

　限界耐力計算による方法では，長期および短期の外力（地震以外）に対する検証は許容応力度計算と同様に行うが，地震動の算出は応答スペクトル法の考え方に基づいて行う．その際，地震水平力の各層の分布，地盤の振動増幅，建築物の減衰性を考慮した地盤との相互作用効果などから建物の地震動応答値（水平変位，加速度応答値）を求め，これが安全限界値を超えないことを検証する．具体的には，建築物の存在期間中に1回以上遭遇するような稀に起こる地震動に対して損傷限界変位，損傷限界固有周期に対応する加速度応答値の検証，および100年に一度のような極めて稀に起こる大地震動で倒壊，崩壊しないための安全限界変位，安全限界固有周期に対応する応答加速度応答値の検証を行う．この方法は建築物や地震動の動的な性質を加味できるものである．また，極めて稀に起こるような積雪や暴風に対する安全の検証にも用いられる．なおこの方法は，「建築基準法施行令第82条」，「建設大臣告示第1457号」に従う．

■（3）エネルギーの釣合いに基づく耐震計算法

　エネルギーの釣合いに基づく耐震計算法は，地震動による建物への入力をエネルギーにより評価し，建物の吸収する塑性履歴エネルギーとの釣り合い式から，構造骨組の各層の累積塑性変形と最大層間変形を予測するものである．エネルギー吸収ブレースの使用など，エネルギー吸収タイプの耐震要素を用いる場合の計算などに利便性がある．これは「平成17年国土交通大臣告示第631号」に従う．

■（4）時刻歴応答解析等の高度な検証法

　時刻歴応答解析等の高度な検証法は，主として60mを超える超高層建築物や塔状の建築物，あるいは免震構造，制振構造の安全の検証などに用いられている．設計用応答スペクトルと建設地の地盤を考慮して作成した地震動や過去の観測波を指定レベルに規準化した地震動などを用いて地震応答解析を行い，安全を検証するものである．

4.1.3　一般の建築物の許容応力度等計算の方法による手順

　鋼構造建築物の許容応力度等計算の方法による構造設計は，一般に図 4.1 のような手順で行われる．

　　一次設計：平常時の荷重，暴風，50 年に 1 回程度の稀に起こるような大地震時の荷重に対して，フレーム（柱，梁）の応力度を求め，部材応力度がそれぞれ許容応力度に収まるよう，また，層間変形角および梁のたわみが制限値以下になるよう部材断面を決定する（⑤，⑥，⑦，⑧）．

　　二次設計：極めて稀に起こるような大地震時の場合，一次設計で決められた部材断面に対して，建築物が大きな変形に耐え，建築物が崩壊して人命に対する危険となる大惨事にならないよう保有水平耐力の検討を行う（⑨）．

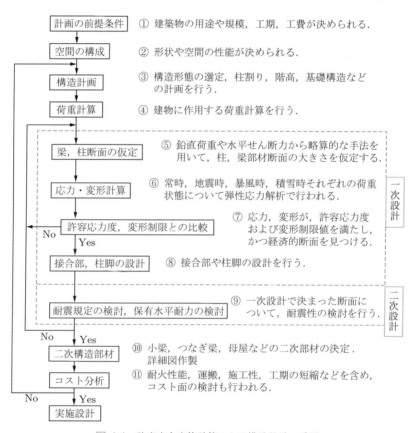

図 4.1　許容応力度等計算による構造設計の手順

4.2 構造計画 ●●●

4.2.1 骨組の構成

■（1）構造形式の選定

構造全体の形式は，第1章に述べたようなさまざまな構造形式のなかから，建物全体の形状デザインの決定と合わせて検討される．ここでは，一般的な鋼構造建物（図4.2）の計画を例にして述べる．

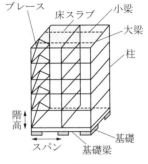

図 4.2 鋼構造建物

■（2）基礎と柱脚

基礎は，建物の重さと，地耐力に応じて，必要な基礎の底面積が求められ，それに適した形や大きさで設計される．

基礎には，柱ごとに設けられる**独立基礎**（図4.3(a)），基礎梁と一体となり線上に連続した**連続基礎（布基礎）**，建物底部全体で支える**べた基礎**（図(b)）などがある．

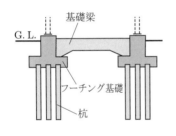

（a）杭を用いた独立基礎

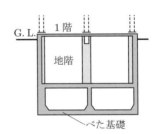

（b）直接基礎のべた基礎

図 4.3 基礎の例

軟弱地盤の場合には，杭を用いて固い支持層に到達させて支える．この杭には，**既成杭**（PC杭（autocraved prestressed concrete pile），鋼杭）と，**場所打ちコンクリート杭**があり，既成杭は施工しやすい面があるが，打ち込み時の騒音や地盤振動を嫌う場合や，大断面のものを必要とする場合には，場所打ちコンクリート杭が用いられる．

基礎の設計において大切なことは，十分に剛な**基礎梁**を設けることで，これによって以下の効果がある．

　① 基礎の回転を拘束し，柱脚の固定度を高める．

　② 地震時に水平方向にも，上下方向にも，基礎の移動を防ぐ．

③　長期の不同沈下を抑える.

柱脚は上部構造と基礎をつなぐ重要な部分で，大地震時にアンカーボルトの破壊などにより生じる大きな変形に耐えられない場合は，致命的な被害につながる（写真4.2，4.3）.

写真4.2　柱地震被害（神戸，1995）
［提供：(株) フジタ］

写真4.3　脚部地震被害（神戸，1995）
［提供：(株) フジタ］

また，柱脚は，その形式や施工方法によってコンクリート基礎への固定の度合いが異なるため，応力解析の際には，ピン仮定にしたり，固定仮定にしたりする．その仮定によって，応力やたわみに対する影響が大きいので，このことをよく理解する必要がある.

■（3）スパン計画（柱の配置）

柱間隔を大きくとると，建物の使用計画上は有利であるが，一方で，大きな応力やたわみに応じて梁や柱の断面を大きくする必要がある．また，梁せいが大きい分だけ階高をさらに大きくしなければならない．したがって，適当な経済スパンを見つけることが重要である.

また，スパン間隔の決定には，スプリンクラーの配置などの設備計画も配慮される．さらに，スパンの大きい場合は，梁のたわみや床振動障害に対して，十分な梁の剛性をもたせるようにする.

■（4）大梁のかけ方，小梁の配置

大梁には小梁がかかるが，小梁の本数や方向は，大梁の曲げ応力やたわみに影響する．また，小梁は大梁の横補剛材としての役割を兼ねるので，その配置計画は重要である．

■（5）建物の剛性のバランス

① ブレースや耐震壁が適当に配置されない場合，地震や強風時の水平揺れが大きくなる（図 4.4(a)）.

② セットバックした建物などで重心が建物中心からずれる場合（図 4.4(b)），ブレースや壁の配置が偏る場合（図(c)），建物の剛心と重心のずれ（**偏心**）により地震時に建物がねじれ変形して被害を大きくする．

③ ピロティ階のように，剛性の小さい層では，変形がその階に集中して大きな被害を生じる（図 4.4(d)）.

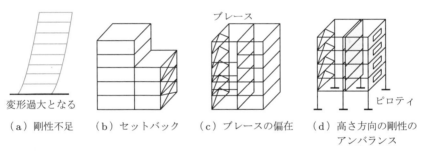

（a）剛性不足　　（b）セットバック　　（c）ブレースの偏在　　（d）高さ方向の剛性の
変形過大となる　　　　　　　　　　　　　　　　　　　　　　アンバランス

図 4.4　建物の剛性のバランス

■（6）ブレースの配置

（a）ブレースの効果　　ブレースは，地震時や暴風時の水平力に対して，建物の水平耐力を確保するだけでなく，建物の水平変形や水平ねじれを小さくする役割（**剛性の確保**）をもつ．ブレースの配置は，建物の計画には制限を加えることになるが，柱，梁断面を小さくできる．ブレースには，軸組に配置する**軸組ブレース**のほかに，屋根面や床面に配置する**屋根面ブレース**（図 4.10 参照）や，**床面ブレース**（図 4.5）などの**水平ブレース**がある．

とくに，H 形鋼を柱として用いる場合には，弱軸方向（y 方向）の断面係数や断面二次モーメントが小さいため，フレームに対する水平耐力と剛性が不足するので，図 4.6 のように，ブレースを配置して補う．

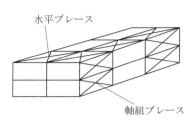

水平ブレース

軸組ブレース

図 4.5　床面ブレース

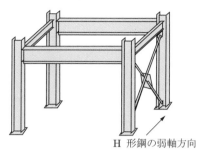

H 形鋼の弱軸方向

図 4.6　H 形鋼柱とブレースの配置

　ブレースを配置した構面のラーメンでは，ブレースにより変形が抑えられ，柱頭移動が拘束されるので，柱の圧縮座屈に対して有利となる．

（b）ブレースの形状　　ブレース部材には，鋼管，形鋼や**ターンバックルボルト**が用いられる（図4.7）．ブレース材に，H 形鋼など細長比の小さい部材を使用した場合は，引張力および圧縮力を負担するが，山形鋼やターンバックルボルトなど細長い形状の場合は，圧縮力は負担できない．

　また，軸組ブレースの形式には，図4.8のような形のものがある．

　なお，偏心 K 形は，梁中間部に斜材を取り付けたもので，剛性，耐力は，X 形，K 形

写真 4.4　偏心 K 形ブレース構造設計例
（センチュリータワー，東京）

と比べると小さくなるが，大きな空間を確保できる（写真4.4）．また，大地震時に，

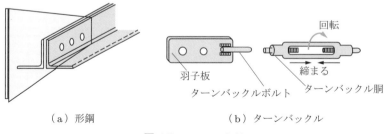

羽子板

ターンバックルボルト

回転

締まる

ターンバックル胴

（a）形鋼　　　　　　　　　（b）ターンバックル

図 4.7　ブレース部材

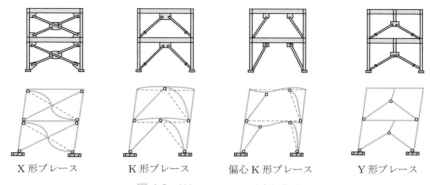

| X形ブレース | K形ブレース | 偏心K形ブレース | Y形ブレース |

図 4.8　軸組ブレースの形式と変形

梁部の曲げ変形を生じることにより，剛性を和らげることができる．

　Y形は鉛直部材を大きく変形させ，エネルギーを吸収させることを目的としたものである．

（c）ブレースの配置　　図 4.9 のような，配置形式がある．

　① 連層配置形式　　一つのスパンを上下方向に連続に配置する．この場合は，建築計画には好都合であるが，上層部では水平力負担の効果は小さく，また，隣接梁への影響が大きい．さらに，下層柱に大きな引抜き力が働き，もし柱脚

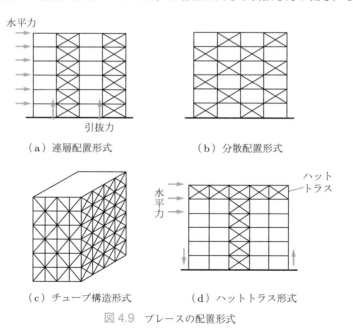

（a）連層配置形式　　　　　　　　（b）分散配置形式

（c）チューブ構造形式　　　　　（d）ハットトラス形式

図 4.9　ブレースの配置形式

が浮き上がると水平力負担の限界となる.

② 分散配置形式　　多スパンにわたって不連続に配置する. この場合は, 建物の剛性増への効果は大きいが, 上下階でブレース位置が異なるため, 建築使用計画としては不利である.

③ チューブ構造形式　　建物外周面に配置して, 立体的な構造を形成するもので内部の柱断面を小さくできる.

④ ハットトラス形式　　外端柱軸力でハットトラス部を拘束することにより, 連層ブレースの大きな曲げ変形に対する曲げ戻し効果が得られる.

■（7）大スパンラーメン構造の構成

（a）山形ラーメン　　スパン 15〜25 m 程度の比較的大きい学校体育館や工場などの屋根には, 図 4.10 のように, H 形鋼を用いた**山形ラーメン**のものが多い. 構成は複雑に見えるが, その部材は合理的に構成されている. 建物の自重や積雪荷重は［屋根］→［母屋］→［サブビーム］→［つなぎ梁］→［主梁］→［柱］→［基礎］の順に伝わる.

また, 壁面に横方向から受けた風圧や, 地震力などの水平荷重は, 梁間方向では山形ラーメンが受け, 最終的に基礎まで伝える.

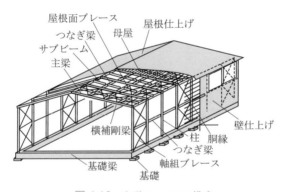

図 4.10　山形ラーメンの構成

一方, 桁方向の場合は, 桁面の軸組ブレースによって, 屋根からの水平力を基礎まで伝える. さらに, 屋根面の剛性を保ち, すべての柱が一体となって働くよう, また, 建物のゆがみなどの変形を防ぐために, 屋根面ブレースを配置する. つなぎ梁は, 直交する梁や柱の横座屈を防止するとともにブレース力を伝達する.

（b）そのほかの大スパン構造　さらに大きい屋根構造の構成には，第1章にも示した，平面トラスで構成した梁，立体トラスを用いた平板（写真4.5），あるいはラチスによる曲面板がある．これらは，山形鋼などの形鋼だけでなく，圧縮部材として効率の良い鋼管で構成される．立体トラスの接合部にボールジョイントを用いて，現場で組み立てる構法を**システムトラス接合**という（写真4.6(a)）．また，ラチスの接合部の例を写真(b)に示す．

写真4.5　立体トラス構造
（広島情報プラザ）

（a）神石コスモドームのボールジョイント
（広島県神石町）

（b）パークドーム熊本のラチス接合部
（p.99写真参照）〔提供：(株)フジタ〕

写真4.6

4.2.2　各部の計画

■（1）梁，柱断面

柱部材には，接合部の構成がしやすいことや，強軸方向が大スパンに都合のよいことなどから，従来からH形鋼が一般によく用いられてきた．その断面は，広幅（$H/B = 1 \sim 1.5$）で，肉厚の大きいもの（$B/t_f < 16$, $H/t_w < 48$）が用いられる（図4.11）．

しかし，最近では，断面に方向性のない角形鋼管，鋼管，大口径の溶接組立ボックスなどの閉鎖形断面が多く用いられている．

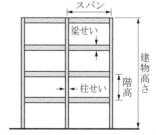

梁せい：スパンの 1/20～1/15 程度
柱せい：建物高さの 1/60～1/40

図4.11　部材断面

これらの鋼管は，H形鋼に比べ，x, y両方向の座屈に対する断面性能が優れてお

り，ブレースが不要になるなど使用計画上有利である．

　また，梁材には，細・中幅（$H/B = 1.5 \sim 3$）のH形鋼が用いられる．ただし，H/Bの大きいものは，断面係数や断面二次モーメントでは有利であるが，横座屈に弱く，横補剛材が多く必要となるので，コスト面で適当な断面形状が選ばれる．

　さらに，**鉄筋コンクリート床スラブ**の場合は，これを支持する鉄骨梁との間を，頭付きスタッドなどのシアーコネクター（1.7.3項参照）で接合することにより，鉄骨梁とコンクリートスラブが一体となって曲げ変形に抵抗する．これを**合成梁**とよぶ（図4.12）．

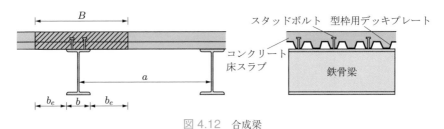

図 4.12　合成梁

　たわみ計算や応力計算の剛性算定に使用する断面二次モーメントは，梁の両側に鉄骨梁と一体化するとみなすコンクリート床スラブの協力幅b_eを考慮して求める．

　この協力幅b_eは，「各種合成構造設計指針・同解説」[7]により，梁間隔aから算定され，有効幅Bは，図4.12に示すように，鉄骨梁の上フランジ幅bとスラブの協力幅b_eとの和として求められる．

　さらに，実際の設計では，コンクリート部のひび割れや，クリープを考慮した値が使用される（7.1.4項③参照）．なお，断面算定では，鉄骨断面のみの断面係数を用いる．

■（2）柱　脚

　柱脚には次のような形式がある．

（a）露出形式　　露出形式は，施工しやすいので中小規模構造でよく用いられる．

　その基礎部の施工は，図4.13に示すように，まず基礎配筋時に，**アンカーボルト**とアンカープレートで構成されたアンカーフレームを精度良く固定し，コンクリートを打設する．

　柱の建て方のときには，図4.14のようにコンクリート基礎上にまえもって中心部にモルタルを盛って，ベースプレート下面高さを決めて，その上に**ベースプレー**

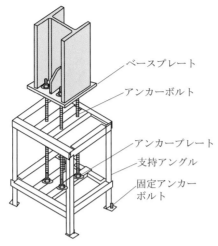

図 4.13 柱脚部アンカーフレーム

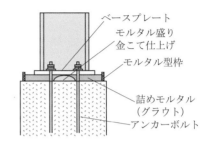

図 4.14 露出形式柱脚部の施工

トを置く．そのあとでベースプレート下面にモルタルを密着するように詰め，アンカーボルトで固定する．柱脚の形式には，ピン形式と固定形式がある．

① **ピン形式**　本当のピン軸を用いる場合もあるが，次の場合のように力学的にピン仮定に近いものもピン形式とよぶ．

　　i）基礎梁を設けず，基礎の回転拘束が期待できないもの．

　　ii）図 4.15(a) のように，アンカーボルトを中央付近に配置し，曲げ抵抗が小さいもの．

　これらの形式では，柱脚部は，主として，せん断力と柱軸力に対して抵抗する．基礎梁の施工も省略でき，脚部製作も容易であるが，上部構造の応力や，建物の水平変形が大きくなるので，部材断面を大きくする必要がある．

② **固定形式**　脚部を曲げモーメントに対して剛にして，固定度を高めるためには，図 4.15(b)，(c) のように，厚いベースプレート（柱フランジ厚の 1.5 倍以上）と，多くのアンカーボルト，さらにリブプレートを用いる．または，図(d)のようにボックス形のベースプレートが用いられる．このようにすると，ピン形式に比べ，柱脚部の製作費は多くかかるが，上部構造の応力や地震時の水平変形を小さくできるので，部材断面は小さくてすむ．構造解析では，固定柱脚に近いものとして扱うこともできるが，完全な固定でないことを念頭に入れておく必要がある．

また，図 4.15(e) のような十分な剛性を確保した鋳造のベースプレートも使用さ

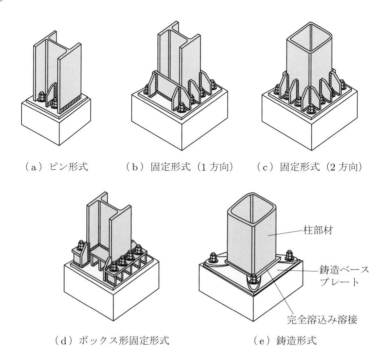

（a）ピン形式　　（b）固定形式（1方向）　　（c）固定形式（2方向）

（d）ボックス形固定形式　　　　　（e）鋳造形式

図 4.15　露出形式柱脚部

れている．これに柱部材を溶接して用いられる．

（b）**非露出形式**　　固定度の高い固定柱脚にできるもので，次の二つの形式がある．

　　① **埋込み**　　これは，図 4.16 のように，コンクリート基礎の打設前に，柱脚
　　を設置するもので，基礎コンクリートと一体となり，柱脚の固定度，耐力とも
　　大きくなる．建物下階が鉄骨鉄筋コンクリート構造の場合には，この形式とな

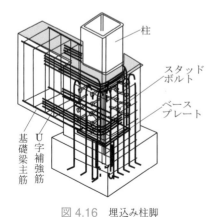

図 4.16　埋込み柱脚

写真 4.7　埋込み柱脚部

る. 写真 4.7 に，工場で製作中の埋込み柱脚部を示す.

② **根巻き** これは，図 4.17 のように，基礎コンクリート工事完了後，鉄骨柱を建て，柱脚部を後打ちのコンクリートで，鉄骨断面せいの 2.5 倍以上の高さを鉄筋コンクリートで根巻きするものである. この形式は，露出形式に比べて施工費が高く，工期も長くなるが，固定度が高く，上部構造の

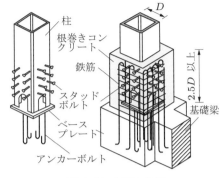

図 4.17　根巻き柱脚

応力や地震時の水平変形が小さくなるという利点がある. 鉄骨柱の応力が根巻きコンクリート断面に伝達されるためには，十分な根巻きの断面とその高さ（2.5D 以上），主筋，フープ量が必要である.

■（3）接合部

（a）**梁・柱の継手位置，柱梁接合部の製作**　鉄骨構造は，鉄骨加工工場（ファブリケーター）で**ブラケット**の溶接や継手のボルト孔加工などがされ，これを建設現場で接合して組み立てる. 部材は運搬に適した大きさ（トラック荷台寸法：長さ 12 m 以内，幅 2.5 m 以内）に製作される.

継手の位置は，できるだけ応力の小さい場所が望ましいが，実際には運搬や建設現場での組立のしやすさが優先され，応力の大きいところになることも多い. 実際には，次の位置に計画されている.

　　① 応力の小さい場所：曲げモーメントの反曲点付近

　　② 作業のしやすい場所：梁では材端から 1 m 程度，柱では梁上端から 0.8〜
　　　 1 m 程度

また，柱梁接合部パネル部でのせん断変形は，計算時に考慮しない場合も多いが，実際には，その変形はフレーム全体の変形に影響するので，剛なディテールにすることが重要である.

（b）**現場での接合**　現場での継手位置の例を図 4.18 に示す. H 形鋼を用いた部材では，高力ボルト接合が多用されている.

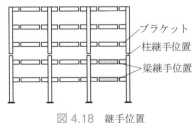

図 4.18　継手位置

溶接接合の採用には，現場における作業の精度，安全などの十分な管理が必要であるが，ボルト接合に比べて以下のような利点がある．

① ボルト，ナットなどの突起物がないため，スラブや壁の取付けなどに有利である．

② 部材断面が連続一様になる．

（c）H形鋼部材の継手，柱梁接合部の形式

① **高力ボルト継手，溶接接合**（図 4.19(a)）　一般に，H形鋼部材の場合，梁部に工場溶接でブラケットを設け，梁継手，柱継手とも，高力ボルト現場接合を行う．柱梁接合部では，柱材にブラケットを溶接する**柱貫通形式**が一般的であるが，大スパン梁では，そのフランジ幅や板厚が柱材より大きくなる場合があり，この場合は**梁貫通形式**とする．柱梁接合部での梁フランジ部分は，一般に，エンドタブを使用して全断面完全溶込み溶接される．

② **ブラケット形式フランジ現場溶接継手**（図 4.19(b)）　大規模な構造では，ウェブを高力ボルト接合したあとに，フランジを現場で溶接する混用接合とする場合がある．これは，施工に都合がよく，また，梁継手にボルトなどの突起物がないため，デッキプレートなどの収まりがよい．

なお，柱継手の溶接合の場合は，**エレクションピース**を用いて仮固定して精

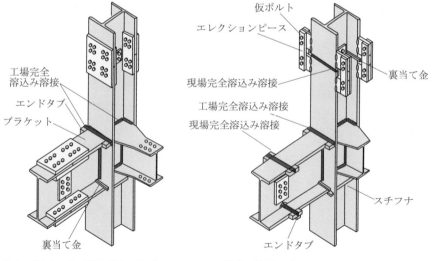

（a）ブラケット（高力ボルト継手，
　　　溶接柱梁接合部の場合）

（b）ブラケット
　　（フランジ現場溶接継手の場合）

図 4.19　H形鋼部材の継手，柱梁接合部の形式

度を確保する必要がある．エレクションピースは接合後に除去する．

③ ブラケットなし，高力ボルトと溶接の併用接合　　溶接接合は，工場製造されるのが一般的であるが，施工の便宜のため，図 4.20(a) のように，あらかじめ柱側に溶接し取り付けたウェブ継手板に，梁部材のウェブ部分を現場で高力ボルトで接合し，その後にフランジ部分を現場溶接することもある（混用接合）．なお，溶接後の冷却収縮による収縮量や応力を考慮する必要がある．

④ 高力ボルト接合（スプリットティー接合）　　溶接を用いないで，図 4.20(b) に示すような，**スプリットティー**とよばれる鋳造製の T 形鋼を用いて，梁部を高力ボルトで現場接合する方法も用いられる．また，T 形既製品を梁部材端部に工場でまえもって溶接しておく突合せ方法もある．

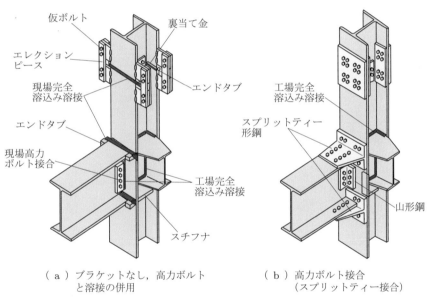

（a）ブラケットなし，高力ボルト
と溶接の併用

（b）高力ボルト接合
（スプリットティー接合）

図 4.20　H 形鋼部材の継手，柱梁接合部の形式（ブラケットなし）

（d）閉鎖形断面（鋼管など）部材の継手，柱梁接合部の形式　　柱材には，溶接組立ボックス，角形鋼管，鋼管，遠心力鋳鋼管などの閉鎖形断面が多く用いられている．柱継手には，現場溶接するものもよく用いられている（写真 4.8〜4.10）．

また，その柱梁接合部には，梁フランジ応力を伝達するために**ダイヤフラム**が用いられる．これには，以下のような，3 種類のものがある．

写真4.8 仮溶接後（エレクションピース除去後の柱現場溶接状況）［提供：（株）フジタ］

写真4.9 柱現場溶接終了後［提供：（株）フジタ］

写真4.10 柱現場溶接後超音波による溶接欠陥探査［提供：（株）フジタ］

写真4.11 通しダイヤフラム形式接合部の製作（横に寝かしてある）

① **通しダイヤフラム形式**（図4.21）

柱部材を切断し，ダイヤフラムに完全溶込み溶接する（写真4.11）．また，ブラケットのフランジを完全溶込み溶接する（図6.1参照）．

② **外ダイヤフラム（スチフナリング）形式**（図4.22）　柱部材はそのままで，その外部にダイヤフラムおよびウェブプレートを溶接し，これに梁を高力ボルトで接合するか，または溶接する．

③ **内ダイヤフラム形式**（図4.23）　溶接組立柱の製作時に内ダイヤフラムの二辺を突合せ溶接し，柱組立後にほかの二辺をエレクトロスラグ溶接（3.1節参照）する．この内ダイヤフラム位置にブラケットのフランジを溶接する．

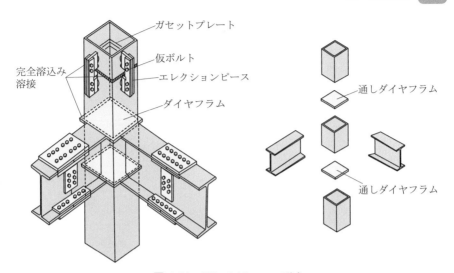

図 4.21　通しダイヤフラム形式

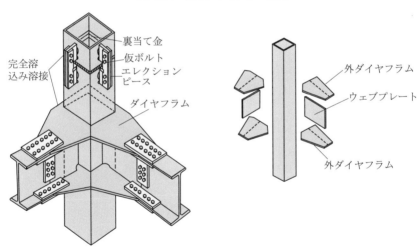

図 4.22　外ダイヤフラム（スチフナリング）形式

■（4）床スラブ，フラットスラブ屋根

　床スラブやフラットスラブ屋根は，床荷重を支えるだけでなく，大梁，小梁と一体化して横座屈補剛材として，また，床面の水平変形を防止する床面ブレースの役割を兼ねるので，十分な剛性が必要である．

　また，床スラブには，使用時の床振動や，音の伝達などの障害に対して十分な板厚が必要である．床スラブには，次のようなものがある．

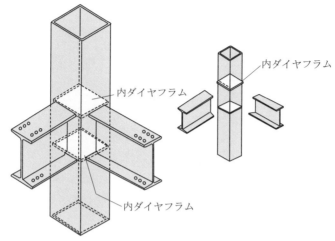

（a）内ダイヤフラム形式

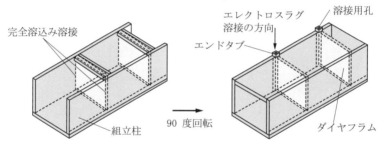

（b）組立柱内ダイヤフラムの溶接

図 4.23 内ダイヤフラム形式

（a）デッキプレート合成床（写真 4.12, 図 4.24（a））　大梁に小梁を渡し，これにデッキプレートを渡してスラブ配筋をし，コンクリートを打設する.

　ただし，デッキプレートは単に型枠代わりとするものと，コンクリートスラブと一体化して強度に見込む場合がある. また，スタッドボルトを梁に溶接してコンクリートスラブと鉄骨梁が一体化され，合成梁を構成する.

写真 4.12　合成床（デッキプレート使用）
［提供：（株）フジタ］

（b）コンクリート合成床（図4.24（b））

薄いプレキャスト鉄筋コンクリート板を床スラブ型枠として用いて，これに追加配筋し，コンクリートを現場で重ね打ちして一体化したもので，**ハーフPC工法**（オムニア工法）とよばれる．型枠を省略できるので，工期も早く，型枠合板を節約できる．

（c）ALC床板, PCa床板（図4.24（c））

これらは，工場生産したALC板や，PCa板製品を梁上に並べるものである．これには，床面の水平剛性を確保するため，**床面ブレース**が必要である．また，プレストレスを加えた**ダブルティースラブ**を用いると，5m程度の大きなスパンのものが可能である．

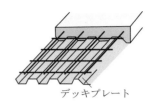

デッキプレート

（a）デッキプレート合成床

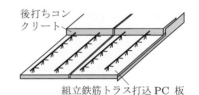

後打ちコンクリート

組立鉄筋トラス打込PC板

（b）ハーフPC工法（オムニア工法）

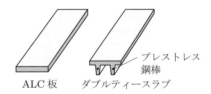

ALC板　　ダブルティースラブ

プレストレス鋼棒

（c）PCa製品

図4.24　床スラブの種類

■**（5）階　段**

　階段にはさまざまな形式があり，工場で製作されたあとに現場に搬入され取り付けられる．したがって，運搬や現場での施工のしやすさなども考慮して設計される．一般的なものは，図4.25に示すような**ささら桁**を用いたものである．

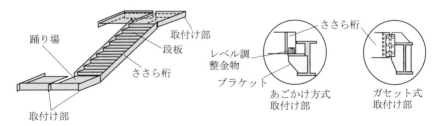

踊り場
取付け部
段板
ささら桁
取付け部

ささら桁
レベル調整金物
ブラケット
あごかけ方式取付け部

ささら桁
ガセット式取付け部

図4.25　ささら桁階段

4.3　構造物に加わる荷重と外力 ・・・・・・・・・・・・・・・・・・・・・・・・・・・・

4.3.1　固定荷重および積載荷重

■（1）固定荷重 G

　固定荷重は，建物の構造体や，仕上げ材などの自重である．構造体の部材荷重は，付録3〜6などの単位質量 [kg/m] を用いる．また，仕上げ材の重量は，「建築基準法施行令第84条」に示す標準的な値を用いればよい．そのなかの一部を表 4.1 に示す．

表 4.1　仕上げ材の面積あたり重量（建築基準法施行令第84条）

種　類		備　考	$[N/m^2]$
屋根	石綿スレートぶき	下地・垂木を含み，母屋を含まない	340
	薄鉄板ぶき		200
天井	繊維板張り	下地，吊り木，受け木を含む	150
	木毛セメント板張り		200
床	コンクリート床板張り	根太，大引を含む	200
	コンクリート床タイル張り	仕上げ厚さ1cmごとに，そのcmの数値を乗ずる	200
	コンクリート床アスファルト防水層		150
壁	コンクリート壁モルタル塗り		200
	コンクリート壁タイル張り		200

■（2）積載荷重 P

　家具，人など使用時に加わる荷重が積載荷重である．これらの荷重は，建物の用途に応じて「建築基準法施行令第85条」に示されており，これを表 4.2 に示す．この表では，算定目的によって3種類が示されている．さらに，多層骨組における柱の軸方向力の計算には，その柱の支える階数に応じて，表 4.3 のように積載荷重を低減させることができる．

表 4.2　積載荷重 $[N/m^2]$（建築基準法施行令第85条）

部屋の用途 ＼ 計算の対象	床の断面算定用	大梁，柱の算定用	地震力の算定用
住宅などの居室および階段，廊下	1800	1300	600
事務室および連絡する廊下，階段	2900	1800	800
教室	2300	2100	1100
百貨店などの店舗の売り場	2900	2400	1300
固定席の劇場，公会堂，集会場など	2900	2600	1600
1）固定席でない集会場，観覧場など 2）教室，店舗の売り場，劇場などの廊下，階段，玄関	3500	3200	2100
自動車車庫とその通路	5400	3900	2000

表 4.3 柱軸力計算に対して積載荷重に掛けることのできる値（建築基準法施行令第 85 条）

支える床の数	2	3	4	5	6	7	8	≧ 9
低減時掛けるべき値	0.95	0.90	0.85	0.80	0.75	0.70	0.65	0.60

■（3）梁に加わる鉛直荷重の計算

梁には，常時，① 床面の固定荷重と積載荷重，および，② 梁自重および壁自重が加わる．梁の床面の荷重分担面積は，床スラブの形式により次の二つがある．

① **2 方向鉄筋コンクリート床スラブ**　　一般の鉄筋コンクリート床スラブでは，図 4.26(a) のように床面を区切って，三角形または台形の部分を負担する．

② **デッキプレート床スラブ**　　構造用デッキプレートを用いた床スラブ（p.104 参照）では，図 4.26(b) のように，デッキプレートの溝方向の 1 方向板と考え，大梁または小梁間の中央部で区切って負担するものとする．また，梁自重や梁上下の壁自重は，梁の等分布荷重と考える．

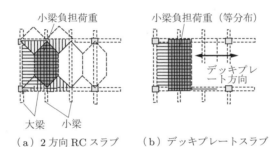

（a）2 方向 RC スラブ　　（b）デッキプレートスラブ

図 4.26　梁の床面荷重分担面積

■（4）柱に加わる鉛直荷重の計算

柱は，梁からの鉛直荷重と柱自重を支えるので，これを具体的に計算すればよいが，実務的には，柱軸力 N_L は以下の略算方法で求められることが多い．すなわち，柱スパン（$L \times L'$）の中央で床を分割し，かつ，階高中央で上下に分割してできた部分の固定荷重と積載荷重の合計重量を N_L とする（図 4.27）．

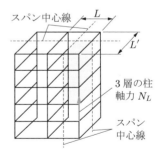

図 4.27　鉛直荷重による柱軸力

■ 例題 4.1 ■ 図 4.28 の床断面について床固定荷重を求めよ.

解答

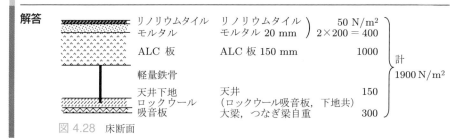

リノリウムタイル	リノリウムタイル	50 N/m²
モルタル	モルタル 20 mm	2×200 = 400
ALC 板	ALC 板 150 mm	1000
軽量鉄骨		
天井下地	天井	150
ロックウール 吸音板	(ロックウール吸音板, 下地共) 大梁, つなぎ梁自重	300

計 1900 N/m²

図 4.28 床断面

4.3.2 積雪荷重

積雪量 [cm] は, 特定行政庁 (都道府県) が, 50 年に 1 回というような大雪を想定してほぼ市町村単位ごとに決めている. 積雪量 1 m 以上になる地域や 1 ヵ月以上も融けないで根雪として残るような地域は, 多雪地域として一般の地域と区別される.

積雪 1 cm あたりの水平面投影単位荷重は, 一般地域では 20 N/m² 以上, 多雪地域では 30 N/m² 程度である. また, 屋根に雪止めがある場合を除き, 屋根勾配 β に応じた屋根形状係数 $\mu_b = \sqrt{\cos(1.5\beta)}$ を掛けて低減できる. なお, 屋根勾配が 60°を超える場合は 0 にできる.

さらに雪降ろし, 融雪設備などにより, 積雪量を 1 m まで低減できる.

応力計算において多雪地域での積雪荷重は, 表 4.4 に示すように, 長期荷重として, あるいはほかの荷重と組み合わせて用いる.

表 4.4 応力計算における積雪荷重の考慮

		一般地域	多雪地域
長期 (常時)			70%
短期	暴風時	0	35%
	地震時		
	積雪時	100%	100%

■ 例題 4.2 ■ 応力計算に用いる積雪荷重を求めよ. ただし, 屋根勾配 30°, 多雪地域で, 積雪量 100 cm, 単位荷重 30 N/m² である.

解答 (1) 水平面投影単位積雪荷重

$$30\ [\text{N/m}^2/\text{cm}] \times 100\ [\text{cm}] \times \sqrt{\cos(1.5 \times 30°)} = 3000\ [\text{N/m}^2] \times 0.841$$
$$= 2523\ [\text{N/m}^2]$$

(2) 応力計算に用いる積雪荷重

長期 (常時)　　　　　　$2523\ [\text{N/m}^2] \times 0.7 = 1766\ [\text{N/m}^2]$

短期 (暴風時, 地震時)　$2523\ [\text{N/m}^2] \times 0.35 = 883\ [\text{N/m}^2]$

| 短期（積雪時） | 2523 $[\mathrm{N/m^2}]$ |

4.3.3 風圧力

台風などによる風荷重 W は，「建設省告示第 1454 号」（平成 12 年）では，**風圧力** p に受圧面積 A を掛けて求められる．ただし，建物の部分に加わる風圧力 p は，速度圧 q に**風力係数** C_f を掛ける．

$$p = C_f q \tag{4.1}$$

風の速度圧の大きさ q は，風速に影響を及ぼす建物や樹木などの周辺の状況を表す地表面粗度区分に応じた係数 E と**基準風速** V_0 から，次式のように求められる．

$$q = 0.6 E V_0^2 \tag{4.2}$$

$$E = E_r^2 G_f \tag{4.3}$$

ここに，G_f は**ガスト影響係数**（表 4.5）であり，E_r は高さ方向の分布係数（図 4.29）で，次式で決められる．

$$H \leqq Z_b \text{ の場合} \quad E_r = 1.7 \left(\frac{Z_b}{Z_G} \right)^\alpha \tag{4.4-1}$$

$$H > Z_b \text{ の場合} \quad E_r = 1.7 \left(\frac{H}{Z_G} \right)^\alpha \tag{4.4-2}$$

ここに，H：建物の平均高さ [m]，Z_b, Z_G, α：地表面粗度区分に応じた値（表 4.5）である．

表 4.5　地表面粗度区分と係数

地表面粗度区分	Z_b [m]	Z_G [m]	α	G_f		
				$H \leqq 10$	$10 < H < 40$	$40 \leqq H$
I	5	250	0.10	2.0		1.8
II	5	350	0.15	2.2	直線補間	2.0
III	5	450	0.20	2.5		2.1
IV	10	550	0.27	3.1		2.3

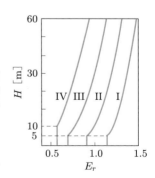

図 4.29　高さ方向の分布係数 E_r

なお地表面粗度区分は，以下の四つに分けられる．

> I：都市計画区域外で平坦で障害物がない区域
>
> II：都市計画区域外で I 区分以外の区域（ただし，建築物の高さが 13 m を超える場合）．または都市計画区域内で海岸線（対岸まで 1500 m 以上のもの）までの距離と建築物の高さに応じた図 4.30 の白部分．
>
> III：I，II，IV 区分以外

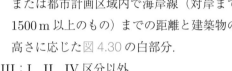

図 4.30 地表面粗度区分

IV：都市計画区域内で都市化が極めて著しい区域（特定行政庁が規則で定める）．

また，基準風速 V_0 は，これまでの各地域ごとに観測データをもとに建築物存在中に一度遭遇する可能性のある $30 \sim 46$ m/s の範囲で決められている．

次に，風力係数 C_f は，建物外部から押すような方向の**外圧係数** C_{pe} と建物内部から押すような方向の**内圧係数** C_{pi}（閉鎖型建物の場合，0 および -0.2）との差で決まる．C_{pe} の例を図 4.31 に示す．

なお，風上壁面では，高さ Z に応じた係数 k_Z（$= (Z/H)^{2\alpha}$）を掛ける．ただし，$Z \leqq Z_b$ のときは $Z = Z_b$ とする．また，200 m を超えるような高層ビルや屋根の軽い体育館などの構造物では，風荷重による水平力が地震力を上回る場合もある．

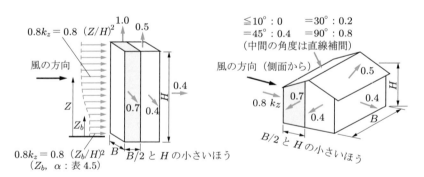

図 4.31 外圧係数 C_{pe} の例

■ 例題 4.3 ■ 図 4.32 の体育館のスパン
方向風上側壁面の高さ 10 m の部分での風圧
力 p を求めよ．ただし，場所は広島県海岸部
で $V_0 = 34$ [m/s]，地表面粗度区分 = II，
内部風圧係数 $C_{pi} = 0$ の場合とする．平均
高さは，$H = (14 + 10)/2 = 12$ [m] と
する．

図 4.32　風圧力

解答　表 4.5 より　$Z_b = 5$ [m]，　　$Z_G = 350$ [m/s]，　　$\alpha = 0.15$

式 (4.4-2) より　$E_r = 1.7 \times \left(\dfrac{12}{350}\right)^{0.15} = 1.025$

表 4.5 より　$G_f = \dfrac{2.2 - 2.0}{10 - 40} \times (12 - 10) + 2.2 = 2.19$（直線補間による）

式 (4.3) より　$E = 1.025^2 \times 2.19 = 2.30$

速度圧式 (4.2) より　$q = 0.6 \times 2.30 \times 34^2 = 1595$ [N/m²]

風上壁面で $Z = 10$ m のとき　$k_z = \left(\dfrac{10}{12}\right)^{2 \times 0.150} = 0.947$

　$C_{pe} = 0.8 \times k_z = 0.8 \times 0.947 = 0.76$

$C_{pi} = 0$ のとき，風力係数　$C_f = C_{pe} - C_{pi} = 0.76 - 0 = 0.76$

式 (4.1) より　$p = 0.76 \times 1595 = 1212$ [N/m²]

4.3.4　地震力

地震力 K は，振動現象によって生じる慣性力であり，その大きさは，地盤と構造
物の振動の応答によって決まる．一般の構造物では，図 4.33 のように，地震による
慣性力に相当する静的な水平力を考えて設計する．さらに，高層建物では，振動解
析（動的解析）を行う．

　ある階（i 層）に作用する水平方向のせん断力
の大きさ（層せん断力：Q_i）は，これより上階
の質量（重量：$\sum W_j$）に比例するが，下記 (a)
〜(d) の要因を考慮して，次のように表される．

$$Q_i = Z R_t A_i C_0 \sum W_j$$
$$= C_i \sum W_j \tag{4.5}$$

ただし $C_i = Z R_t A_i C_0$

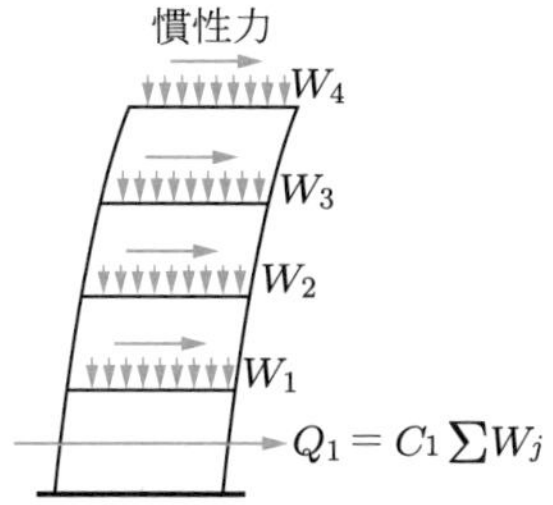

W_i：階重量（固定荷重＋積載荷重）
$\sum W_j = W_4 + W_3 + W_2 + W_1$

図 4.33　1 階の層せん断力

（a）Z：地域係数　　　地域ごとに想定される地震の大きさにより，図4.34のように決められている．

（b）R_t：振動特性係数　　　軟弱地盤ほど大きく揺れることや，**建物の一次固有周期 T が大きいほど小さい地震力応答となることを示す係数**で，次式で表される．この値を図4.35に示す．

$$\left.\begin{array}{ll} T < T_c \text{ の場合} & R_t = 1 \\[2mm] T_c < T < 2T_c \text{の場合} & R_t = 1 - 0.2\left(\dfrac{T}{T_c} - 1\right)^2 \\[3mm] 2T_c < T \qquad\quad \text{の場合} & R_t = \dfrac{1.6T_c}{T} \end{array}\right\} \qquad (4.6)$$

一次固有周期 T は次式で略算できる．

$$T = H(0.02 + 0.01a) \ [秒] \qquad\qquad (4.7)$$

ここに，H：建築物の高さ [m]，a：建築物の高さ H のうち，鉄骨構造である階の高さ h の比（h/H），T_c [秒]：**地盤の固有周期**を意味し，基礎底部，あるいは剛強な支持杭を使用する場合には，その支持杭先端直下の地盤の種別に応じて，表4.6の値である．

（c）A_i：高さ方向の分布係数（例題4.4参照）　　　重量，剛性とも高さ方向にほぼ均一な多層ビルでは，高層階ほど揺れが大きくなり，地震力も大きくなり，これを示す係数で，次式で示される．

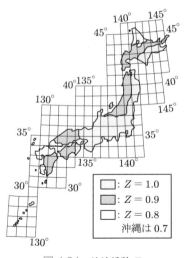

図 4.34　地域係数 Z

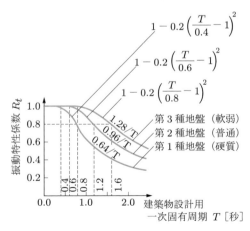

図 4.35　振動特性係数 R_t

表 4.6 地盤の固有周期 T_c [秒]

地盤の種類		T_c
第1種地盤	岩盤，硬質砂礫層，主として第3紀以前の地層など	0.4
第2種地盤	第1，3種地盤以外のもの	0.6
第3種地盤	軟弱な沖積層が30 m以上のもの，または泥沼，泥海などを3 m以上埋め立てたあと30年未満のものなど	0.8

$$A_i = 1 + \left(\frac{1}{\sqrt{\alpha_i}} - \alpha_i \right) \frac{2T}{1 + 3T} \tag{4.8}$$

$$\alpha_i = \frac{\sum W_j}{W}$$

ここに，$\sum W_j$：最上部から i 層（当該階）までの重量の和，W：地上部より上の全重量，T：建築物の一次固有周期で，R_t の算定の場合と同様である．

（d）C_0：標準せん断力係数　4.1 節で述べた一次設計（中地震）および二次設計（大地震）に対応した地上階の基準せん断力係数で，それぞれ，0.2，1.0 である．

（e）$\sum W_j$：当該階およびそれより上の重量の和　柱や壁の重量計算は，階高中央部で区切る場合が多い．

なお，地階では地盤面からの深さ H_B に応じて，次式の値を地階の層せん断力とし，地上階のせん断力を加算する．

$$Q_{Bi} = kW_{Bi} \tag{4.9}$$

ここに，$k = 0.1(1 - H_B/40)Z$，W_{Bi}：地階 i 階の重量である．ただし，$H_B > 20$ [m] では，$k = 0.05Z$ とする．

地震力の具体的な計算方法については，第7章の設計例に示す．

■ 例題 4.4 ■ 高さ 33.3 m，鉄骨造 10 階の建物の A_i 分布および 3F の層せん断力を求めよ．ただし，全階とも同一重量（$W_i = W_0$）とする．

解答　建物の一次固有周期は次のとおり式 (4.7) より求める．

$$T = 33.3 \times (0.02 + 0.01 \times 1) = 1.0 \text{ [秒]}, \qquad W = 10W_0$$

A_i 分布（3F 部分）は式 (4.8) より求める．

$$\sum W_j = 8W_0, \qquad \alpha_3 = \frac{8W_0}{10W_0} = 0.8$$

$$A_3 = 1 + \left(\frac{1}{\sqrt{0.8}} - 0.8 \right) \times \frac{2 \times 1.0}{1 + 3 \times 1.0} = 1.16$$

ほかの階も同様に求め，これを図 4.36 に示す．

層せん断力（3F）

$Z = 0.9$, $C_0 = 0.2$, $T_c = 0.8$ [秒]（第3種地盤），$W_0 = 2000$ [kN] とする．R_t は図 4.35 において，$2T_c > T > T_c$ であり，次のようになる．

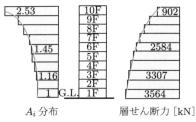

図 4.36　A_i 分布と Q_i 分布

式 (4.6) より　$R_t = 1 - 0.2 \times \left(\dfrac{1.0}{0.8} - 1 \right)^2 = 0.99$

式 (4.5) より，3F の層せん断力は，次のようになる．

$Q_3 = 0.9 \times 0.99 \times 1.16 \times 0.2 \times 8 \times 2000 = 3307$ [kN]

4.3.5　そのほかの荷重

そのほか，鋼構造建築物は，次のような外力や応力を考慮する．

① クレーン荷重など：クレーンやエレベーターによる衝撃や機械振動に対して荷重を割り増す．また，走行梁や受け梁のたわみのスパンに対する割合も小さく（1/800 以下）なるようにする．

② 熱ひずみに伴う応力：暖房ボイラー，冷房，火災などによる温度差が原因となる．

4.3.6　荷重の組み合わせ

部材の断面算定では，それぞれの荷重ごとに応力計算を行い，次のような組み合わせの場合を想定して安全の検討を行う．ただし，(S) で示した積雪荷重は，多雪地域では表 4.4 に示す割合で加算する．

長期（常時）　　$G + P + (S)$
短期（積雪時）　$G + P + S$
　　（暴風時）　$G + P + W + (S)$
　　（地震時）　$G + P + K + (S)$

ここに，G：固定荷重，P：積載荷重，S：積雪荷重，W：風荷重，K：地震力である．

4.4 応力・変形の計算および断面算定 ・・・・・・・・・・・・・・・・・・・・・・・

4.4.1 応力・変形の計算法

現在では，応力・変形の計算にコンピュータを用いることが主流となっている．これは，構造骨組の各節点の移動変位量と回転量 u, v, θ，または，応力 N, Q, M を未知数とした力の釣り合い式をマトリックス計算によって解く方法である．この方法はマトリクス法とよばれ，ラーメンやトラスなどの平面骨組だけでなく，複雑な形状の建物や高層建物では，立体フレームにも適用される．

4.4.2 構造体の解析のためのモデル化

① 各層の水平荷重分布形，または，水平変位分布形を決めておく．たとえば，A_i 分布（式 (4.8)）を採用する．

② 柱や梁などの部材中心線で骨組を描く．柱脚部は，一般に，剛な基礎上にあり，この点を部材端とする．

　露出形式柱脚の場合，弾性解析の範囲では，柱脚固定とみなすことはできない．埋込み柱脚の場合は，ほぼ固定に仮定できる．完全に固定できない場合は，6.4.1 項に述べるような弾性ばねを想定して半固定の条件でも解析できるが，その固定の度合いは精確には決めがたい．このため，ピン仮定と固定仮定のいずれかにした場合それぞれを解析したうえで，安全の検討を行うこともある．

③ ブレース部材，トラス部材　　ブレース部材およびトラス部材は，軸応力度に比べて曲げ応力度が小さいので，材端はピン節点に仮定できる場合が多い．

④ スラブ付き梁の剛性　　設計応力の算定において，コンクリートスラブ付き梁の断面二次モーメント I は，合成スラブとして割増しを考慮して $I = \phi I_0$ とする．ただし，I_0 は鉄骨梁の断面二次モーメントである．弾性時では，両側スラブ付きの場合，2 倍程度（$\phi = 2$）の割増しとなるが，大変形時などでは，コンクリートにひび割れが生じ，その効果は低下することを考慮する必要がある．合成梁とする場合のスラブの扱いは，「各種合成構造設計指針・同解説」[7] を参考にする．

⑤ 軸方向変形　　中低層骨組で曲げ応力が主体のフレーム解析では，軸方向変形は小さく，また，地盤の変形も小さいため手計算で行う場合，無視されることも多い．しかし，高層骨組の上階の外柱では，鉛直変位が大きくなり，その付近の梁では 10〜40% もの応力増となることもある．とくに，ブレース付き柱の場合はその影響が大きい．

⑥ せん断変形　　一般のラーメンの解析では，曲げ変形に比べ，せん断変形は非常に小さいので無視する．しかし，せいの大きい部材や，接合部パネルゾーンにおいては，せん断変形が無視できない大きさとなる場合がある．

⑦ 剛床仮定　　床面は，水平ブレースや，鉄筋コンクリートスラブにより，水平方向に剛で，層全体が同一変位をすること（**剛床仮定**）が基本である．しかし，平面プランが長大な場合や，矩形でない場合などでは，剛床仮定が成立せず，水平力の各ラーメンへの分担率に影響する．剛床仮定が成立するには，フレーム構面の水平剛性の 10 倍以上の床面のせん断剛性が必要である．

⑧ 基礎の浮上り，および転倒　　ブレース付ラーメンや，細く高い形状のビルなどでは，地震時に基礎が浮き上がることが考えられる．浮き上がると，フレーム解析の仮定（基礎反力がなくなる）が変わるため，浮上りが生じないよう計画することが重要である．また，場合によっては，建物全体が転倒する危険もあるので，検討が必要である．

⑨ 有孔梁　　梁材は，設備配管などを通すため，ウェブ部分を有孔にする場合が多い．孔径が梁せいの 1/3 を超える場合，せん断耐力の低下が大きくなるので，図 4.37 のような補強が必要である．

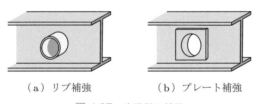

（a）リブ補強　　　　　（b）プレート補強

図 4.37　有孔梁の補強

4.4.3　部材断面の決定

部材断面の決定においては，次の三つのことを満足しなければならない．

① 存在応力度が許容応力度以下となるような断面係数のものを選ぶ（$\sigma \leqq f$）．

② 以下の**変形制限**を満足させる断面二次モーメントを選ぶ．

　　梁せいがスパンの 1/15 以下の場合，梁中央のたわみは，「建築基準法施行令第 82 条」ではスパンの 1/250 以下（なお，「鋼構造許容応力度設計規準」[1] では 1/300 以下と厳しくしている）にする．

　　地震時の水平層間変位は，階高の 1/200 以下（4.5.2 項に示す）にする

　　（ただし，仕上げ材が変形追従できる場合は，1/120 まで緩和できる）．

③ 部材各部の板厚は，幅厚比制限値以下とする（2.5.2 項参照）．

4.5　耐震設計 ●●●●●●●●●●●●●●●●●●●●●●●●●●●●●●●

4.5.1　耐震設計のルート

地震国であるわが国では，とくに地震時の安全性の検討，すなわち，耐震設計が重要である．耐震設計は，図 4.38 に示す**設計ルート**により進められる．

小規模な建物の場合は，ルート 1 で検討される．中規模建物で，構造計画にバランスのとれたものは，ルート 2 で検討されるが，そうでないものや，31 m を超える高層のものは，次節で述べる保有水平耐力の検討を行う．これをルート 3 という．これらの計算ルートは，梁間方向，桁方向それぞれ別のルートでもよい．さらに 60 m を超える超高層ビル，あるいは新構法による構造は，国土交通大臣の認定機関である一般財団法人日本建築センターなどの構造技術評定を受ける．

なお，4.1.2 項で述べたように，この方法とは別に構造物の安全を検証する方法として，限界耐力計算，エネルギーの釣合いに基づく耐震計算法，およびそのほかの方法がある．それらは主に，建築物に作用する外力と荷重に対し，機能上の支障や損傷が生じないこと，崩壊や倒壊に至らないことについて，設定した性能目標に対して検証するものである．

関連法規については付録 9 に示す．

4.5.2　耐震性の検討

■（1）層間変形角

水平変形が過大になると，仕上げ材や設備配管などが破壊したり，構造体の損傷も大きいので，図 4.39 に示す**層間変形角** R_i を次式のように制限している．

$$R_i = \frac{水平変形}{階高} \leqq \frac{1}{200} \quad (4.10)$$

ただし，通常は 1/200 以下とするが，変形に対応できる ALC 板仕上げの場合は 1/150，内外装材や設備・配管が変形に追従でき，破損や脱落の恐れのない場合は 1/120 まで緩和できる．

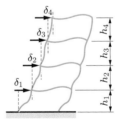

$R_i = \delta_i / h$ （層間変形角）
$r_{si} = 1/R_i$
$r_a = (1/R_1 + 1/R_2 + 1/R_3 + 1/R_4)/4$
$R_{si} = r_{si}/r_a$ （剛性率）

図 4.39　層間変形角および剛性率
（4 層の場合）

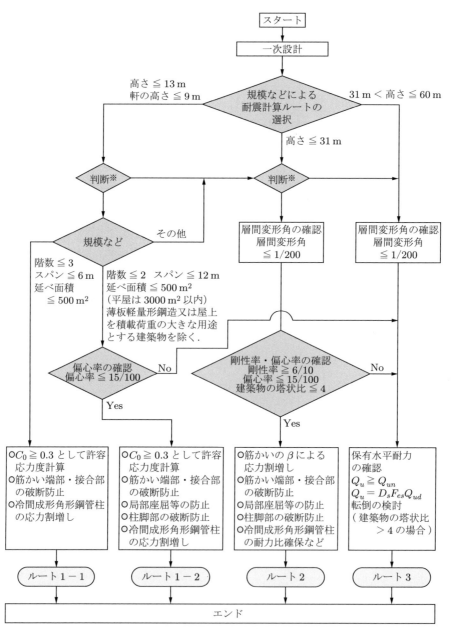

図 4.38　鉄骨造建築物の二次設計の構造計算フロー[8]

※判断とは設計者の設計方針に基づく判断のことである．たとえば，高さ 31 m 以下の建築物で
あっても，より詳細な検討を行う設計法であるルート 3 を選択する判断などのことを示している．

■（2）剛性率

4.2 節で述べたように，高さ方向の剛性の分布がアンバランスな場合，たとえば，1 階がピロティ形式で，上階は壁が多いような場合は，地震時に 1 階に変形が集中して倒壊する恐れがある．そこで図 4.39 および次式に示すように，当該階の剛性と全階の平均剛性に対する比を**剛性率** R_{si} と定義し，この値が 0.6 未満の場合は，4.6.4 項に述べるように必要保有水平耐力を割増しして検討を行う．

$$R_{si} = \frac{r_{si}}{r_a} \tag{4.11}$$

■（3）偏心率

4.2.1 項 (5) で述べたように，ブレースの配置が偏ったり，建物がセットバック形状のため重心が偏ったりすると，建物の重心と剛心がずれるため，図 4.40 のように建築物はねじれ変形を生じて，剛性の小さい側に変形が集中して破壊しやすい．そこで，建物の剛心 (X_0, Y_0) と重心 (X_g, Y_g) のずれや，ねじれ抵抗の大きさによるねじれの度合いを示す**偏心率** R_e を定義し，この値が 0.15 を超えると，4.6.4 項に述べるように，必要保有水平耐力を割増しして検討を行う．

y 方向の偏心率 R_{ey} は次式で表される．x 方向も同様に，x と y を入れ換えて表される．

$$R_{ey} = \frac{e_x}{\sqrt{\dfrac{\sum K_x \cdot y^2 + \sum K_y \cdot x^2}{\sum K_y}}} \leqq 0.15 \tag{4.12}$$

上式において分母の部分は**弾力半径**とよばれ，ねじれに対する抵抗の度合いを示す．

なお，これを求めるための K_x，K_y は，耐震要素（柱，壁，ブレース）のそれぞれ x 方向，y 方向の水平剛性である．また，記号は以下の式で求められる．

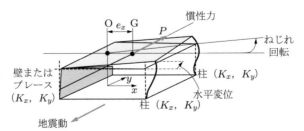

O：剛心　G：重心　e：偏心距離　K_x，K_y：水平剛性

図 4.40　ねじれ変形

$x,\ y$：剛心から耐震要素（柱やブレース）までの各方向の距離

N_i：柱の支える荷重（鉛直荷重による柱軸力）

$$\text{重心}: X_g = \frac{\sum (N_i x)}{\sum N_i}, \qquad Y_g = \frac{\sum (N_i y)}{\sum N_i} \tag{4.13}$$

$$\text{剛心}: X_0 = \frac{\sum (K_y x)}{\sum K_y}, \qquad Y_0 = \frac{\sum (K_x y)}{K_x} \tag{4.14}$$

$$\text{偏心量}: e_x = X_g - X_0, \qquad e_y = Y_g - Y_0 \tag{4.15}$$

この偏心率は，地震時のねじれの度合いを表すが，図4.41(a)左に示すような，建物周辺部に耐震壁やブレースなどの高い剛性を有する部材を配置すると，式(4.12)の分母（弾性半径）は大きくなり，ねじれに対して有効で，図(b)に比べて偏心率は小さくなる．偏心率の具体的な求め方は，7.5.1項の設計例に示す．

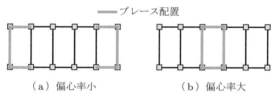

━━ブレース配置

（a）偏心率小　　　　　　　　（b）偏心率大

図4.41　ブレース配置と偏心率

■（4）ブレース構面の水平力の割増し

ブレース配置により，その構面は剛な構造となり，地震力の応答値が大きくなる．そこで，**ブレースの水平力分担率**（$\beta = $（ブレース負担水平力）/（層せん断力））の大きさに応じて次式により地震力を割り増す．

$$\left.\begin{array}{l} \beta \leqq 5/7\ \text{のとき}\quad \text{割増し率} = 1 + 0.7\beta \\ \beta > 5/7\ \text{のとき}\quad \text{割増し率} = 1.5 \end{array}\right\} \tag{4.16}$$

■（5）塑性変形能力の確保

部材が降伏応力度を超え，大きな伸び変形や曲げ変形を生じれば，建物は大きなエネルギーを吸収でき，崩壊を免れることができる（写真4.13，4.14）．そのためには以下のような点に配慮する必要がある．

写真 4.13 柱フランジの板座屈地震被害
［提供：(株) フジタ］

写真 4.14 柱梁接合部地震被害（梁フランジ
接合部の破断）［提供：(株) フジタ］

① 局部座屈による変形能力の低下防止のための部材の幅厚比を検討する．

② 接合部の破断防止（**保有耐力接合**）の検討を行う．柱，梁，ブレース部材など母材が降伏し大きく伸びるまで，継手，柱梁接合部，ブレース端部で，部材やボルト，溶接などの破断が生じないよう設計する．

③ 梁などが，終局耐力に至るまで横座屈をしないように拘束する**横補剛材**を設ける．一般に，小梁やサブビームもその役割をする．

横補鋼の検討式には次に示されるものがある．

日本建築学会：鋼構造塑性設計指針，2017[2]

国土交通省国土技術政策総合研究所等：建築物の構造関係技術基準解説書，2020[8]

たとえば，文献8)では，両端の曲げモーメントが逆対称に近い場合の梁材は，次式により検討することが示されている．

400 級の梁の場合　$\lambda_y \leqq 170 + 20n$ （4.17）

490 級の梁の場合　$\lambda_y \leqq 130 + 20n$ （4.18）

ここに，$\lambda_y = L_b/i_y,\ i_y = \sqrt{I_y/A},\ n$：横補剛の箇所数である．

また，横補剛材は，応力の大きい梁端部に重点的に設けると効果が大きい．

なお，H 形断面梁に設ける横補剛材に必要な断面は，以下の式（「鋼構造塑性設計指針」[2]）による（図 4.42）．

必要な耐力　$F = 0.02C$ （4.19）

ここに，C：負担する圧縮力（$= \sigma_y A/2,\ A$：曲げ材断面積）である．

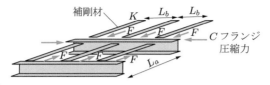

図 4.42 曲げ材の横補剛

必要な剛性 $\quad k = 2A_b \dfrac{E}{L_a} \geqq \dfrac{5C}{L_b}$ $\qquad$ (4.20)

ここに，A_b：補剛材の断面積，L_a：補剛材の長さ，L_b：横補剛間隔である．

4.6 保有水平耐力設計

4.6.1 フレームの降伏と崩壊

　大地震時に建物は，これを構成する複数の箇所に塑性ヒンジが生じて，建物全体，あるいは特定の階が大変形を起こして最終的に崩壊する．

　1層1スパンの場合の例を図4.43に示す．

　状態（a）：弾性時の応力である．

　状態（b）：さらに水平荷重 P を増加させていくと，まず，節点4が全塑性モーメント M_p に至り，塑性ヒンジが生じる（3の場合もある）．

　状態（c）：さらに荷重を増加させると，節点3および節点1に塑性ヒンジが生じる．

　状態（d）（梁端降伏メカニズム）あるいは，状態（e）（梁中間降伏メカニズム）：

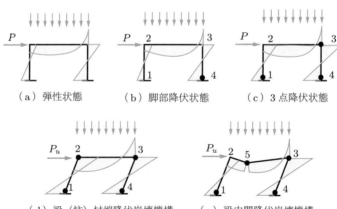

（a）弾性状態　　　（b）脚部降伏状態　　　（c）3点降伏状態

（d）梁（柱）材端降伏崩壊機構　　　（e）梁中間降伏崩壊機構

図 4.43 フレームの崩壊

さらに荷重を増加させると，4個目の塑性ヒンジが節点2または，梁中間部の位置5に生じてフレームは崩壊する．このときを**崩壊機構（崩壊メカニズム）**が形成されたといい，この水平荷重 P_u が保有水平耐力 Q_u である（$P_u = Q_u$）．

この例では，二つの崩壊機構が考えられ，それぞれの水平荷重のうち小さいほうが正しい崩壊機構で，その荷重が保有水平耐力である．

大スパン構造や，鉛直荷重の大きい建物では，状態（e）のように，梁中間部に塑性ヒンジが生じる場合がある．

4.6.2　多層フレームの崩壊機構

多層フレームの場合，塑性ヒンジの生じる可能性のある部材端の数は多いが，崩壊機構は図 4.44 のように分類できる．略算による場合はこれらの崩壊機構について，保有水平耐力の検討を行う．

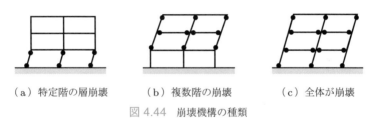

（a）特定階の層崩壊　　　（b）複数階の崩壊　　　（c）全体が崩壊

図 4.44　崩壊機構の種類

4.6.3　保有水平耐力の算出法

保有水平耐力の算出法には，コンピュータを利用する場合は，**マトリックス法**を用いた荷重増分による弾塑性解析法が一般的である．また，手計算で行う方法としては，節点振り分け法と仮想仕事法がよく用いられる．

■ **（1）荷重増分による弾塑性解析法**

これは，まず，各層の水平外力分布を A_i 分布（4.3.4 項）や逆三角形分布に仮定して決めておき，水平荷重を少しずつ増分させながら，応力を求め，初期値に加算しながら反復応力解析を行うもので，フレーム内での塑性ヒンジの発生を追跡しながら，塑性ヒンジが増えて不安定状態，すなわち，崩壊機構となるまで順次求めていき，そのときの水平層せん断力を採用するものである．具体的な例を7.5.2 項に示す．

■（2）節点振り分け法

崩壊機構の形を仮定し，柱の曲げモーメント，そして，せん断力を求め，水平層せん断力を求める簡易法である．これは多層フレームを手計算で行う場合に用いられる．その方法を章末の〈参考〉に示す．

■（3）仮想仕事法

崩壊機構とその変形を仮定し，塑性力学の考え方により内部仕事と外力の仕事の釣り合いによって外力を求める方法である．メカニズムが簡単な場合に用いられる．

4.6.4　保有水平耐力の検討

■（1）保有水平耐力の安全の判定

大地震に耐えるために必要な建物の水平層せん断力を，**必要保有水平耐力 Q_{un}** といい，これに対して，各層における**保有水平せん断力 Q_u** が上回ることを確認する．

$$Q_u > Q_{un} \tag{4.21}$$

■（2）必要保有水平耐力

必要保有水平耐力 Q_{un} は次式で表される（「建築基準法施行令第 82 条の 4」）．

$$Q_{un} = D_s F_{es} Q_{ud} \tag{4.22}$$

ここに，D_s：構造特性係数，F_{es}：形状特性係数，Q_{ud}：地震力によって各階に生じる水平力（$= Z R_t A_i C_0 \sum W_j$，$C_0 = 1.0$，式 (4.5) 参照）である．

■（3）構造特性係数 D_s

水平地震動によって構造物に投入されたエネルギーは，建物の弾性振動エネルギー，累積塑性ひずみエネルギー，および減衰消費エネルギーとして消費される．

図 4.45 に，水平地震動に対して抵抗する力と，柱の変形部材角（R：塑性変形を加えた全水平変形量 δ と階高 h との比）の関係について最下階を例として示す．図中の黒丸は，地震時の応答変形量（柱部材角 R で示す）と抵抗力を示すが，III，あるいは，IV のように，変形能力が大きい建築物では，水平抵抗力は小さくても十分地震力に抵抗できることがわかる．すなわち，建物の変形能力に応じて必要な地震の抵抗力を低減できる．この低減率を**構造特性係数 D_s** とよぶ．D_s 値の決定には

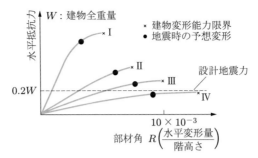

図 4.45 水平抵抗力と変形能力（最下階）

表 4.7 D_s の値

架構の形式 幅厚比など	①ラーメン ②ブレース $(\beta \leqq 0.3)$ ③ブレース $\lambda_e \leqq 495/\sqrt{F}$	①ブレース $0.3 < \beta \leqq 0.7$ $495/\sqrt{F} < \lambda_e \leqq 890/\sqrt{F}$ または，$\lambda_e \geqq 1980/\sqrt{F}$ ②ブレース $0.3 < \beta \leqq 0.5$ $890/\sqrt{F} < \lambda_e < 1980/\sqrt{F}$	①ブレース $\beta > 0.7$ $495/\sqrt{F} < \lambda_e \leqq 890/\sqrt{F}$ または，$\lambda_e \geqq 1980/\sqrt{F}$ ②ブレース $\beta > 0.5$ $890/\sqrt{F} < \lambda_e < 1980/\sqrt{F}$
幅厚比 I	0.25	0.30	0.35
幅厚比 II	0.30	0.35	0.40
幅厚比 III	0.35	0.40	0.45
そのほか	0.40	0.45	0.50

注）β：当該階のブレースの水平力分担率，λ_e：端部の条件を考慮したブレースの有効細長比，F：鋼材の基準強度 $[\mathrm{N/mm^2}]$

以下の項目が考慮される（表 4.7，「昭 55 建設省告示第 1792 号第 1」）．

① ブレースの水平力分担率 β とブレースの有効細長比 λ_e

② 柱，梁の幅厚比による構造ランクの種別（FA，FB，FC）（表 4.8）

■（4）形状特性係数

建物の構造計画上，剛性のバランスの悪い場合は被害を受けやすいので，必要保有耐力を割り増す．この割増し率が**形状特性係数**で，次式で表される（昭 55 建設省告示第 1792 号第 2）．

$$F_{es} = F_s F_e \tag{4.23}$$

ここに，F_s：剛性率に応じた値（図 4.46），F_e：偏心率に応じた値（図 4.47）である．

表 4.8 幅厚比と塑性変形能力に応じた構造ランク

部位			鋼種	構造ランク			
				幅厚比 I	幅厚比 II	幅厚比 III	幅厚比 IV
				FA	FB	FC	FD
柱	H 形鋼	フランジ	400 級	9.5	12	15.5	そのほか
			490 級	8	10	13.2	
		ウェブ	400 級	43	45	48	
			490 級	37	39	41	
	角形鋼管		400 級	33	37	48	
			490 級	27	32	41	
	円形鋼管		400 級	50	70	100	
			490 級	36	50	73	
梁	H 形鋼	フランジ	400 級	9.5	11	15.5	
			490 級	7.5	9.5	13.2	
		ウェブ	400 級	60	65	71	
			490 級	51	55	61	

注) 400 級：SS400，SM400A，SM400B，SM400C，SMA400AW，SMA400AP，
SMA400BW，SMA400BP，SMA400CW，SMA400CP，SN400B，SN400C，
STK400，STKR400

490 級：SM490A，SM490B，SM490C，SM490SW，SMA490AP，SMA490BW，
SMA490BP，SMA490CW，SMA490CP，SM490YA，SM490YB，SN490B，
SN490C，STK490，STKR490

なお，SS490，SS540，SM520B，SM520C は，H 形鋼および角形鋼管では $\sqrt{235/F}$ を，円形鋼管では $235/F$ を，400 級の幅厚比に掛けた値とする．ただし，F の単位は $[\mathrm{N/mm^2}]$ とする．

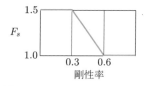

図 4.46 剛性率に応じた値 F_s

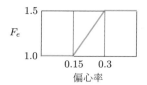

図 4.47 偏心率に応じた値 F_e

4.6.5 十分な変形能力を有するためのそのほかの留意点

部材の変形能力を確保するために，以下のような配慮が必要である．

■（1）柱材の軸力比に応じた細長比の制限

保有水平耐力設計では，柱材が座屈しないために以下の条件が必要である [2]．

$$\left.\begin{array}{ll} \text{SN400, SS400} & \dfrac{N}{N_y} + \dfrac{\lambda}{120} \leqq 1 \quad \text{または} \quad \dfrac{N}{N_y} \leqq 0.15 \quad \text{かつ} \quad \lambda \leqq 150 \\[3mm] \text{SN490, SM490} & \dfrac{N}{N_y} + \dfrac{\lambda}{100} \leqq 1 \quad \text{または} \quad \dfrac{N}{N_y} \leqq 0.15 \quad \text{かつ} \quad \lambda \leqq 150 \end{array}\right\}$$

$$(4.24)$$

■（2）M_u/M_p と設計への対応

塑性設計では，部材の全断面が降伏した状態の曲げモーメント，すなわち 5.1.4 項で説明する全塑性モーメント M_p を用いる．一方，塑性変形能力には，材料の最大強度状態である終局時曲げモーメント M_u に至るまでの大きな変形を期待している．

そこで，M_u/M_p に対して，設計においては以下のようなことを念頭に入れておく必要がある．

- 一般に高強度材料などでは M_u/M_p が小さく，引張強さまでの塑性変形が小さい．そのため，終局時での塑性ヒンジ領域も狭くなり変形能力が劣る．
- 接合部では，接合部を構成するボルトや溶接の破断，プレートの局部座屈などを防いで変形能力を確保するため，被接合部材の M_p に対応して割増しした設計値を用いて接合部材の M_u に対する安全を検討する必要がある．
- 塑性ヒンジ形成後の M_p の増大が大きいことにより，塑性ヒンジが想定していないほかの箇所に先行発生して崩壊機構に影響を及ぼす可能性がある．

〈参考〉節点振り分け法による保有水平耐力の求め方

節点振り分け法の手順を，図 4.48 に示す．なお，節点での曲げモーメントを振り分ける際の分割率は，基本的には一次設計時の値を参考にして決め，次のような値がよく採用されている．

  a) 0.5
  b) 一次設計時の応力比
  c) 剛比
  d) 一次設計時の層せん断力比

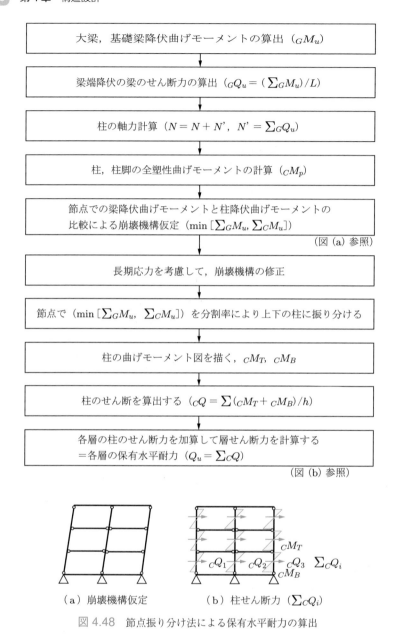

大梁，基礎梁降伏曲げモーメントの算出（$_GM_u$）

↓

梁端降伏の梁のせん断力の算出（$_GQ_u = (\sum_G M_u)/L$）

↓

柱の軸力計算（$N = N + N'$，$N' = \sum_G Q_u$）

↓

柱，柱脚の全塑性曲げモーメントの計算（$_CM_p$）

↓

節点での梁降伏曲げモーメントと柱降伏曲げモーメントの比較による崩壊機構仮定（$\min[\sum_G M_u, \sum_C M_u]$）

（図 (a) 参照）

↓

長期応力を考慮して，崩壊機構の修正

↓

節点で（$\min[\sum_G M_u, \sum_C M_u]$）を分割率により上下の柱に振り分ける

↓

柱の曲げモーメント図を描く，$_CM_T$, $_CM_B$

↓

柱のせん断を算出する（$_CQ = \sum(_CM_T + _CM_B)/h$）

↓

各層の柱のせん断力を加算して層せん断力を計算する
＝各層の保有水平耐力（$Q_u = \sum_C Q$）

（図 (b) 参照）

（a）崩壊機構仮定　　　　（b）柱せん断力（$\sum_C Q_i$）

図 4.48　節点振り分け法による保有水平耐力の算出

部材算定

第**5**章

5.1 梁 •••

5.1.1 梁設計の基本

■（1）曲げモーメント，横補剛

（a）大梁の場合　　図5.1のように，大梁は，鉛直荷重として，小梁からの集中荷重，デッキプレートからの荷重，および，大梁自重を受け，さらに，地震力や風荷重により，図5.2のような，曲げモーメント M，および，せん断力 Q を受ける．

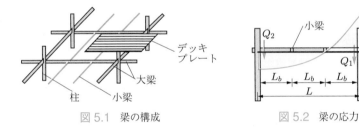

図 5.1　梁の構成　　　　　　　　　　図 5.2　梁の応力

　なお，小梁は，大梁の横補剛材としても働くので，小梁間隔を圧縮フランジ間の支点間距離 L_b とできる．

（b）小梁の場合　　図5.3のように，小梁は床からの荷重と小梁自重を支え，大梁に支持されるが，大梁のねじれ抵抗が小さいため，ピン支持と仮定されることが一般的である（図5.4）．なお，小梁は，一般に，スタッドで圧縮側フランジが床スラブと一体化しており，横座屈は生じない．

図 5.3　小梁の支持　　　　　　　　図 5.4　小梁の応力

（c）母屋の場合　図5.5の母屋のように荷重が断面の主軸に対して傾く場合は，5.1.3項で述べるように，2軸曲げモーメントを受ける梁として検討する．

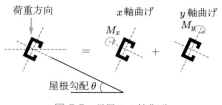

図 5.5　母屋の 2 軸曲げ

■（2）許容曲げ応力度

許容曲げ応力度 f_b は，第 2 章の式 (2.65)～(2.67) による．ただし，H 形鋼の弱軸回りや箱形断面材の場合は，横座屈を生じないので，許容曲げ応力度 f_b は次式としてよい．

$$f_b = f_t \tag{5.1}$$

■（3）たわみ制限

梁の剛性が小さく，たわみが大きくなるような場合には，次のような問題が生じる．

 ① 床が大きくたわむことにより，壁仕上げ材や窓，あるいは設備などに発生する障害

 ② 床の振動による不快感などの障害

そこで，梁スパン L が梁せいの 15 倍を超える場合，「建築基準法告示第 1459 号」では，梁の最大たわみ δ を梁スパン L に対して次式のように制限する．

$$\frac{\delta}{L} \leqq \frac{1}{250} \tag{5.2}$$

なお，日本建築学会では $\delta/L \leqq 1/300$ を推奨している [1]．

梁のたわみ δ は，次式で求めることができる．

$$\delta = \frac{\alpha W L^3}{EI} \tag{5.3}$$

ここに，α：たわみ係数で，図 5.6 に示すものである．

また，部材端の曲げモーメントが任意の場合は，次式によることができる．図 5.7 の考え方から

$$\delta = \frac{\alpha W L^3}{EI} - \frac{(M_1 + M_2)L^2}{16EI} \tag{5.4}$$

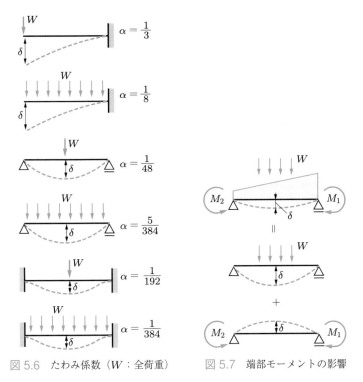

図 5.6　たわみ係数（W：全荷重）　　　図 5.7　端部モーメントの影響

ここに，M_1，M_2：図 5.7 に示す各端の曲げモーメントである．

■（4）幅厚比の制限

部材断面の決定には，2.5.2 項に示した幅厚比の制限を満足させる必要がある．

■（5）集中荷重を受ける部分

形鋼梁や溶接プレートガーダーに，集中荷重が加わる場合や直交方向の梁の荷重が加わるような場合には，ウェブフィレット先端に作用する局部圧縮応力度によってそこに局部座屈を生じる．そこで，集中荷重に対する許容圧縮応力度 $f'_c\ (= F/1.3)$ を用いて，以下の式で検討する．

梁の中間部（図 5.8(a)）　　$\dfrac{P}{t(L + 2t_0)} \leqq f'_c$　　　　　　　　(5.5)

梁の端部（図 5.8(b)）　　$\dfrac{P}{t(L + t_0)} \leqq f'_c$　　　　　　　　(5.6)

これを満足しないときは，図 5.8(c) のように，スチフナを設けて補強する．この

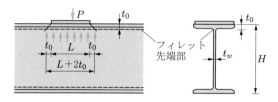
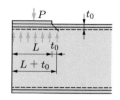

（a）梁中間部に集中荷重を受ける場合の局部圧縮応力度 　（b）梁端部に集中荷重を受ける場合の局部圧縮応力度

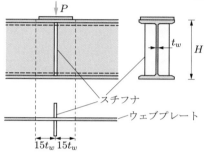

（c）スチフナで補強した場合の仮想圧縮部材

図 5.8 集中荷重を受ける梁

場合，スチフナとウェブプレートの一部を断面にもち，かつ，圧縮座屈長さ L_k が梁せい H の 0.7 倍であるような仮想圧縮材（$L_k = 0.7H$）について安全性を検討する．この仮想部材の断面に含まれるウェブプレートはスチフナ両側それぞれについてウェブプレート厚 t_w の 15 倍の範囲内にある部分とする（図 5.8（c））．

5.1.2 H 形鋼梁の設計

■（1）曲げモーメントに対する検討

H 形鋼の断面積が強軸回りに曲げモーメントを受けるときには，引張側，圧縮側の縁応力度を次式を用いて検討する．

$$_t\sigma_b = \frac{M}{Z_t} \leqq f_t, \qquad _c\sigma_b = \frac{M}{Z_c} \leqq f_b \tag{5.7}$$

ここに，$_t\sigma_b$, $_c\sigma_b$：引張側，圧縮側の縁応力度，M：曲げモーメント，Z_t, Z_c：引張，圧縮側の断面係数，f_t, f_b：許容引張応力度，許容曲げ応力度である．

ただし，断面係数の算定にあたり，ボルト孔による断面欠損を考慮しなければならない．この場合，引張側だけでなく，圧縮側のボルト孔についても控除してよい[1]．

■（2）せん断力の検討

I形，H形断面では，最大せん断応力度は，せん断力をウェブ断面積で割った平均せん断応力度にほぼ近いので，実用的には次式で検討してよい．

$$\tau_{\max} = \frac{Q}{A_w} = \frac{Q}{(H - 2t_f)\,t_w} \leqq f_s \tag{5.8}$$

ここに，A_w：ウェブ断面積，H：梁せい，t_f：フランジ厚，t_w：ウェブ厚である．

■（3）曲げモーメントと共にせん断力が作用する場合の検討

この場合には，式 (1.6) の考え方より，最大応力度は次式を用いて検討する．

$$\sigma_{\max} = \sqrt{\sigma_b^2 + 3\tau^2} \leqq f_t \tag{5.9}$$

■ 例題 5.1 ■ 図 5.9 に示す，等分布荷重（長期荷重）を受ける単純支持の小梁を設計せよ．鋼材は SN400 とし，$E = 2.05 \times 10^5 \,[\text{N/mm}^2]$，$G = 0.790 \times 10^5 \,[\text{N/mm}^2]$，$F = 235 \,[\text{N/mm}^2]$ かつ $\Lambda = 120$ とする．また，$f_t = 156 \,[\text{N/mm}^2]$である．なお，この例題においてボルト孔による断面欠損はないものとする．

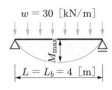

図 5.9　小梁の応力

解答　(1) 応力

最大曲げモーメント

$$M_{\max} = \frac{wL^2}{8} = \frac{30 \times 4^2}{8} = 60 \,[\text{kN} \cdot \text{m}], \qquad Q_{\max} = \frac{wL}{2} = \frac{30 \times 4}{2} = 60 \,[\text{kN}]$$

(2) 断面の仮定

$M_{\max} = 60 \,[\text{kN} \cdot \text{m}]$ から，必要な断面係数は式 (5.7) より次のようになる．

$$Z_x \geqq \frac{60 \times 1000^2}{156} = 3.85 \times 10^5 \,[\text{mm}^3]$$

したがって，これより大きい Z_x を有する H - 294 × 200 × 8 × 12 を仮定する．

断面性能は付表 3.1 より次のようになる．

$$I_x = 11.1 \times 10^4 \,[\text{mm}^4], \qquad I_y = 1.600 \times 10^7 \,[\text{mm}^4]$$
$$Z_x = 7.560 \times 10^5 \,[\text{mm}^3], \qquad J = 2.790 \times 10^5 \,[\text{mm}^4]$$
$$I_w = 3.180 \times 10^{11} \,[\text{mm}^6]$$

(3) 幅厚比の検討（例題 2.11 参照）

フランジプレート　　$\dfrac{b}{t} = \dfrac{B/2}{t} = \dfrac{100}{12} = 8.3 < 0.53 \times \sqrt{\dfrac{E}{F}} = 16 \quad \therefore \text{OK}$

ウェブプレート $\quad \dfrac{d}{t} = \dfrac{294 - (12 + 13) \times 2}{8}$

$$= 30.5 < 2.4 \times \sqrt{\dfrac{E}{F}} = 71 \qquad \therefore \text{OK}$$

したがって，フランジ，ウェブともに局部座屈を生じない.

(4) 許容曲げ応力度 $\quad L_b = 4000 \ [\text{mm}]$ である．したがって，

式 (2.71) より $\quad C = 1.0$

式 (2.68) より

$$M_e = 1.0 \times \sqrt{\dfrac{\pi^2 \times 2.05 \times 10^5 \times 1.600 \times 10^7 \times 0.790 \times 10^5 \times 2.790 \times 10^5}{4000^2} + \dfrac{\pi^4 \times (2.05 \times 10^5)^2 \times 1.600 \times 10^7 \times 3.180 \times 10^{11}}{4000^4}}$$

$$= 3.549 \times 10^8 \ [\text{N} \cdot \text{mm}]$$

式 (2.59) より $\quad M_y = 235 \times 7.560 \times 10^5 = 1.777 \times 10^8 \ [\text{N} \cdot \text{mm}]$

式 (2.61) より $\quad \lambda_b = \sqrt{\dfrac{1.777 \times 10^8}{3.549 \times 10^8}} = 0.708$

式 (2.62) より $\quad _e\lambda_b = 1.29, \qquad$ 式 (2.71) より $\quad _p\lambda_b = 0.3$

式 (2.63) より $\quad$ 安全率 $\nu = \dfrac{3}{2} + \dfrac{2}{3} \times \left(\dfrac{0.708}{1.29}\right)^2 = 1.70, \ _p\lambda_b < \lambda_b < {}_e\lambda_b$ なので，

式 (2.67) より $\quad f_b = \left\{1 - \dfrac{0.4 \times (0.708 - 0.3)}{1.29 - 0.3}\right\} \times \dfrac{235}{1.70} = 115.4 \ [\text{N/mm}^2]$

(5) 曲げ応力度の検討

式 (5.7) より $\quad _c\sigma_b = {}_t\sigma_b = \dfrac{M_{\max}}{Z_x} = \dfrac{60 \times 1000^2}{7.56 \times 10^5}$

$$= 79.4 < f_b = 115 \ [\text{N/mm}^2] \qquad \therefore \text{OK}$$

(6) せん断応力度の検討

式 (5.8) より $\quad \tau = \dfrac{Q_{\max}}{A_w} = \dfrac{60 \times 1000}{(294 - 2 \times 12) \times 8}$

$$= 27.8 < f_s = \dfrac{f_t}{\sqrt{3}} = 90 \ [\text{N/mm}^2] \qquad \therefore \text{OK}$$

(7) たわみの検討

はり中央のたわみ $\delta_{\max}$ は図 5.6 より次のようになる.

$$\delta_{\max} = \dfrac{5wL^4}{384EI} = \dfrac{5 \times 30 \times 4000^4}{384 \times 2.05 \times 10^5 \times 11.1 \times 10^7} = 4.39 \ [\text{mm}]$$

$$\dfrac{\delta_{\max}}{L} = \dfrac{4.39}{4000} = \dfrac{1}{911} < \dfrac{1}{250} \qquad \therefore \text{OK}$$

■ 例題 5.2 ■ つなぎ梁を検討せよ（図 5.10）．ただし，小梁荷重は長期とし，その値は 17.7 kN とする．ボルト孔による断面欠損はないものと仮定する．また，梁の材質などは以下のとおりとする．

H 形鋼：H - 200 × 100 × 5.5 × 8，SN400

$F = 235 \,[\text{N/mm}^2]$, $E = 2.05 × 10^5 \,[\text{N/mm}^2]$

$G = 0.790 × 10^5 \,[\text{N/mm}^2]$

図 5.10 つなぎ梁

解答　(1) 断面の仮定

断面性能（付表 3.1）：$I_x = 1810 × 10^4 \,[\text{mm}^4]$, $I_y = 134 × 10^4 \,[\text{mm}^4]$

$Z_x = 1.810 × 10^5 \,[\text{mm}^3]$, $J = 4.480 × 10^4 \,[\text{mm}^4]$

$I_w = 1.230 × 10^{10} \,[\text{mm}^6]$

つなぎ梁自重（等分布荷重）$q = 20.9 × 9.8 = 205 \,[\text{N/m}]$

(2) 曲げモーメント

両端ピンの単純梁と仮定する（スパン $L = 4.00 \,[\text{m}]$）．

$$M = \frac{17.7 × 4.0}{4} + \frac{0.205 × 4.0^2}{8} = 18.11 \,[\text{kN} \cdot \text{m}]$$

(3) 許容曲げ応力度

小梁が横座屈止めの役割をするので，$L_b = L/2 = 2000 \,[\text{mm}]$．式 (2.69) において $M_2 = 0$ より，$C = 1.75 < 2.3$．

式 (2.68) より

$$M_e = 1.75 × \sqrt{\begin{array}{c} \dfrac{\pi^2 × 2.05 × 10^5 × 134 × 10^4 × 0.790 × 10^5 × 4.480 × 10^4}{2000^2} \\ + \dfrac{\pi^4 × (2.05 × 10^5)^2 × 134 × 10^4 × 1.230 × 10^{10}}{2000^4} \end{array}}$$

$$= 1.423 × 10^8 \,[\text{N} \cdot \text{mm}]$$

式 (2.59) より　$M_y = 235 × 1.810 × 10^5 = 4.254 × 10^7 \,[\text{N} \cdot \text{mm}]$

式 (2.61) より　$\lambda_b = \sqrt{\dfrac{4.254 × 10^7}{1.423 × 10^8}} = 0.5468$

式 (2.62) より　$_e\lambda_b = 1.29$,　　式 (2.70) において $M_2 = 0$ より，$_p\lambda_b = 0.6$

式 (2.63) より　安全率 $\nu = \dfrac{3}{2} + \dfrac{2}{3} × \left(\dfrac{0.547}{1.29}\right)^2 = 1.62$, $\lambda_b < {}_p\lambda_b$ なので，

式 (2.66) より　$f_b = \dfrac{235}{1.62} = 145.1$　→　$145 \,[\text{N/mm}^2]$

(4) 曲げ応力度の検討

式 (5.7) より　$\sigma_b = \dfrac{1.811 \times 10^7}{1.81 \times 10^5} = 100 < f_b = 145$ [N/mm^2]　　$\therefore$ OK

(5) せん断力の検討

梁の材端部について検討する.

$$Q = \frac{17.7}{2} + \frac{0.205 \times 4}{2} = 9.26 \ [\text{kN}]$$

式 (5.8) より

$$\tau = \frac{9.26 \times 10^3}{(200 - 2 \times 8) \times 5.5} = 9.15 < f_s = \frac{F}{1.5\sqrt{3}} = 90 \ [\text{N/mm}^2]　　\therefore \text{OK}$$

(6) 曲げモーメントとせん断力の検討

式 (5.9) より　$\sigma_{\max} = \sqrt{100^2 + 3 \times 9.15^2} = 101.2$

$$= 102 < f_t = \frac{F}{1.5} = 156 \ [\text{N/mm}^2]　　\therefore \text{OK}$$

(7) たわみの検討

たわみ公式は図 5.6 より

$$\delta_{\max} = \frac{17.7 \times 10^3 \times 4000^3}{48 \times 2.05 \times 10^5 \times 1810 \times 10^4} + \frac{5 \times 205 \times 4 \times 4000^3}{384 \times 2.05 \times 10^5 \times 1810 \times 10^4}$$

$$= 6.36 + 0.19 = 6.55 \ [\text{mm}]$$

$$\frac{\delta_{\max}}{L} = \frac{6.55}{4000} = \frac{1}{611} < \frac{1}{250}　　\therefore \text{OK}$$

■ 例題 5.3 ■ 図 5.11 に示すような曲げモーメントを受ける梁を H‐600 × 200 × 11 × 17 (SN400) で設計したい. 適否を検討せよ. ただし, 横座屈補剛間距離 L_b は 6 m, 荷重は短期とする. ボルト孔による断面欠損はないものとする. また, 梁の材料定数は以下のとおりとする.

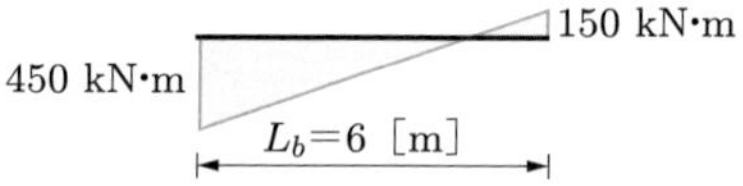

図 5.11　大梁の応力

$$F = 235 \ [\text{N/mm}^2], \qquad E = 2.05 \times 10^5 \ [\text{N/mm}^2]$$

$$G = 0.790 \times 10^5 \ [\text{N/mm}^2]$$

解答　(1) 断面性能

断面性能 (付表 3.1)：$I_y = 2.270 \times 10^7$ [mm^4],　　$Z_x = 2.520 \times 10^6$ [mm^3]

$$J = 9.140 \times 10^5 \ [\text{mm}^4], \qquad I_w = 1.930 \times 10^{12} \ [\text{mm}^6]$$

(2) 幅厚比の検討

フランジプレート $\dfrac{b}{t} = \dfrac{100}{17} = 5.9 < 0.53\sqrt{\dfrac{E}{F}} = 16 \quad \therefore \text{OK}$

ウェブプレート $\dfrac{d}{t} = \dfrac{600 - (17+13) \times 2}{11}$

$$= 49.1 < 2.4\sqrt{\dfrac{E}{F}} = 71 \quad \therefore \text{OK}$$

(3) 許容曲げモーメント

$L_b = 6000 \ [\text{mm}]$

式 (2.69) において $M_1 = 450 \ [\text{kN} \cdot \text{m}]$, $M_2 = 150 \ [\text{kN} \cdot \text{m}]$ より

$$C = 1.75 + 1.05 \times \frac{150}{450} + 0.3 \times \left(\frac{150}{450}\right)^2 = 2.133 < 2.3$$

式 (2.68) より

$$M_e = 2.133 \times \sqrt{\dfrac{\pi^2 \times 2.05 \times 10^5 \times 2.270 \times 10^7 \times 0.79 \times 10^5 \times 9.140 \times 10^5}{6000^2} + \dfrac{\pi^4 \times (2.05 \times 10^5)^2 \times 2.270 \times 10^7 \times 1.930 \times 10^{12}}{6000^4}}$$

$$= 1.024 \times 10^9 \ [\text{N} \cdot \text{mm}]$$

式 (2.59) より $\quad M_y = 235 \times 2.520 \times 10^6 = 5.922 \times 10^8 \ [\text{N} \cdot \text{mm}]$

式 (2.61) より $\quad \lambda_b = \sqrt{\dfrac{5.922 \times 10^8}{1.024 \times 10^9}} = 0.760$

式 (2.62) より $\quad {}_e\lambda_b = 1.29$, 　　　式 (2.70) より $\quad {}_p\lambda_b = 0.6 + 0.3 \times \left(\dfrac{150}{450}\right) = 0.7$

式 (2.63) より $\quad$ 安全率 $\nu = \dfrac{3}{2} + \dfrac{2}{3} \times \left(\dfrac{0.760}{1.29}\right) = 1.73$, ${}_p\lambda_b < \lambda_b < {}_e\lambda_b$ なので,

式 (2.67) より $\quad f_b = \left\{1 - \dfrac{0.4 \times (0.760 - 0.7)}{1.29 - 0.7}\right\} \times \dfrac{235}{1.73} = 130.3 \ [\text{N}/\text{mm}^2]$

したがって, 短期許容曲げモーメントは $f_b = 130.3 \times 1.5 = 196 \ [\text{N}/\text{mm}^2]$.

(4) 曲げ応力度の検討

式 (5.7) より

$${}_c\sigma_b = {}_t\sigma_b = \frac{M_{\max}}{Z_x} = \frac{4.50 \times 10^8}{2.52 \times 10^6} = 179 < f_b = 196 \ [\text{N}/\text{mm}^2] \quad \therefore \text{OK}$$

(5) せん断応力度の検討

$$Q = \frac{M_1 + M_2}{L_b} = \frac{450 + 150}{6} = 100 \,[\text{kN}]$$

式 (5.8) より $\quad \tau = \dfrac{1.0 \times 10^5}{(600 - 2 \times 17) \times 11}$

$$= 16.1 < f_s = \frac{F}{1.5\sqrt{3}} \times 1.5 = 135 \,[\text{N/mm}^2] \qquad \therefore \text{ OK}$$

(6) 曲げ応力とせん断力の合成力の検討は省略する.

■ 例題 5.4 ■ 第 7 章の設計例で用いられている組立 H 形鋼梁（2 階梁 G1（X3 通り，Y23 スパンについて））の断面算定を行え．応力状態を図 5.12 に示す．この梁の断面二次モーメントと断面係数は例題 2.5 において計算されている．また，この梁と柱の接合部は図 6.30 に示されている．ボルトは M22 の高力ボルト（F10T）とし，ボルト孔径は 24 mm とする.

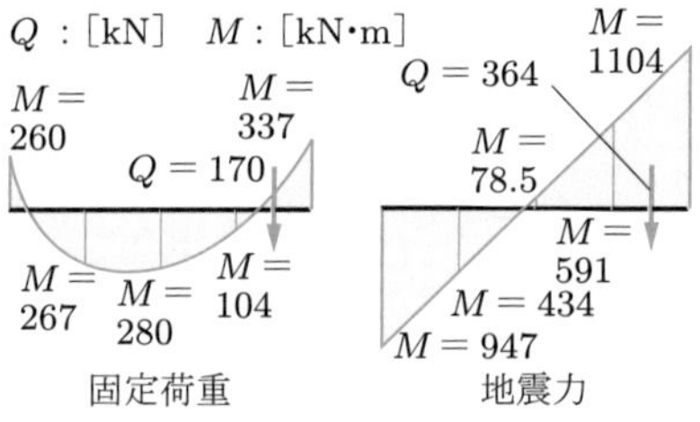

Q：[kN]　M：[kN·m]

$M = 260$　$M = 337$　$Q = 170$　$M = 267$　$M = 280$　$M = 104$

$Q = 364$　$M = 1104$　$M = 78.5$　$M = 591$　$M = 434$　$M = 947$

固定荷重　　　　地震力

図 5.12　応力（図 7.7, 7.9 より）

組立 H 形鋼：H‐$700 \times 300 \times 14 \times 28$, SN490

$F = 325 \,[\text{N/mm}^2], \qquad E = 2.05 \times 10^5 \,[\text{N/mm}^2], \qquad G = 0.790 \times 10^5 \,[\text{N/mm}^2]$

解答　(1) 断面性能

① 強軸回りの断面二次モーメント I_x，断面係数 Z_x

図 6.30 より，梁端部にスカラップとボルト孔による欠損がある．このことをふまえ，強軸回りの断面二次モーメント I_x と断面係数 Z_x は全断面有効（図 5.13）でなく，フランジのみ有効と考えて算定（図 5.14）することとし，例題 2.5 より次のようにする.

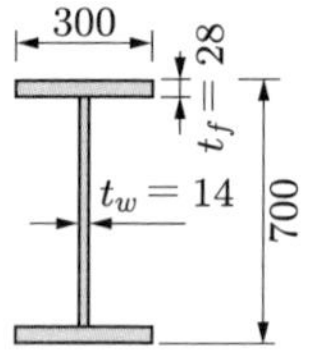

$$I_x = 1.898 \times 10^9 \,[\text{mm}^4], \qquad Z_x = 5.423 \times 10^6 \,[\text{mm}^3]$$

② 弱軸回りの断面二次モーメント I_y，サン・ブナンのねじり定数 J，曲げねじり定数 I_w

これらについてもフランジのみ有効として算定する.

$$I_y = \frac{28 \times 300^3}{12} \times 2 = 1.26 \times 10^8 \,[\text{mm}^4]$$

式 (2.51) より $\quad J = \dfrac{1}{3} \times (2 \times 300 \times 28^3) = 4.390 \times 10^6 \,[\text{mm}^4]$

図 5.13　全断面

300

$t_f = 28$

$t_w = 14$

700

図 5.14　梁端部溶接部

300

$t_f = 28$

672

700

式 (2.54) より　$I_w = \dfrac{1.26 \times 10^8 \times 700^2}{4} = 1.422 \times 10^{13}\ [\text{mm}^6]$

(2) 幅厚比の検討

フランジプレート　$\dfrac{b}{t} = \dfrac{150}{28} = 5.4 < 16 = 0.53\sqrt{\dfrac{E}{F}}$

ウェブプレート　$\dfrac{d}{t} = \dfrac{700 - 28 \times 2}{14} = 46 < 71 = 2.4\sqrt{\dfrac{E}{F}}$　　$\therefore$ OK

(3) 断面算定

1) 長期

① 曲げ応力度の検討

図 7.3，7.9 に示されているとおり，大梁 G1 はそれ自身を四等分する各点において小梁により補剛されている．したがって，補剛間距離 L_b は次のようになる．

$L_b = \dfrac{10.55 \times 10^3}{4} = 2.64 \times 10^3\ [\text{mm}]$

ここでは，大梁における曲げモーメント最大値に対して設計する．したがって，図 5.12 の固定荷重のうち，右端の区間について設計するとし，設計用応力は次のようになる．

$M_1 = 337\ [\text{kN} \cdot \text{m}],\qquad M_2 = 104\ [\text{kN} \cdot \text{m}],\qquad Q = 170\ [\text{kN}]$

なお，図における M_1 と M_2 双方の向きより，この区間においては複曲率となっており，よって M_2/M_1 は正とする．

式 (2.69) より　$C = 1.75 + 1.05 \times \dfrac{104}{337} + 0.3 \times \left(\dfrac{104}{337}\right)^2 = 2.10$

式 (2.68) より

$$M_e = 2.10 \times \sqrt{\dfrac{\pi^2 \times 2.05 \times 10^5 \times 1.26 \times 10^8 \times 0.790 \times 10^5 \times 4.39 \times 10^6}{(2.64 \times 10^3)^2} + \dfrac{\pi^4 \times (2.05 \times 10^5)^2 \times 1.26 \times 10^8 \times 1.422 \times 10^{13}}{(2.64 \times 10^3)^4}}$$

$$= 2.687 \times 10^{10}\ [\text{N} \cdot \text{mm}]$$

式 (2.59) より　$M_y = 325 \times 6.312 \times 10^6 = 2.051 \times 10^9\ [\text{N} \cdot \text{mm}]$

式 (2.61) より　$\lambda_b = \sqrt{\dfrac{2.051 \times 10^9}{2.687 \times 10^{10}}} = 0.256$

式 (2.70) より　$_p\lambda_b = 0.6 + 0.3 \times \dfrac{104}{337} = 0.693$

式 (2.63) より　安全率 $\nu = \dfrac{3}{2} + \dfrac{2}{3} \times \left(\dfrac{0.256}{1.291}\right)^2 = 1.53$，$\lambda_b < {}_p\lambda_b$ なので，

式 (2.67) より　$f_b = \dfrac{325}{1.53} = 212$ [N/mm²]

式 (2.45) より　$\sigma_b = \dfrac{3.37 \times 10^8}{5.422 \times 10^6} = 62$ [N/mm²]

式 (5.7) より　$\dfrac{\sigma_b}{f_b} = \dfrac{62}{212} = 0.29 < 1$　　∴ OK

② せん断力の検討

図 6.30 より，フランジ厚 t_f とスカラップ高さを除いたウェブ高さは 520 mm である．さらに，ボルト孔の欠損を考慮してせん断応力度 τ を計算する．

式 (5.8) より　$\tau = \dfrac{1.70 \times 10^5}{(520 - 7 \times 24) \times 14} = 34.4$ [N/mm²]

式 (2.77) より　$f_s = \dfrac{325}{1.5 \times \sqrt{3}} = 125$ [N/mm²]

$\dfrac{\tau}{f_s} = \dfrac{34.4}{125} = 0.275 < 1$　　∴ OK

2) 短期

① 曲げ応力度の検討

長期と同じく，応力の大きな右端の区間のみを検討する．したがって，設計用応力は次のようになる．

$$M_1 = 337 + 1104 = 1441 \text{ [kN·m]}, \qquad M_2 = -104 + 591 = 487 \text{ [kN·m]}$$

$$Q = 170 + 194 = 364 \text{ [kN]}$$

なお，M_1 と M_2 は互いに逆向きとなり，設計区間においては単曲率となるため，M_2/M_1 は負となる．

式 (2.69) より　$C = 1.75 - 1.05 \times \dfrac{487}{1441} + 0.3 \times \left(\dfrac{487}{1441}\right)^2 = 1.43$

式 (2.68) より

$$M_e = 1.43 \times \sqrt{\dfrac{\pi^2 \times 2.05 \times 10^5 \times 1.26 \times 10^8 \times 0.790 \times 10^5 \times 4.39 \times 10^6}{(2.64 \times 10^3)^2} + \dfrac{\pi^4 \times (2.05 \times 10^5)^2 \times 1.26 \times 10^8 \times 1.422 \times 10^{13}}{(2.64 \times 10^3)^4}}$$

$$= 1.830 \times 10^{10} \text{ [N·mm]}$$

式 (2.61) より　$\lambda_b = \sqrt{\dfrac{2.051 \times 10^9}{1.830 \times 10^{10}}} = 0.310$

式 (2.70) より　${}_p\lambda_b = 0.6 - 0.3 \times \dfrac{487}{1441} = 0.499$

式 (2.63) より　安全率 $\nu = \dfrac{3}{2} + \dfrac{2}{3} \times \left(\dfrac{0.328}{1.291}\right)^2 = 1.54$, $\lambda_b <{}_p\lambda_b$ なので,

式 (2.67) より　$f_b = \dfrac{325}{1.54} = 211$ [N/mm²]

$f_b = 211 \times 1.5 = 317$ [N/mm²]

式 (2.45) より　$\sigma_b = \dfrac{14.41 \times 10^8}{5.422 \times 10^6} = 266$ [N/mm²]

式 (5.7) より　$\dfrac{\sigma_b}{f_b} = \dfrac{266}{317} = 0.84 < 1$　　∴ OK

② せん断力の検討

式 (5.8) より　$\tau = \dfrac{3.64 \times 10^5}{(520 - 7 \times 24) \times 14} = 73.9$ [N/mm²]

式 (2.77) より　$f_s = 125 \times 1.5 = 188$ [N/mm²]

$\dfrac{\tau}{f_s} = \dfrac{73.9}{188} = 0.393 < 1$　　∴ OK

5.1.3　2軸曲げを受ける部材の設計

　図 5.15 のように，H 形断面材が両主軸回りに曲げモーメントを受ける場合には，それぞれの主軸回りの縁応力度の組み合わせごとに検討しなければならない．x 軸，y 軸回りの引張側，圧縮側の縁応力度を ${}_t\sigma_{bx}$, ${}_c\sigma_{bx}$, ${}_t\sigma_{by}$, ${}_c\sigma_{by}$, x 軸，y 軸回りの引張側，圧縮側の断面係数を ${}_tZ_x$, ${}_cZ_x$, ${}_tZ_y$, ${}_cZ_y$ とすると，検討式は次式で表される．

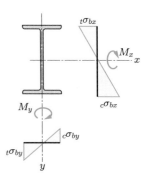

図 5.15　2軸曲げ応力

$$\left.\begin{array}{ll}{}_t\sigma_{bx} = \dfrac{M_x}{{}_tZ_x}, & {}_c\sigma_{bx} = \dfrac{M_x}{{}_cZ_x} \\[2mm] {}_t\sigma_{by} = \dfrac{M_y}{{}_tZ_y}, & {}_c\sigma_{by} = \dfrac{M_y}{{}_cZ_y}\end{array}\right\} \tag{5.10}$$

x 軸，y 軸回りの許容曲げ応力度を f_{bx}, f_{by} とすると，検討は次式による．

$$\frac{{}_t\sigma_{bx} + {}_t\sigma_{by}}{f_t} \leqq 1, \qquad \frac{{}_c\sigma_{bx}}{f_{bx}} + \frac{{}_c\sigma_{by}}{f_{by}} \leqq 1 \tag{5.11}$$

■ 例題 5.5 ■ 多雪地域に建つ体育館屋根の母屋の設計を行え（図 5.16）．積雪深さは 105 cm，深さ 1 cm あたりの単位荷重は 30 N/m² とする．固定荷重は屋根ふき材や母屋自重などをふまえて 650 N/mm² とする．

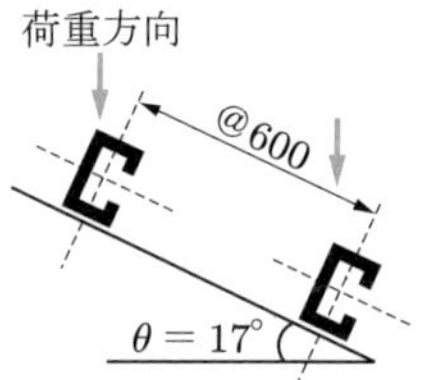

図 5.16　母屋

解答　(1) 荷重

常時および積雪時について検討する．積雪量 105 cm のときの積雪荷重は，$105\ [\text{cm}] \times 30\ [\text{N}/(\text{m}^2\cdot\text{cm})] = 3150\ [\text{N}/\text{m}^2]$．屋根勾配を考慮すると，次のようになる．

$$3150 \times \sqrt{\cos(1.5 \times 17°)} = 2993\ [\text{N}/\text{m}^2]$$

したがって，積雪荷重は 3000 N/m² に切り上げる．

① 常時（長期）　表 4.4 の多雪地域として

$$\text{固定荷重} + \text{積雪荷重} = 650 + 3000 \times 0.7 = 2750\ [\text{N}/\text{m}^2]$$

② 積雪時（短期）　同じく表 4.4 より

$$\text{固定荷重} + \text{積雪荷重} = 650 + 3000 = 3650\ [\text{N}/\text{m}^2]$$

常時荷重（$= 2750\ [\text{N}/\text{m}^2]$）の 1.5 倍（$= 4125\ [\text{N}/\text{m}^2]$）以下なので，応力度の検討は常時（長期）についてのみでよい．

(2) 曲げモーメント

両端ピンの単純梁と仮定する．母屋は 600 mm 間隔で配置されており，かつスパンは 2 m とする．

$$M = 2750 \times 0.6 \times \frac{2^2}{8} = 825\ [\text{N}\cdot\text{m}] = 8.25 \times 10^5\ [\text{N}\cdot\text{mm}]$$

(3) 断面の仮定

横座屈止めを設けるため，横座屈は発生しないとし，$f_b = f_t = 156\ [\text{N}/\text{mm}^2]$ とする．母屋はリップ溝形鋼 C - 100 × 50 × 20（$t = 2.3$）とする．付表 6.1（JIS G 3350）より

$$Z_x = 1.61 \times 10^4\ [\text{mm}^3], \qquad Z_y = 6.06 \times 10^3\ [\text{mm}^3]$$
$$I_x = 8.07 \times 10^5\ [\text{mm}^4], \qquad I_y = 1.90 \times 10^5\ [\text{mm}^4]$$

(4) 有効断面係数

幅厚比は十分小さいため，全断面有効とする．

$$Z_{xe} = Z_x = 1.61 \times 10^4\ [\text{mm}^3], \qquad Z_{ye} = Z_y = 6.06 \times 10^3\ [\text{mm}^3]$$

(5) 曲げ応力度の検討

母屋部材角度（＝ 17°）を考慮して，曲げモーメント M を分割する.

式 (5.10) より

$$\frac{M_x}{_cZ_x} = \frac{8.25 \times 10^5 \times \cos 17°}{1.61 \times 10^4} = 49.00 \ [\mathrm{N/mm^2}]$$

$$\frac{M_y}{_cZ_y} = \frac{8.25 \times 10^5 \times \sin 17°}{6.06 \times 10^3} = 39.80 \ [\mathrm{N/mm^2}]$$

式 (5.11) より $\quad \dfrac{49.00}{156} + \dfrac{39.80}{156} = 0.569 < 1 \quad \therefore \ \mathrm{OK}$

(6) 積雪時（短期）のたわみの検討 $\delta/L \leqq 1/250$

式 (5.3)，図 5.6（$\alpha = 5/384$）より，x, y それぞれの方向の成分を求めて合成する.

$$\delta_x = \frac{5 \times (3650 \times 0.6 \times 2.0 \times \cos 17°) \times 2000^3}{384 \times 2.05 \times 10^5 \times 8.07 \times 10^5} = 2.637 \ [\mathrm{mm}]$$

$$\delta_y = \frac{5 \times (3650 \times 0.6 \times 2.0 \times \sin 17°) \times 2000^3}{384 \times 2.05 \times 10^5 \times 1.90 \times 10^5} = 3.425 \ [\mathrm{mm}]$$

$$\delta_{\max} = \sqrt{\delta_x^2 + \delta_y^2} = \sqrt{2.637^2 + 3.425^2} = 4.323 \ [\mathrm{mm}]$$

$$\frac{\delta_{\max}}{L} = \frac{4.323}{2000} = \frac{1}{463} < \frac{1}{250} \quad \therefore \ \mathrm{OK}$$

5.1.4 塑性化と全塑性モーメント

■ （1）全塑性モーメント

2.3 節では，弾性範囲での応力度と曲げモーメントの関係を考えたが，さらに大きな曲げモーメントが加わり，かつ座屈が生じない場合には，曲げモーメント M と部材回転角 ϕ は，図 5.17 のように，弾性限界の①の点から，②→③→④と降伏応力域が増えていく．これに対応する応力度が図 5.18である.

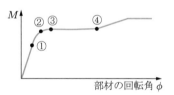

図 5.17 曲げモーメントと
部材回転角

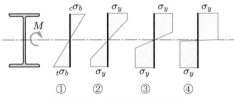

図 5.18 弾塑性断面応力度

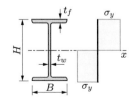

図 5.19 全塑性モーメント

③の段階は，曲げモーメントがほとんど増大せずに変形が進行する状態で，断面の大半が降伏した状態である．④はほとんど全断面が降伏とみなした状態で，この状態の M が**全塑性モーメント**である．H形断面（図 5.19）の x 軸に関する**全塑性モーメント** M_{px}，および塑性断面係数 Z_{px} は次式となる．

$$M_{px} = \sigma_y Z_{px} \tag{5.12}$$

$$Z_{px} = A_f(H - t_f) + \frac{A_w(H - 2t_f)}{4} \tag{5.13}$$

ただし，$A_f = Bt_f, \qquad A_w = A - 2A_f$

（組立梁の場合は $A_w = (H - 2t_f)t_w$ でよい．）

一方，正方形中空断面の塑性断面係数は，外径 D，板厚 t のとき，次式で表される．

$$Z_{px} = A_f(D - t) + \frac{A_w(D - 2t)}{4} \tag{5.14}$$

ただし，$A_f = \frac{A - A_w}{2}, \qquad A_w = 2(D - 2t)t$

JIS で認められた鋼材を用いた場合は，その弾性限界応力度は一般に設計基準強度（F 値）より 10% 程度大きい．そこで塑性設計（保有耐力など）では，降伏応力度を $\sigma_y = 1.1F$ としてよい．

■ 例題 5.6 ■ H 形断面の塑性断面係数の式 (5.12)，(5.13) を導け．

解答

$$
\begin{aligned}
M_{px} &= \int_{H/2-t_f}^{H/2} \left\{ \sigma_y(B\,\mathrm{d}y)y \right\} \times 2 + \int_0^{H/2-t_f} \left\{ \sigma_y(t_w\,\mathrm{d}y)y \right\} \times 2 \\
&= 2B\sigma_y \left[\frac{y^2}{2} \right]_{H/2-t_f}^{H/2} + 2\sigma_y t_w \left[\frac{y^2}{2} \right]_0^{H/2-t_f} \\
&= 2B\sigma_y \left\{ \frac{(H/2)^2}{2} - \frac{(H/2 - t_f)^2}{2} \right\} + \frac{2\sigma_y t_w (H/2 - t_f)^2}{2} \\
&= \sigma_y \left\{ Bt_f(H - t_f) + \frac{t_w(H - 2t_f)^2}{4} \right\} \\
&= \sigma_y \left\{ Bt_f + \frac{t_w(H - 2t_f)}{4} \cdot \frac{H - 2t_f}{H - t_f} \right\} (H - t_f) \\
&= \sigma_y \left\{ Bt_f(H - t_f) + \frac{1}{4}(H - 2t_f)^2 t_w \right\} \\
&= \sigma_y Z_{px}
\end{aligned}
$$

ここで, $Bt_f = A_f$, $(H - 2t_f)t_w = A_w$, また $(H - 2t_f)/(H - t_f) \fallingdotseq 1$ とおいた次式で表すこともできる.

$$M_{px} = \sigma_y \left(A_f + \frac{A_w}{4} \right) (H - t_f) = \sigma_y Z_{px}$$

ただし, $Z_{px} = \left(A_f + \frac{A_w}{4} \right) (H - t_f)$

■ 例題 5.7 ■ 第 7 章の設計例に用いられている H 形断面の組立梁 (H - $700 \times 300 \times 14 \times 28$, SN490, 図 5.20) の場合について. 全塑性モーメント M_p を求めよ.

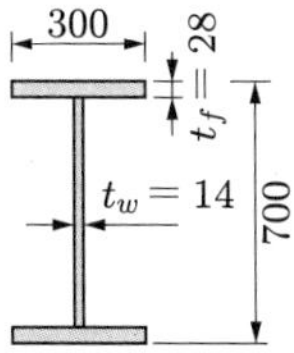

解答 式 (5.13) より $A_f = 300 \times 28 = 8400\ [\text{mm}^2]$, $A_w = (700 - 2 \times 28) \times 14 = 9016\ [\text{mm}^2]$

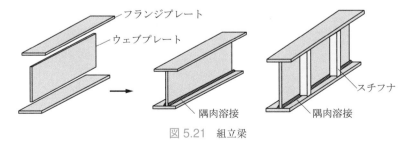

図 5.20 全断面

したがって,

$$Z_p = 8400 \times (700 - 28) + \frac{9016 \times (700 - 2 \times 28)}{4} = 7096 \times 10^3\ [\text{mm}^3]$$

降伏応力度 $\sigma_y = 325\ [\text{N/mm}^2]$ なので, 全塑性モーメント M_p は次のようになる. 式 (5.12) より $M_p = 325 \times 7096 \times 10^6$

$$= 2306 \times 10^6\ [\text{N} \cdot \text{mm}] \quad \rightarrow \quad 2300\ [\text{kN} \cdot \text{m}]$$

5.1.5 組立梁 (プレートガーダー) の設計

組立梁とは, 図 5.21 に示すように, フランジプレートとウェブプレートを溶接で接合したもので, 形鋼梁では適当な形状のものがない場合や, 耐力不足や過大たわみに対して大断面が必要な場合に使用される. **ビルド H 形鋼** ともよばれる. 梁せいが大きく, ウェブプレートが薄い場合には, ウェブプレートの座屈耐力を高めるスチフナを設ける.

図 5.21 組立梁

■（1）フランジプレートとウェブプレートの接合

図5.22に示すように，フランジプレートとウェブプレート間に生じるせん断応力度τを負担するよう溶接を行う．両側連続隅肉溶接接合の場合の必要なのど厚a_1は，式(2.74)より次式で表される．

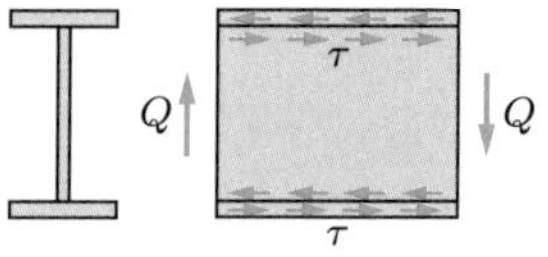

図 5.22　プレート間のせん断力

$$a_1 \geqq \frac{QS_f}{2If_w} \tag{5.15}$$

ここに，I：はりの断面二次モーメント，f_w：隅肉溶接の許容せん断応力度，Q：せん断力，S_f：中立軸に関するフランジの断面一次モーメントである．

■（2）ウェブ座屈の検討

2.5節の例題2.11の梁のように，ウェブプレートの幅厚比h/t_wが表2.3の制限値を満足する場合には，ウェブプレートは局部座屈を起こさない．一方，h/t_wが制限値を満足しないときには，水平スチフナを設ける．

5.1.6　非充腹組立梁（トラス梁）の設計

■（1）トラス梁

非充腹組立梁は大スパンの梁に用いられるが，その種類として弦材・ウェブ材共に形鋼を使用した**トラス梁**（図5.23(a)）のほか，形鋼から製作される**ハニカムビーム**がある（図(b)）．なお，ウェブ材はラチス材（ウェブの斜材）に仮定して検討できる．

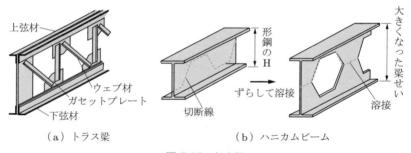

（a）トラス梁　　　　　　（b）ハニカムビーム

図 5.23　組立梁

■（2）弦材の断面算定

圧縮側弦材は，図 5.24 のように，つなぎ梁など の直交する材で横補剛する．圧縮側弦材，引張側弦材のそれぞれの応力度 $_c\sigma_b$, $_t\sigma_b$, およびその検討は次式で表される．

$$_c\sigma_b = \frac{M}{Z_c}, \qquad \frac{_c\sigma_b}{f_b} \leqq 1 \tag{5.16}$$

$$_t\sigma_b = \frac{M}{Z_t}, \qquad \frac{_t\sigma_b}{f_t} \leqq 1 \tag{5.17}$$

ここに，Z_c, Z_t：圧縮側，引張側の断面係数で，次式で表される．

$$Z_c = \frac{I_x}{h_c}, \qquad Z_t = \frac{I_x}{h_t} \tag{5.18}$$

$$I_x = A_t \times (h_t - C_1)^2 + I_1 + A_c \times (h_c - C_2)^2 + I_2 \tag{5.19}$$

ここに，C_1, C_2：弦材形鋼の重心距離，I_1：圧縮弦材，および引張弦材形鋼の断面二次モーメント，A_c, A_t：ボルト孔を控除した弦材の断面積である．これら以外の記号は図 5.25 に示す．

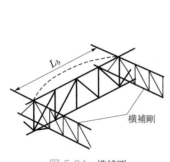

図 5.24 横補剛

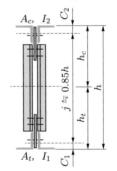

図 5.25 トラス梁断面

なお，上下弦材が同一断面のときには次式で概算することもある．

$$_c\sigma_b = {}_t\sigma_b = \frac{M}{jA_t} = \frac{M}{0.85hA_t} \tag{5.20}$$

ここに，j：上下弦材の重心間距離，A_t：弦材の断面積である．

許容曲げ応力度 f_b には，圧縮力を受ける弦材の構面外座屈に対する許容圧縮応力度を用いるが，図 5.26 のように弦材の軸力は変化するので，図 5.27 のような変化に応じて，図 5.28 のように L_b を修正した L_k を座屈長さとする．

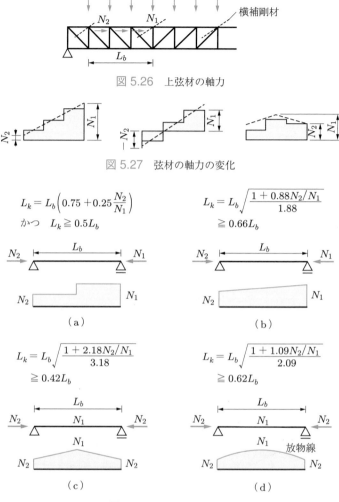

図 5.26 上弦材の軸力

図 5.27 弦材の軸力の変化

$$L_k = L_b \left(0.75 + 0.25 \frac{N_2}{N_1} \right)$$

かつ $L_k \geqq 0.5 L_b$

$$L_k = L_b \sqrt{\frac{1 + 0.88 N_2/N_1}{1.88}}$$

$\geqq 0.66 L_b$

（a）

（b）

$$L_k = L_b \sqrt{\frac{1 + 2.18 N_2/N_1}{3.18}}$$

$\geqq 0.42 L_b$

$$L_k = L_b \sqrt{\frac{1 + 1.09 N_2/N_1}{2.09}}$$

$\geqq 0.62 L_b$

（c）

（d）

図 5.28 座屈長さの修正

■（3）ウェブ材の断面算定

ウェブ材に作用する軸方向力については，梁のせん断力との釣り合いから，図5.29に基づいて次式で表される．

$$D = \frac{Q}{\sin \theta}, \qquad V = Q \tag{5.21}$$

ここに，θ：腹材の傾斜角である．

それぞれの軸方向力に対して，引張材あるいは圧縮材として断面を検討する．な

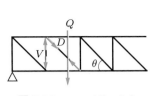

図 5.29 ウェブ材の応力

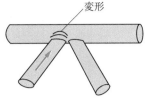

図 5.30 局部変形

お，圧縮材は，面内，および面外座屈に対して検討する．

■（4）接合部の算定

鋼管部材は，圧縮力で局部変形（図 5.30）をしないようにする．くわしくは「鋼構造接合部設計指針」[6]を参照してほしい．

■ 例題 5.8 ■ 図 5.31 の鋼管トラス梁の設計を行え．弦材を $\phi 139.8 \times 4.5$，ウェブ材を $\phi 48.6 \times 3.2$ とし，鋼材はいずれも STK400 とする．ただし，ウェブ材角度は 60° とする．

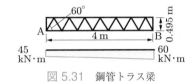

図 5.31 鋼管トラス梁

解答 （1）弦材の検討

1) $\phi 139.8 \times 4.5$ の断面性能（JIS G 3475）

付表 4.1 より　$A = 1913 \ [\mathrm{mm}^2], \quad i = 47.9 \ [\mathrm{mm}]$

2) 径厚比の検討（2.5.2 項より）

$$\frac{D}{t} = \frac{139.8}{4.5} = 31.1 < 0.114 \times \frac{2.05 \times 10^5}{235} = 99.4 \quad \therefore \ \mathrm{OK}$$

3) 構面外座屈の検討

図 5.28 より　$\dfrac{N_2}{N_1} = \dfrac{45/0.6}{60/0.6} = \dfrac{3}{4}$

したがって，図 5.28（b）より

$$L_k = 4000 \times \sqrt{\frac{1 + 0.88 \times (3/4)}{1.88}} = 3759 > 0.66 L_b = 0.66 \times 4000 = 2640 \ [\mathrm{mm}]$$

$$\lambda = \frac{L_k}{i} = \frac{3759}{47.9} = 78.5 \quad \rightarrow \quad 79$$

付表 1.1 より　$f_c = 108 \ [\mathrm{N/mm}^2]$

式（5.20）より　$N_B = \dfrac{M_B}{jA} = \dfrac{60 \times 10^6}{(495 - 139.8) \times 1913} = 88 \ [\mathrm{N/mm}^2]$

$$\frac{\sigma_c}{f_c} = \frac{88}{108} = 0.81 < 1 \qquad \therefore \text{OK}$$

(2) ウェブ材の検討

1) $\phi48.6 \times 3.2$ の断面性能（JIS G 3444）

付録 4.1 より　$A = 456.4 \; [\text{mm}^2], \qquad i = 16.1 \; [\text{mm}]$

2) 径厚比の検討（2.5.2 項より）

$$\frac{D}{t} = \frac{48.6}{3.2} = 15.2 < 0.114 \times \frac{2.05 \times 10^5}{235} = 99.4 \qquad \therefore \text{OK}$$

3) 圧縮材の検討

$$L_k = \frac{4000}{7} = 571.4 \; [\text{mm}], \qquad \text{式 (2.32) より} \quad \lambda = \frac{571.4}{16.1} = 35.4 \quad \rightarrow \quad 35$$

付表 1.1 より，$f_c = 145 \; [\text{N/mm}^2]$

$$Q = \frac{60 - 45}{4} = 3.75 \; [\text{kN}], \qquad N_Q = \frac{3.75}{\sin 60°} = 4.33 \; [\text{kN}]$$

$$\sigma_c = \frac{N_Q}{A} = \frac{4.33 \times 10^3}{456.4} = 9.49 \; [\text{N/mm}^2]$$

$$\frac{\sigma_c}{f_c} = \frac{9.49}{145} = 0.065 < 1 \qquad \therefore \text{OK}$$

5.2　柱 •••

5.2.1　柱設計の基本

■（1）柱の応力と断面算定

　一般の柱には，図 5.32 のように軸方向力 N，曲げモーメント M，せん断力 Q が働く．N と M による応力度は次式である．

$$\sigma_c = \frac{N}{A}, \qquad \sigma_b = \frac{M}{Z} \tag{5.22}$$

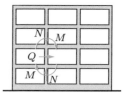

図 5.32　柱の応力

したがって，断面の最大応力度 $\sigma_{\max}$ は次式である．

$$\sigma_{\max} = \frac{N}{A} + \frac{M}{Z} \tag{5.23}$$

　しかし，安全の検討には，圧縮座屈，あるいは横座屈を考慮する必要がある．これに対する座屈は 2.2.6 項に述べたように，偏心圧縮柱として考えなければならず，扱いが複雑となる．そこで，工学的な安全の検討には，これらを考慮して，許容圧縮応力度 f_c，許容曲げ応力度 f_b を別々に決め，それぞれの応力に対して，安全の余

裕度の合計が 1 以下となるようにする．すなわち，次式で検討する．

$$\frac{\sigma_c}{f_c} + \frac{\sigma_b}{f_b} \leqq 1 \tag{5.24}$$

鋼管，正方形箱形断面部材で幅厚比の制限に従うものは，$f_b = f_t$ とできる．

　なお，断面係数の算定にあたり，曲げ引張側のボルト孔による断面欠損を考慮する際には，曲げ材の場合と同様に行う．

■（2）フレーム構成と座屈長さ

　柱材の圧縮座屈長さ L_k は，次にまとめるように，材端の固定方法，横補剛材の間隔，節点の移動の有無により決められる（図5.33）．

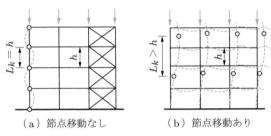

（a）節点移動なし　　　　（b）節点移動あり

図 5.33　柱の座屈長さ

① 軸組内にブレースや耐震壁などがあり，節点の移動が拘束され，かつ材端が梁材で剛に接続している場合は，節点間距離（階高 = h）を採用する．

② 節点移動がなく横補剛材がある場合は，横補剛の間隔をとる．

③ 節点移動がある場合は，圧縮座屈長さは階高より大きくなる．

$$L_k = \gamma h \quad （\gamma：倍率）（付録 2 に示す） \tag{5.25}$$

　また，横座屈長さは梁の場合と同様に，節点間距離，あるいはつなぎ梁がある場合はその間隔をとる．

■（3）柱の設計制限

① 細長比は，柱の耐力計算上，大きくなってもさしつかえない．しかし，施工時の精度確保の難しさ，あるいはたわみが過大となるなどの理由により，細長比が，圧縮材一般について 250 以下，柱について 200 以下となるように設計しなければならない．

② 部材断面は表 2.3 の幅厚比の制限に従う.

③ 支点の座屈補剛部材には，柱圧縮力の 2% の集中力が加わるものとして計算する.

5.2.2 柱の断面算定

柱の断面算定は次式による.

① 圧縮力と曲げモーメントを受ける材

$$\text{圧縮側} \quad \frac{\sigma_c}{f_c} + \frac{c\sigma_b}{f_b} \leqq 1, \qquad \text{引張側} \quad \frac{t\sigma_b - \sigma_c}{f_t} \leqq 1 \tag{5.26}$$

② 引張力と曲げモーメントを受ける材

$$\text{圧縮側} \quad \frac{c\sigma_b - \sigma_t}{f_b} \leqq 1, \qquad \text{引張側} \quad \frac{\sigma_t + t\sigma_b}{f_t} \leqq 1 \tag{5.27}$$

③ 圧縮力と 2 軸曲げを受ける材

図 5.34 のように，一般に柱は 2 軸曲げを受ける.

$$\left.\begin{array}{ll} \text{圧縮側} & \dfrac{\sigma_c}{f_c} + \dfrac{c\sigma_{bx}}{f_{bx}} + \dfrac{c\sigma_{by}}{f_{by}} \leqq 1 \\[2mm] \text{引張側} & \dfrac{t\sigma_{bx} + t\sigma_{by} - \sigma_c}{f_t} \leqq 1 \end{array}\right\} \tag{5.28}$$

④ 引張力と 2 軸曲げを受ける材

$$\left.\begin{array}{ll} \text{圧縮側} & \dfrac{\sigma_t + t\sigma_{bx} + t\sigma_{by}}{f_t} \leqq 1 \\[2mm] \text{引張側} & \dfrac{c\sigma_{cx}}{f_{bx}} + \dfrac{c\sigma_{yx}}{f_{by}} - \dfrac{\sigma_t}{f_b'} \leqq 1 \end{array}\right\} \tag{5.29}$$

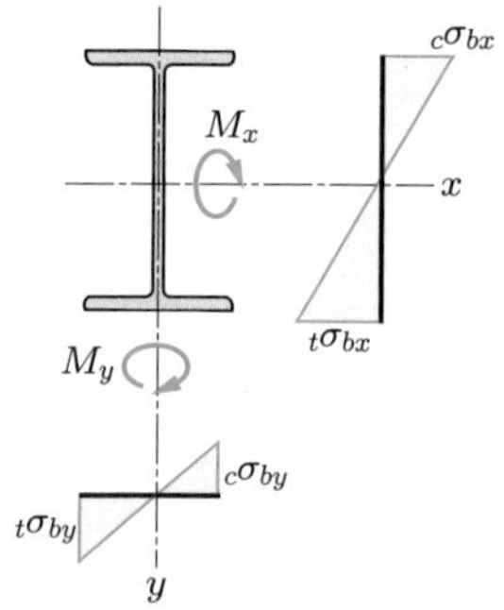

図 5.34　2 軸曲げ応力度

ここに，σ_c：圧縮力 N_c による圧縮応力度，σ_t：引張力 N_t による引張応力度，$c\sigma_b$，$t\sigma_b$：曲げモーメント M による圧縮側および引張側曲げ応力度，$c\sigma_{bx}$，$t\sigma_{bx}$：x 軸回りの曲げモーメント M_x による圧縮側および引張側曲げ応力度，$c\sigma_{by}$，$t\sigma_{by}$：y 軸回りの曲げモーメント M_y による圧縮側および引張側曲げ応力度，f_c：許容圧縮応力度，f_b：許容曲げ応力度，f_t：許容引張応力度，f_{bx}，f_{by}：x 軸および y 軸回りの曲げに対する許容曲げ応力度，f_b'：f_{bx}，f_{by} のうち小さいほうの値である.

■ 例題 5.9 ■ 長期応力として軸圧縮力 $N_c = 300$ [kN]，強軸曲
げ $M_{x1} = 80$ [kN・m]（柱脚），$M_{x2} = -40$ [kN・m]（柱頭）を
受ける柱（座屈長さ $L_k = 4.5$ [m]）を H - 400 × 200 × 8 × 13
（$r = 13$，SN400，$f_t = 156$ [N/mm^2]，図 5.35）で設計せよ．

図 5.35 柱断面

解答 (1) H - 400 × 200 × 8 × 13 の断面性能（付表 3.1 より）

$$F = 235 \ [\text{N/mm}^2], \qquad E = 2.05 \times 10^5 \ [\text{N/mm}^2], \qquad G = 0.790 \times 10^5 \ [\text{N/mm}^2]$$

付表 3.1 より　断面性能：$I_y = 1.740 \times 10^7$ [mm^4]，　　$Z_x = 1.170 \times 10^6$ [mm^3]

$$J = 3.590 \times 10^5 \ [\text{mm}^4], \qquad I_w = 6.510 \times 10^{11} \ [\text{mm}^6], \qquad A = 8337 \ [\text{mm}^2]$$

$$i_x = 168 \ [\text{mm}], \qquad i_y = 45.6 \ [\text{mm}], \qquad Z_x = 1.17 \times 10^6 \ [\text{mm}^3]$$

(2) 幅厚比の検討

フランジプレート

$$\frac{b}{t} = \frac{200/2}{13} = 7.7 < 0.53 \times \sqrt{\frac{2.05 \times 10^5}{235}} = 16 \qquad \therefore \text{OK}$$

ウェブプレート

$$\frac{d}{t} = \frac{400 - 2 \times (13 + 13)}{8} = 43.5 < 1.6 \times \sqrt{\frac{2.05 \times 10^5}{235}} = 48 \qquad \therefore \text{OK}$$

(3) 許容応力度の算定

① 許容圧縮応力度

細長比　$\lambda_x = \dfrac{L_k}{i_x} = \dfrac{4500}{168} = 26.8$，　　$\lambda_y = \dfrac{L_y}{i_y} = \dfrac{4500}{45.6} = 98.7$

$\lambda_x < \lambda_y$ より，$\lambda = \lambda_y = 99$ を用いる．付表 1.1 より，次のようになる．

$$f_c = 87.3 \ [\text{N/mm}^2]$$

② 許容曲げ応力度

$$L_b = 4500 \ [\text{mm}]$$

$$M_2 = 40 \ [\text{kN} \cdot \text{m}], \qquad M_1 = 80 \ [\text{kN} \cdot \text{m}], \qquad \frac{M_2}{M_1} = 0.5$$

式 (2.69) より　$C = 2.35 > 2.3$　　$\therefore C = 2.3$

式 (2.68) より　$M_e = C \cdot M_e = 2.3 \times 4.030 \times 10^8 = 9.269 \times 10^8$ [N・mm^2]

式 (2.59) より　$M_y = 235 \times 1.17 \times 10^6 = 2.750 \times 10^8$ [N・mm]

式 (2.61) より　$\lambda_b = 0.545$，　式 (2.62) より　$_e\lambda_b = 1.29$

式 (2.70) より　$_p\lambda_b = 0.75$，　式 (2.63) より　安全率 $\nu = 1.62$，$\lambda_b < {}_p\lambda_b$ なので，

式 (2.66) より　$f_b = 145.2$ [N/mm^2]

(4) 断面算定

式 (5.22) より $\quad \sigma_c = \dfrac{N_c}{A} = \dfrac{3.0 \times 10^5}{8337} = 36.0 \ [\mathrm{N/mm^2}]$

式 (5.23) より $\quad {}_c\sigma_b = {}_t\sigma_b = \dfrac{M_{\max}}{Z_x} = \dfrac{8.0 \times 10^7}{1.17 \times 10^6} = 68.4 \ [\mathrm{N/mm^2}]$

式 (5.24) より

圧縮側 $\quad \dfrac{\sigma_c}{f_c} + \dfrac{{}_c\sigma_b}{f_b} = \dfrac{36.0}{87.3} + \dfrac{68.4}{145} = 0.88 < 1 \quad \therefore \mathrm{OK}$

引張側 $\quad \dfrac{{}_t\sigma_b - \sigma_c}{f_t} = \dfrac{68.4 - 36.0}{156} = 0.21 < 1 \quad \therefore \mathrm{OK}$

■ 例題 5.10 ■ 図 5.36 に示すように，短
期応力として軸圧縮力 $N_c = 2000 \ [\mathrm{kN}]$,
強軸曲げ $M_{x1} = 300 \ [\mathrm{kN \cdot m}]$, $M_{x2} =$
$-100 \ [\mathrm{kN \cdot m}]$, および弱軸曲げ $M_{y1} =$
$100 \ [\mathrm{kN \cdot m}]$, $M_{y2} = -100 \ [\mathrm{kN \cdot m}]$ を
受ける柱材（座屈長さ $L_b = L_k = 6 \ [\mathrm{m}]$）
を H - $400 \times 400 \times 13 \times 21$ ($r = 22$,
SN490) で設計せよ．材料定数は以下のと
おりとする．

$F = 325 \ [\mathrm{N/mm^2}],$

$E = 2.05 \times 10^5 \ [\mathrm{N/mm^2}]$

$G = 0.790 \times 10^5 \ [\mathrm{N/mm^2}]$

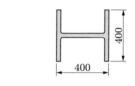

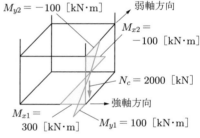

図 5.36 柱の応力

また，H - $400 \times 400 \times 13 \times 21$ の断面性能は付表 3.1 より

$A = 2.187 \times 10^4 \ [\mathrm{mm^2}], \qquad i_x = 175 \ [\mathrm{mm}], \qquad i_y = 101 \ [\mathrm{mm}]$

$Z_x = 3.33 \times 10^6 \ [\mathrm{mm^3}], \qquad Z_y = 1.12 \times 10^6 \ [\mathrm{mm^3}]$

$I_y = 2.240 \times 10^8 \ [\mathrm{mm^4}], \quad J = 2.75 \times 10^6 \ [\mathrm{mm^4}], \quad I_w = 8.040 \times 10^{12} \ [\mathrm{mm^6}]$

解答 (1) 幅厚比の検討

フランジプレート $\quad \dfrac{b}{t} = \dfrac{200}{21} = 9.52 < 0.53 \times \sqrt{\dfrac{2.05 \times 10^5}{325}} = 13 \quad \therefore \mathrm{OK}$

$$\text{ウェブプレート} \quad \frac{d}{t} = \frac{400 - 2 \times (21 + 22)}{13}$$

$$= 24.2 < 1.6 \times \sqrt{\frac{2.05 \times 10^5}{325}} = 40.1 \qquad \therefore \text{OK}$$

(2) 許容応力度の算定

1) 許容引張応力度 f_t

短期応力に対する検討なので $\quad f_t = \dfrac{F}{1.5} \times 1.5 = F = 325 \ [\text{N/mm}^2]$

2) 許容圧縮応力度 f_c

細長比 $\quad \lambda_x = \dfrac{L_k}{i_x} = \dfrac{6000}{175} = 34.3, \qquad \lambda_y = \dfrac{L_k}{i_y} = \dfrac{6000}{101} = 59.4$

$\lambda_x < \lambda_y$ より $\lambda = \lambda_y = 60$ を用いる. 付表 1.2 より $f_c = 161 \ [\text{N/mm}^2]$, 応力は短期なので,

$$f_c = 1.61 \times 1.5 = 242 \ [\text{N/mm}^2]$$

3) 強軸方向許容曲げ応力度 f_{bx}

$M_2 = 100 \ [\text{kN} \cdot \text{m}], \qquad M_1 = 300 \ [\text{kN} \cdot \text{m}], \qquad \dfrac{M_2}{M_1} = 0.3333$

式 (2.69) より $\quad C = 2.133$

式 (2.68) より $\quad M_e = 6.191 \times 10^9 \ [\text{N} \cdot \text{mm}]$

式 (2.59) より $\quad M_y = 1.082 \times 10^9 \ [\text{N} \cdot \text{mm}]$

式 (2.61) より $\quad \lambda_b = 0.418, \qquad$ 式 (2.62) より $\quad {}_e\lambda_b = 1.29$

式 (2.70) より $\quad {}_p\lambda_b = 0.7, \qquad$ 式 (2.63) より $\quad$ 安全率 $\nu = 1.57 \ (\lambda_b < {}_p\lambda_b)$

したがって,

式 (2.66) より $\quad f_{bx} = 207 \ [\text{N/mm}^2]$

短期なので,

$$f_{bx} = 207 \times 1.5 = 310.5 \ [\text{N/mm}^2] \quad \rightarrow \quad 310 \ [\text{N/mm}^2]$$

4) 弱軸方向許容曲げ応力度 f_{by}

弱軸曲げの場合, 横座屈の恐れはないため, 次のようになる.

$$f_{by} = f_t = 325 \ [\text{N/mm}^2] \ (短期)$$

(3) 断面算定

式 (5.22) より $\quad \sigma_c = \dfrac{N_c}{A} = \dfrac{2000 \times 10^3}{2.187 \times 10^4} = 91.4 \ [\text{N/mm}^2]$

式 (5.22) より $\quad {}_c\sigma_{bx} = {}_t\sigma_{bx} = \dfrac{M_{x\,\text{max}}}{Z_x} = \dfrac{300 \times 10^6}{3.33 \times 10^6} = 90.1 \ [\text{N/mm}^2]$

$${}_c\sigma_{by} = {}_t\sigma_{by} = \dfrac{M_{y\,\text{max}}}{Z_y} = \dfrac{100 \times 10^6}{1.12 \times 10^6} = 89.3 \ [\text{N/mm}^2]$$

式 (5.28) より

圧縮側　$\dfrac{\sigma_c}{f_c} + \dfrac{c\sigma_{bx}}{f_{bx}} + \dfrac{c\sigma_{by}}{f_{by}} = \dfrac{91.4}{242} + \dfrac{90.1}{325} + \dfrac{89.3}{310} = 0.94 < 1$　　$\therefore$ OK

引張側　$\dfrac{t\sigma_{bx} + t\sigma_{by} - \sigma_c}{f_t} = \dfrac{90.1 + 89.3 - 91.4}{325} = 0.27 < 1$　　$\therefore$ OK

■ 例題 5.11 ■ 第 7 章の設計例における 2 階 Y2 - X3 通りの柱 C_{1A} の脚部を検討せよ．ただし，柱長さ $h = 3.85$ [m] である．この柱の応力状態は表 7.7，図 7.7，7.8 より，表 5.1 および図 5.37 のとおりとする．なお，第 7 章では地震時の軸力一覧を省略しているが，この柱の地震時の軸力は，それぞれ入力に対して，x 方向は $\pm 12\,\text{kN}$，y 方向は

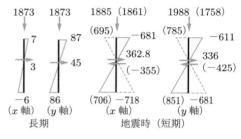

図 5.37　2 階 Y2–X3 通り柱の応力（[kN] または [kN $\cdot$ m]）（図 7.7～7.9 より）

$\pm 115\,\text{kN}$ と計算されている．この柱は表 7.5 にあるとおり，□ - $450 \times 450 \times 25 \times 100$ の BCP325 材である．断面性能は同じく表 7.5 より次のとおりとする．

$$A = 387 \times 10^2 \ [\text{mm}^2], \qquad Z_x = Z_y = 4850 \times 10^3 \ [\text{mm}^3],$$

$$i_x = i_y = 168 \ [\text{mm}], \qquad I = 109 \times 10^7 \ [\text{mm}^4]$$

表 5.1　2 階 Y2 - X3 通りの柱 C_{1A} の脚部の応力

設計応力	長期		短期（地震時）	
	x	y	x	y
N [kN]	1873		$1873 \pm 12 = 1885,\ 1861$	$1873 \pm 115 = 1988,\ 1758$
M [kN $\cdot$ m]	-6	86	$-6 \pm 712 = -718,\ 706$	$86 \pm 767 = -681,\ 851$
Q [kN]	3	-45	$3 \pm 358 = 362,\ -355$	$-45 \pm 381 = 336,\ -425$

解答　(1) 圧縮応力度

1) ラーメン柱の座屈長さ L_k は付録 2 により求める．ラーメンの断面を図 5.38 に示す．
x 方向：（Y2 通り）

$$G_A = \frac{109 \times 10^7/(3.85 \times 10^3) + 92 \times 10^7/(3.80 \times 10^3)}{108 \times 10^7/(5.4 \times 10^3) \times 2} = 1.31$$

$$G_B = \frac{109 \times 10^7/(3.85 \times 10^3) + 109 \times 10^4/(3.98 \times 10^3)}{174 \times 10^7/(5.4 \times 10^3) \times 2} = 0.864$$

付図 2.3 より　$\gamma = 1.35$

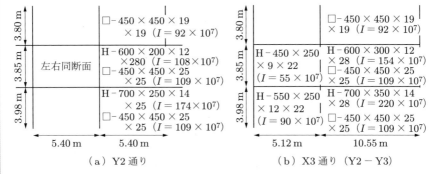

図 5.38 断面一覧図（I [mm^4]）

y 方向：（X3 通り）

$$G_\mathrm{A} = \frac{109 \times 10^7/(3.85 \times 10^3) + 92 \times 10^7/(3.80 \times 10^3)}{55 \times 10^7/(5.1 \times 10^3) + 154 \times 10^7/(10.55 \times 10^3)} = 2.07$$

$$G_\mathrm{B} = \frac{109 \times 10^7/(3.85 \times 10^3) + 109 \times 10^7/(3.98 \times 10^3)}{90 \times 10^7/(5.1 \times 10^3) + 220 \times 10^7/(10.55 \times 10^3)} = 1.45$$

付図 2.3 より　$\gamma = 1.51 > 1.35$,　　$L_{ky} = 1.51 \times 3.85 = 5.81$ [m]

2) 長期　$L_k = 5.81$ [m],　　$\lambda_x = \dfrac{5.81 \times 10^2}{16.8} = 34.6$

付表 1.2 より　$f_c = 196$ [N/mm^2]

x, y 方向とも

$$\sigma_c = \frac{1.873 \times 10^6}{3.874 \times 10^4} = 48.3 \ [\text{N/mm}^2], \qquad \frac{\sigma_c}{f_c} = \frac{48.3}{196} = 0.246$$

3) 短期

$$f_c = 196 \times 1.5 = 294 \ [\text{N/mm}^2]$$

x 方向　$\sigma_c = \dfrac{1.885 \times 10^6}{3.874 \times 10^4} = 48.7 \ [\text{N/mm}^2]$,　　$\dfrac{\sigma_c}{f_c} = \dfrac{48.7}{294} = 0.166$

$\sigma_c = \dfrac{1.861 \times 10^6}{3.874 \times 10^4} = 48.0 \ [\text{N/mm}^2]$,　　$\dfrac{\sigma_c}{f_c} = \dfrac{48.0}{294} = 0.163$

y 方向　$\sigma_c = \dfrac{1.988 \times 10^6}{3.874 \times 10^4} = 51.3 \ [\text{N/mm}^2]$,　　$\dfrac{\sigma_c}{f_c} = \dfrac{51.3}{294} = 0.174$

$\sigma_c = \dfrac{1.758 \times 10^6}{3.874 \times 10^4} = 45.4 \ [\text{N/mm}^2]$,　　$\dfrac{\sigma_c}{f_c} = \dfrac{45.4}{294} = 0.154$

(2) 曲げ応力度

1) 長期　正方形角形鋼管であり，式 (5.1) より $f_b = f_t$ とする．

∴ $f_b = 216$ [N/mm^2]

x 方向 $\sigma_b = \dfrac{6 \times 10^6}{4.8505 \times 10^6} = 1.2 \ [\text{N/mm}^2]$, $\dfrac{\sigma_b}{f_b} = \dfrac{1.2}{216} = 0.006$

y 方向 $\sigma_b = \dfrac{87 \times 10^6}{4.8505 \times 10^6} = 17.9 \ [\text{N/mm}^2]$, $\dfrac{\sigma_b}{f_b} = \dfrac{17.9}{216} = 0.083$

2) 短期 $f_b = 216 \times 1.5 = 324 \ [\text{N/mm}^2]$

x 方向 $\sigma_b = \dfrac{718 \times 10^6}{4.8505 \times 10^6} = 148 \ [\text{N/mm}^2]$, $\dfrac{\sigma_b}{f_b} = \dfrac{148}{324} = 0.456$

$\sigma_b = \dfrac{706 \times 10^6}{4.8505 \times 10^6} = 146 \ [\text{N/mm}^2]$, $\dfrac{\sigma_b}{f_b} = \dfrac{146}{324} = 0.451$

y 方向 $\sigma_b = \dfrac{681 \times 10^6}{4.8505 \times 10^6} = 140 \ [\text{N/mm}^2]$, $\dfrac{\sigma_b}{f_b} = \dfrac{140}{324} = 0.432$

$\sigma_b = \dfrac{851 \times 10^6}{4.8505 \times 10^6} = 175 \ [\text{N/mm}^2]$, $\dfrac{\sigma_b}{f_b} = \dfrac{175}{324} = 0.540$

(3) 組み合わせ応力の検討

式 (5.24) を用いる.

1) 長期

x 方向 $= 0.246 + 0.006 = 0.252 < 1$ $\therefore$ OK

y 方向 $= 0.246 + 0.083 = 0.329 < 1$ $\therefore$ OK

2) 短期

x 方向 $= 0.166 + 0.456 = 0.622 < 1$, $0.163 + 0.451 = 0.614 < 1$ $\therefore$ OK

y 方向 $= 0.174 + 0.432 = 0.606 < 1$, $0.154 + 0.540 = 0.694 < 1$ $\therefore$ OK

(4) せん断力の検討

式 (5.8) より $A_w = (450 - 2 \times 25) \times 25 \times 2 = 20000 \ [\text{mm}^2]$

1) 長期 $f_s = 125 \ [\text{N/mm}^2]$

x 方向 $\tau = \dfrac{3 \times 10^3}{20000} = 0.15 \ [\text{N/mm}^2]$, $\dfrac{\tau}{f_s} = \dfrac{0.15}{125} = 0.0012 < 1$ $\therefore$ OK

y 方向 $\tau = \dfrac{45 \times 10^3}{20000} = 2.25 \ [\text{N/mm}^2]$, $\dfrac{\tau}{f_s} = \dfrac{2.25}{125} = 0.018 < 1$ $\therefore$ OK

2) 短期 $f_s = 125 \times 1.5 = 187.5 \ [\text{N/mm}^2]$

x 方向 $\tau = \dfrac{362 \times 10^3}{20000} = 18.1 \ [\text{N/mm}^2]$, $\dfrac{\tau}{f_s} = \dfrac{18.1}{187.5} = 0.096 < 1$ $\therefore$ OK

$\tau = \dfrac{355 \times 10^3}{20000} = 17.8 \ [\text{N/mm}^2]$, $\dfrac{\tau}{f_s} = \dfrac{17.8}{187.5} = 0.095 < 1$ $\therefore$ OK

y 方向 $\tau = \dfrac{336 \times 10^3}{20000} = 16.8 \, [\text{N/mm}^2]$, $\dfrac{\tau}{f_s} = \dfrac{16.8}{187.5} = 0.089 < 1$ OK

$\tau = \dfrac{425 \times 10^3}{20000} = 21.2 \, [\text{N/mm}^2]$, $\dfrac{\tau}{f_s} = \dfrac{21.2}{187.5} = 0.114 < 1$ $\therefore$ OK

(5) せん断力に関する組み合わせ応力の検討

長期，短期とも応力が小さく，断面に十分余裕があるので検討を省略する．

5.2.3 柱の塑性化と全塑性モーメント

軸方向力 N と曲げモーメントを同時に受ける柱材では，軸方向力の大きさによって全塑性モーメント M_p の値は低下し，中立軸も移動する．また軸力を考慮した全塑性曲げ耐力 M_{pc} は圧縮と曲げの相関曲線で表され，中立軸の位置（ウェブにある場合とフランジにある場合）に対応して相関式も異なる．

H 形断面柱および角形鋼管柱については，次式のとおりに与えられる（「鋼構造塑性設計指針」[2] 参照）．ここに，A：全断面積，$N_y = A\sigma_y$ である．

■ **（1）強軸曲げを受ける H 形断面柱，角形鋼管柱**

中立軸がウェブ内にある場合 $\left[\dfrac{N}{N_y} \leqq \dfrac{A_w}{A} \right]$

$$\frac{M_{pc}}{M_p} + \frac{A^2}{(4A_f + A_w)A_w} \left(\frac{N}{N_y} \right)^2 = 1 \tag{5.30}$$

中立軸がフランジ内にある場合 $\left[\dfrac{N}{N_y} > \dfrac{A_w}{A} \right]$

$$\frac{4A_f + A_w}{2A} \left(\frac{M_{pc}}{M_p} \right) + \frac{N}{N_y} = 1 \tag{5.31}$$

式 (5.31) のほうが適応範囲が広く，軸力の小さい範囲では低下が少ないことから簡略的に設計式としてこの直線式を用いることが多く，ここでもこの式を用いる．さらに，

$$\frac{2A}{4A_f + A_w} \tag{5.32}$$

については，断面形の実用的な範囲を近似した数値を用いる．

結局，強軸回りに曲げを受ける H 形断面柱および角形鋼管柱については次式で表される．

$$\frac{N}{N_y} \leqq 0.125 : M_{pc} = M_p \quad (5.33)$$

$$\frac{N}{N_y} > 0.125 :$$

$$M_{pc} = 1.14 \left(1 - \frac{N}{N_y}\right) M_p$$

$$(5.34)$$

ここに, N : 軸力, N_y : 降伏軸力である. 式 (5.33),
(5.34) を図示すると図 5.39 のようになる.

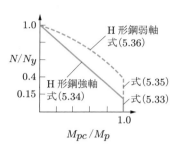

図 5.39　$N/N_y - M_{pc}/M_p$

■（2）弱軸曲げを受けるH形断面柱

弱軸回りに曲げを受ける場合も同様に考えられ, 次式で算定する.

$$\frac{N}{N_y} \leqq \frac{A_w}{A} : M_{pc} = M_p \tag{5.35}$$

$$\frac{N}{N_y} > \frac{A_w}{A} : M_{pc} = 1 - \left(\frac{N - N_{wy}}{N_y - N_{wy}}\right)^2 M_p \tag{5.36}$$

ただし, $A_w = (H - 2t_f)t_w, \qquad N_{wy} = A_w \sigma_y$

■（3）円形鋼管柱

円形鋼管柱に対しては, 全塑性曲げ耐力 M_{pc} は次式で表される.

$$\frac{M_{pc}}{M_p} = \cos\left(\frac{\pi}{2} \cdot \frac{N}{N_y}\right) \tag{5.37}$$

ただし, 円形鋼管の全塑性曲げ耐力 M_p は次式で表される.

$$M_p = \frac{4}{3} D^3 \left\{ 1 - \left(1 - \frac{t}{D}\right)^3 \right\} F \tag{5.38}$$

ここに, D : 円形鋼管の外径, t : 円形鋼管の管厚である.

設計式としては, H 形断面と同様に直線近似した次式を用いる.

$$\frac{N}{N_y} \leqq 0.2 : M_{pc} = M_p \tag{5.39}$$

$$\frac{N}{N_y} > 0.2 : M_{pc} = 1.25 \left(1 - \frac{N}{N_y}\right) M_p \tag{5.40}$$

■ 例題 5.12 ■ 第 7 章の設計例で使用されている図 5.40 の角形鋼管柱：□ - 450 × 450 × 25 × 100，BCP325 の全塑性モーメントを求めよ．軸力 $N = 3460$ [kN] とする．また，柱の断面性能は表 7.5 を参照し，断面積 $A = 3.874 \times 10^4$ [mm²] とする．降伏応力度は $\sigma_y = 325$ [N/mm²] とする．

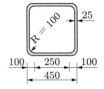

図 5.40 角形鋼管柱の形状

解答 まず，式 (5.14) より塑性断面係数 Z_p を求める．

$$A_w = 2 \times (450 - 2 \times 25) \times 25 = 2.0 \times 10^4 \ [\text{mm}^2]$$

$$A_f = \frac{3.874 \times 10^4 - 2.0 \times 10^4}{2} = 0.937 \times 10^4 \ [\text{mm}^2]$$

$$Z_p = 0.937 \times 10^4 (450 - 25) + \frac{2.0 \times 10^4 (450 - 2 \times 25)}{4} = 5982 \times 10^3 \ [\text{mm}^3]$$

さらに，

式 (5.12) より　$M_p = 325 \times 5982 \times 10^3 = 1944 \times 10^6 \ [\text{N} \cdot \text{mm}] = 1944 \ [\text{kN} \cdot \text{m}]$

また，$N_y = \sigma_y A = 325 \times 3.874 \times 10^4 = 1.259 \times 10^4 \ [\text{kN}]$

したがって，$\dfrac{N}{N_y} = 0.275 < \dfrac{A_w}{A} = 0.516$ である．

全塑性モーメント M_{pc} は式 (5.30) より次のようになる．

$$\begin{aligned} M_{pc} &= \left\{ 1 - \frac{A^2}{(4A_f + A_w)A_w} \left(\frac{N}{N_y} \right)^2 \right\} M_p \\ &= \left\{ 1 - \frac{(3.874 \times 10^4)^2}{(4 \times 0.937 \times 10^4 + 2.0 \times 10^4) \times 2.0 \times 10^4} \times 0.275^2 \right\} \times 1944 \times 10^6 \\ &= 1752 \times 10^6 \ [\text{N} \cdot \text{mm}] = 1752 \ [\text{kN} \cdot \text{m}] \end{aligned}$$

一方，$N/N_y = 0.275 > 0.125$ より，M_{pc} は式 (5.34) を使えば，

$$M_{pc} = 1.14 \times (1 - 0.275) \times 1944 \times 10^6 = 1606 \times 10^6 \ [\text{N} \cdot \text{mm}] = 1606 \ [\text{kN} \cdot \text{m}]$$

とも計算される．

5.3 ブレースの設計

5.3.1 軸組ブレースの変形と剛性の計算

　ブレースを配置するとフレームの水平剛性は非常に大きくなり，ラーメンの水平応力の大半を負担する．そのとき，ブレースを有するフレーム（ブレースフレーム）は，ブレース材の伸縮によりせん断変形を生じる．一方，柱部材も大きな軸方向力により伸縮をして，梁材は傾くように変形し，フレーム全体は曲げ変形を生じる．この曲げ変形は，図 5.41 に示すような連層ブレースの場合には，上層では隣接する境

界梁に対して影響が大きい．ブレースフレームの
剛性は，ブレースの伸縮によるフレームのせん断変
形のみを考えた場合，以下のように略算できる．

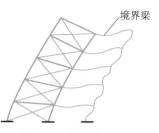

図 5.41　連層ブレース

図 5.42 において，水平力 P によって，ブレース
には軸力 $N\ (= P/\cos\theta)$ が生じ，ブレースの軸変
形 δ_B は次式で表される．

$$\delta_B = \frac{NL_B}{EA_B} \qquad (5.41)$$

ここに，E：鋼材のヤング係数，A_B：ブレースの断
面積である．

したがって，フレームの水平変位 δ は $\delta = \delta_B/\cos\theta$
であるから，水平剛性 K は次式となる．

$$K = \frac{P}{\delta} = \left(\frac{EA_B}{L_B}\right)\cos^2\theta \qquad (5.42)$$

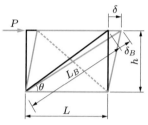

図 5.42　ブレースの水平剛性

なお，連層ブレースの場合は，曲げ変形の影響も考慮しなければならない．

5.3.2　許容応力度設計による断面算定

許容応力度設計では，暴風時，あるいは地震時の応力の大きい場合について，断
面算定を行う．なお，地震の場合は，これまでの被害の経験から，地震力を 1.5 倍
に割増しする（「建設省告示第 1791 号第 1」）．

引張ブレース断面は，2.1 節で示したように算定する．また，ボルト配置は表 3.1～
3.3 をふまえて決定する．

5.3.3　ブレースと柱梁との接合部の設計

ブレースの接合には次の方法がある．

① 柱および梁に溶接されたガセットプレートに高力ボルトで接合する（図 5.43
(a)）．

② ブレース部材を三つに分け，その材端部を工場であらかじめ柱および梁に溶
接し，部材中間に継手を設け，現場で高力ボルト接合する．これは部材が大き
い場合の運搬や，組立に都合がよい（図 5.43(b)）．

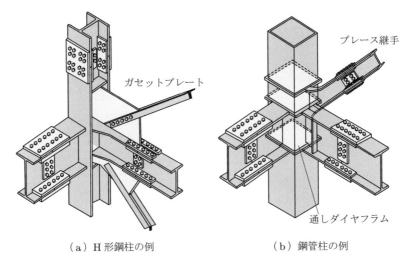

（a）H 形鋼柱の例　　　　　（b）鋼管柱の例

図 5.43　ブレース接合部

5.3.4　軸組ブレースの保有耐力設計

　大地震時において，崩壊に至らないようにするためには，ブレース軸部が降伏して大きな伸びを生じるまで，接合部で破断しないようにする必要がある（耐震規定の検討，「建設省告示第 1791 号第 1」）．そのためには，接合部の破壊形式に応じて，軸部の降伏引張力 P_{un} と接合部の破断耐力 P_u について以下の検討を行う．なお，P_{un} は次式で表される．

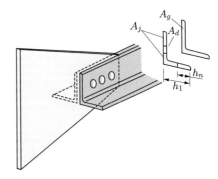

図 5.44　有効断面積

$$P_{un} = \alpha A_g F \qquad (5.43)$$

ここに，A_g：軸部の全断面積（図 5.44），
F：ブレース材の基準強度，α：塑性領域を大きくして十分なエネルギー吸収を確保するために必要な値であり，「鋼構造接合部設計指針」[6] などによって定める．たとえば，SN400B であれば 1.15 もしくは 1.20 とされる．

（a）ブレース材が破断する場合（図 5.45（a））

$$P_u = A_j \sigma_B \geqq P_{un} \qquad (5.44)$$

ここに，A_j：有効断面積（山形鋼ブレースについては $A_j = A_g - A_d - h_n t$ とする（図 5.44）．なお，組立引張材（図 2.2）の場合は値を 2 倍にすること），A_d：孔に

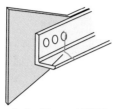

（a）ブレース材破断

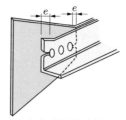

（b）端空き破断

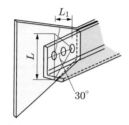

（c）ガセットプレート破断

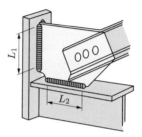

（d）ガセットプレート溶接部破断

図 5.45 破断形式

表 5.2 突出脚の無効長さ h_n[8]

鋼種	応力方向のボルト本数 n				
	1	2	3	4	5
山形鋼	$h_1 - t$	$0.7h_1$	$0.5h_1$	$0.33h_1$	$0.25h_1$
溝形鋼	$h_1 - t$	$0.7h_1$	$0.4h_1$	$0.25h_1$	$0.2h_1$

注）h_1：部材の突出脚の高さ，t：突出脚の板厚

よる欠損断面積，h_n：表 5.2 に示す突出脚の無効長さ，σ_B：ブレース材の引張強さ
（SN400：400 N/mm^2，SN490：490 N/mm^2）である．

（b）ボルトがせん断破断する場合

$$P_u = A_j \sigma_{fB} \geqq P_{un} \tag{5.45}$$

ただし，$A_j =$ 軸断面（表 3.5）× せん断面数 m' × ボルト本数 n

$$\sigma_{fB} = 0.6_B\sigma_B$$

ここに，$_B\sigma_B$：ボルトの破断強度（表 3.4）である．

（c）ボルトの端空きで破断する場合（図 5.45(b)）（ブレースとガセットプレート
のうち，小さいほうの値）

$$P_u = A_j \sigma_B \geqq P_{un} \tag{5.46}$$

ただし，$A_j = etnm_b$

ここに，e：端空き距離，t：板厚，n：ボルト本数，m_b：部材数（組立引張材（図2.2）のブレースについて計算する場合は $m_b = 2$ とする）である．

（d）ガセットプレートが破断する場合（図5.45(c)）

$$P_u = A_j\sigma_B \geqq P_{un} \tag{5.47}$$

ここに，A_j：有効なガセットプレート断面積（$= Lt - A_d$，$L = 2L_1/\sqrt{3}$），A_d：応力方向のボルト孔欠損断面積，t：板厚，L_1：応力方向の1番目と最後のボルト間距離である．

（e）ガセットプレート溶接部が破断する場合（図5.45(d)）

完全溶込み溶接が好ましいが隅肉溶接の場合は，次式により P_u を計算する．

$$P_u = A_j\sigma_{fB} \geqq P_{un} \tag{5.48}$$

ただし，$A_j = \sum(0.7sL)$

ここに，s：サイズ，L：溶接の有効長さ，$\sigma_{fB} = \sigma_B/\sqrt{3}$ である．

■ 例題5.13 ■ 図4.10のような体育館における軸組ブレース接合部を図5.46のように仮定した．このブレースの地震時の検討をせよ．ブレースは2L-75×75×6（SN400）とし，高力ボルトはM16 F10Tをブレース軸方向に4本配置している（孔径 $d = 18$ [mm]）．なお，L-75×75×6の断面積は付表3.2より872.7mm²であり，使用するボルトの長期二面せん断耐力は表3.4より60.3kNである．また，水平力 $P = 93.2$ [kN] とする．

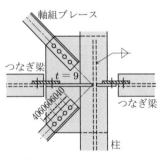

図5.46 ブレース接合部

解答 (1) ブレースの応力

ブレース応力は，軸組を引張斜材のみ有効なトラス（図5.47）に置き換えて計算する．

$$\text{ブレース角度} = \tan^{-1}\frac{5\ [\text{m}]}{4\ [\text{m}]} = 51.3°,$$

$$T_1 = T_2 = \frac{93.2}{\cos 51.3°} = 149.1\ [\text{kN}]$$

(2) 接合部の検討

短期の検討なので，許容引張応力度は式(2.7)に基づき，

$$f_t = \frac{F}{1.5} \times 1.5 = 235\ [\text{N/mm}^2]$$

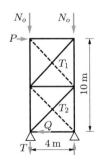

図5.47 ブレースの応力

一方，ブレースの有効断面積 A_e は式 (2.8) より，次のようになる．

$$A_e = (872.7 - 18 \times 6) \times 2 = 1529 \,[\mathrm{mm}^2]$$

したがって，引張応力度 σ_t は次のようになる．

式 (2.6) より　$\sigma_t = \dfrac{149.1 \times 10^3}{1529} = 97.5 < f_t = 235 \,[\mathrm{N/mm}^2]$　　∴ OK

(3) ボルト本数

短期の検討のため，ボルト1本あたりの許容せん断耐力は $60.3\,[\mathrm{kN}] \times 1.5 = 90.5\,[\mathrm{kN}]$ となる．

$$n = \frac{149.1}{90.5} = 1.6 < 4 \,[本]　　∴ OK$$

■ 例題 5.14 ■ 例題 5.13 における体育館のブレース断面について，耐震規定の検討を行え．なお，ここでは破断の仕方に関係なく，$\alpha = 1.2$ とする．

解答　(1) 断面の仮定（図 5.48）

部材：2L - 75 × 75 × 6　($a = 872.7 \times 2\,[\mathrm{mm}^2]$)

　　SN400　($F = 235\,[\mathrm{N/mm}^2]$,

　　　$\sigma_B = 400\,[\mathrm{N/mm}^2]$),

　　ボルト：F10T，M16（孔径 18 mm,

　　$_B\sigma_B = 1000\,[\mathrm{N/mm}^2]$）

　　ガセットプレート（$t = 9\,[\mathrm{mm}]$）：SN400

　　　($F = 235\,[\mathrm{N/mm}^2]$,　$\sigma_B = 400\,[\mathrm{N/mm}^2]$)

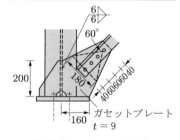

図 5.48　ブレース接合部

式 (5.43) より　$P_{un} = 1.2 \times 872.7 \times 2 \times 235 = 4.92 \times 10^5\,[\mathrm{N}] = 492\,[\mathrm{kN}]$

(2) ブレース材が破断する場合

孔による欠損断面積：$A_d = 18 \times 6 = 108\,[\mathrm{mm}^2]$

山形鋼の有効断面積は，表 5.1 より，突出部の無効断面の控除（ボルト4本の場合，突出部の 33% 無効）を行う．

有効断面積　$A_j = (A_g - A_d - 0.33ht) \times 2$

　　　　　　　　$= (872.7 - 108 - 0.33 \times 75 \times 6) \times 2 = 1232\,[\mathrm{mm}^2]$

式 (5.44) より　$P_u = 1232 \times 400 = 4.93 \times 10^5 > P_{un} = 4.92 \times 10^5\,[\mathrm{N}]$　　∴ OK

(3) ボルトが破断する場合

$A_j =$ 軸断面積（表 3.5）× せん断面数 m_b × ボルト本数 n

　　$= 201 \times 2 \times 4 = 1608\,[\mathrm{mm}^2]$

$_f\sigma_B = 0.6_B\sigma_B = 0.6 \times 1000 = 600\,[\mathrm{N/mm}^2]$

式 (5.45) より　$P_u = 1608 \times 600 = 9.65 \times 10^5 > P_{un} = 4.92 \times 10^5 \ [\text{N}]$　　∴ OK

(4) ボルトの端空きで破断する場合

ブレース材（端空き距離 $e = 40 \ [\text{mm}]$, 板厚 $t = 6 \ [\text{mm}]$, $n = 4 \ [\text{本}]$, 部材数 $m = 2$）

$$A_j = etnm = 40 \times 6 \times 4 \times 2 = 1920 \ [\text{mm}^2]$$

式 (5.46) より　$P_u = 1920 \times 400 = 7.68 \times 10^5 > P_{un} = 4.92 \times 10^5 \ [\text{N}]$　　∴ OK

ガセットプレート（端空き距離 $e = 40 \ [\text{mm}]$, 板厚 $t = 9 [\text{mm}]$, $n = 4 \ [\text{本}]$, $m = 1$）

$$A_j = etnm = 40 \times 9 \times 4 \times 1 = 1440 \ [\text{mm}^2]$$

式 (5.46) より　$P_u = 1440 \times 400$
$$= 5.76 \times 10^5 > P_{un} = 4.92 \times 10^5 \ [\text{N}]　　∴ \text{OK}$$

(5) ガセットプレートが破断する場合

L_1：応力方向の 1 番目と最後のボルト間距離（$= 60 \times 3 = 180 \ [\text{mm}]$），

　　$t = 9 \ [\text{mm}]$

A_d：応力方向のボルト孔欠損断面積（$= 18 \times 9 = 162 \ [\text{mm}^2]$）

A_j：有効なガセットプレート断面積

$$= \frac{2}{\sqrt{3}} L_1 t - A_d = \frac{2}{\sqrt{3}} \times 180 \times 9 - 162 = 1709 \ [\text{mm}^2]$$

式 (5.47) より　$P_u = 1709 \times 400$
$$= 6.84 \times 10^5 > P_{un} = 4.92 \times 10^5 \ [\text{N}]　　∴ \text{OK}$$

(6) ガセットプレート溶接部が破断する場合

隅肉溶接の場合 s：サイズ（$= 6 \ [\text{mm}]$），スカラップ：30 mm

L：溶接の有効長さ（$= (200 - 30 - 6 \times 2) + (160 - 30 - 6 \times 2) = 276 \ [\text{mm}]$）

$$_f\sigma_B = \frac{1}{\sqrt{3}} \sigma_B = \frac{1}{\sqrt{3}} \times 400 = 231 \ [\text{N/mm}^2]$$

$$A_j = \sum (0.7S \cdot L) = 0.7 \times 6 \times 276 \times 2 = 2318 \ [\text{mm}^2]$$

式 (5.48) より　$P_u = 2318 \times 231$
$$= 5.35 \times 10^5 > P_{un} = 4.92 \times 10^5 \ [\text{N}]　　∴ \text{OK}$$

継手，柱梁接合部，柱脚

第6章

6.1　梁・柱の継手と柱梁接合部の基本 ·······················

6.1.1　継手・柱梁接合部設計の基本

継手，柱梁接合部の設計では，次の (1) から (5) に留意する必要がある．

■（1）継手における剛性の連続性

応力解析においては，部材断面は一様（剛性の連続性）であるという仮定に基づいている．したがって，継手部分においても存在応力度に関係なく継手板厚を母材断面と同様にするなど**剛性の連続性**を保つようにする．

■（2）柱梁接合部における剛接合

設計において柱梁接合部は変形しないものと仮定するので，強度だけでなく剛性も確保する．

■（3）設計応力

（a）存在応力に対する許容応力度設計　　想定荷重時の応力解析で求めた継手位置に存在する応力度が，許容応力度以下になるようにする．ただし，存在応力が母材耐力の 1/2 を下回らないことが条件となる．

（b）部材の連続性のための全強設計　　被接合部材の強度（許容応力度）と同等の応力が継手に作用すると想定する．これによると，応力度の小さい箇所では過大な接合となる不利な面もあるが，以下のような利点が多くあるので慣用的によく用いられる．

    ① 剛性の連続につながる．

    ② 不測の応力に対して安全である．

    ③ 部材断面に応じて接合部のディテールが決まるため，マニュアル化できる．

■（4）大地震時の靱性能確保のための保有耐力接合

大地震時に崩壊を免れるためには，部材が大きく塑性変形するまでボルトが破断したり，部材が局部座屈したりしないようにする必要がある．そのため，塑性化が予想される部材端部付近の靱性能を確保するように設計する．これを**保有耐力接合**という．

■（5）設計耐力を確保するための構造制限

設計耐力を確保するためには，計算し尽くせないさまざまな条件を満足させることが必要である．また，接合ボルトの材料の欠陥や，施工時の精度のばらつき，施工時の荷重などのリスクにも対応する必要がある．なお，構造制限については第3章で述べた．

6.1.2　柱梁接合部形式とスカラップ，裏当て金

柱梁接合部梁端などでの完全溶込み溶接部分では，溶接作業のためウェブ部分を一部切り欠いた**スカラップ**を設けることがよく行われる．しかし，このスカラップは，1995年の阪神大震災の経験からも，その形状が悪いと，これが部材の欠陥となり，写真6.1のように，脆性破壊につながる恐れがあることがわかっている．そこで現在では，図6.1，6.2のような形状が推奨されている．

なお，溶接下部に**裏当て金**を用いると，裏当て金面での溶接部に欠陥が生じることがあるので，反対側からもガウジング（溝状に彫り込むこと）して溶接を行う**ガウジング形式**も用いられている．また，スカラップを設けず，ウェブのフィレット形

写真6.1　地震被害（スカラップからのクラック）
［提供：（株）フジタ］

状に合わせて作られた裏当て金を用いる**ノンスカラップ工法**も普及してきている．

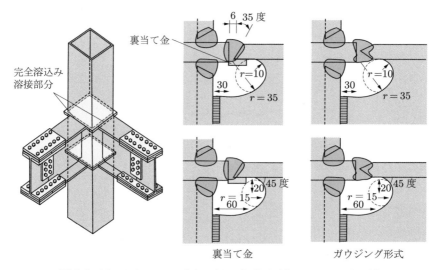

図6.1 通しダイヤフラム形式，または梁貫通形式のスカラップの形状

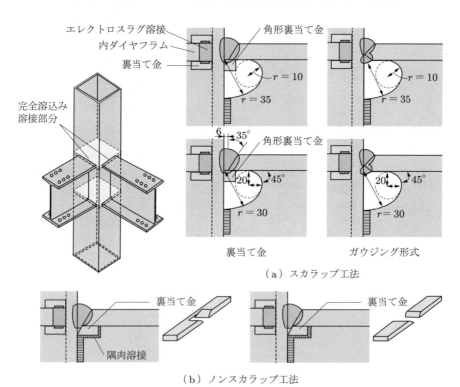

図6.2 柱貫通形式（鋼管柱の場合は内ダイヤフラム形式）のスカラップ工法

6.2 継手の設計 ・・・

6.2.1 梁継手

■（1）設計応力

継手の設計応力としては，次の二つの場合が適宜用いられる．

　① 存在応力を採用する．

　② 母材耐力と同等の耐力を採用する（全強設計）．

母材耐力と同等の曲げ耐力，あるいはせん断耐力を想定する．

（a）曲げ耐力

$$M = Z f_t \tag{6.1}$$

（b）せん断耐力　梁ではせん断降伏の前に両端部の曲げ降伏が先行する傾向にあることをふまえて，両端部が曲げ降伏したときのせん断力をせん断耐力 Q_w とする．すなわち，次式となる．

$$Q_w = \frac{2M}{L'} + Q_0 \tag{6.2}$$

ここに，L'：梁の内法寸法，Q_0：梁のせん断力（存在応力）である．

■（2）高力ボルトで接合する場合

算定法には，次のような精算法と略算法がある．

（a）精算法　ウェブせいが大きく，多くのボルトで剛に接合される場合は，設計曲げモーメント M はフランジとウェブに分担される（$M = M_f + M_w$）とみなす．また，せん断力 Q は，ウェブ部分ですべて負担されるものとする．M の分担は次式による（図 6.3(a)）．

$$M_w = \varphi \frac{I_w}{I} M, \qquad M_f = M - M_w \tag{6.3}$$

$$\text{ただし，} \ I_w = \frac{(H - 2t_f)^3 t_w}{12}, \qquad \varphi = 0.4 \tag{6.4}$$

① フランジ部分　フランジ部分に働く応力 N_f は，

$$N_f = \frac{M_f}{h} \tag{6.5}$$

$$\text{ただし，} \ h = H - t_f$$

となり，必要なボルト本数 n_f は次式で検討する．

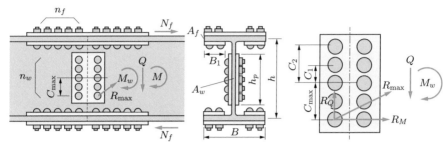

（a）梁継手の応力　　　　　　　（b）ウェブ部分のボルト応力

図 6.3　梁継手のボルトに働く応力

$$n_f \geqq \frac{N_f}{R_f} \tag{6.6}$$

ここに，R_f：高力ボルトの許容せん断力である．

また，フランジ添え板は次式で検討する．

$$_fA_{je}\,f_t \geqq N_f \quad \text{または} \quad \frac{N_f}{_fA_{je}} \leqq f_t \tag{6.7}$$

ここに，$_fA_{je}$：フランジ添え板の有効断面積であり，たとえば図 6.3（a）の断面において添え板厚さが一定であれば次式で表される．

$$_fA_{je} = (B - n_f\,d)_f t_j + (2B_1 - n_f\,d)_f t_j = (B + 2B_1 - 2n_f\,d)_f t_j \tag{6.8}$$

ここで，$_f t_j$：フランジ添え板の厚さ，d：ボルト孔径である．B と B_1 については図 6.3(a) を参照する．

フランジの外側と内側それぞれに配置された添え板厚さが互いに異なる場合，有効断面積 $_fA_{je}$ の計算式は式 (6.8) と異なるため，注意が必要である．

② ウェブ部分（図 6.3(b)）　ボルトが1列配置の一般的な場合，ウェブ部分に働く曲げモーメントによる最遠距離のボルトの応力は，次式となる．

$$R_M = \frac{C_{\max}}{\sum C_i^2} \cdot M_w \tag{6.9}$$

ここに，$C_{\max}$：最遠距離にあるボルトのボルト群中心からの距離，C_i：ボルトのボルト群中心からの距離である．

また，せん断力 Q によるウェブ部分のボルトに働く応力は，次式となる．

$$R_Q = \frac{Q}{n_w} \tag{6.10}$$

ここに，n_w：ウェブのボルト本数である．

したがって，ウェブ最遠距離のボルトに働く応力は，次式で検討する．

$$R_{\max} = \sqrt{(R_M^2 + R_Q^2)} \leqq R_f \tag{6.11}$$

必要な添え板の有効断面は次式で検討する．

$$\sigma_{\max} = \sqrt{\sigma^2 + 3\tau^2} = \sqrt{\left(\frac{M_w}{_wZ_e}\right)^2 + 3\left(\frac{Q}{_wA_{je}}\right)^2} \leqq f_t \tag{6.12}$$

ここに，$_wZ_{je}$ はウェブ添え板の有効断面係数であり，次式で計算する．

$$_wZ_{je} = \Delta\, _wt_j \frac{h_p^2}{6}\, m' \tag{6.13}$$

ここに，$_wt_j$：ウェブ添え板厚さ，h_p：ウェブ添え板高さ，m'：ウェブ添え板数である．また，Δ はボルト孔による欠損率であり，次式で計算する．

$$\Delta = 1 - \frac{d\sum y_i^2}{h_p^3/12} \tag{6.14}$$

ここに，y_i：添え板の図心から任意のボルト孔中心までの高さである．

$_wA_{je}$ はウェブ添え板の有効断面積であり，次式で計算する．

$$_wA_{je} = (h_p - {_wmd})_wt_jm' \tag{6.15}$$

ここに，$_wm$：破断線上のボルト本数，$_wt_j$：ウェブ添え板厚さである．

（b）略算法　　実用的には，曲げモーメント M をフランジのみが負担すると考えて略算することも行われる．したがって，フランジに働く軸力 N_f は次式となる．

$$N_f = \frac{M}{h} \tag{6.16}$$

必要なボルト本数 n_f は式 (6.6) で検討する．一方，せん断力 Q はウェブのみが負担するとし，ウェブ部分の伝達に必要なボルト本数 n_w は次式で検討する．

$$n_w \geqq \frac{Q}{R_f} \tag{6.17}$$

フランジ添え板の有効断面積 $_fA_{je}$ を式 (6.8) により計算したあと，式 (6.7) により検討する．一方，ウェブ添え板については有効断面積を式 (6.15) により計算したあと，次式により検討する．

$$_wA_{je}f_s \geqq Q \quad \text{または} \quad \frac{Q}{_wA_{je}} \leqq f_s \tag{6.18}$$

■（3）現場溶接継手

図 6.4 のように，フランジ部分は一般に，エンドタブや裏金当てを用いて全断面完全溶込み溶接される，フランジ断面強度を確保する．

なお，ウェブ部分のボルトの算定は，(2) と同様に検討する．

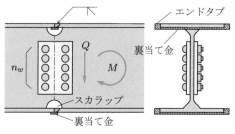

図 6.4　現場溶接継手

■ 例題 6.1 ■ 梁継手（図 6.5）を検討せよ．ただし，梁断面：H‑692×300×13×20, SN400, $I = 16.8 \times 10^8$ [mm^4]，断面係数 $Z = 4870 \times 10^3$ [mm^3] である．梁の内法長さ $L' = 8$ [m] とし，接手位置におけるせん断力 $Q_0 = 100$ [kN] とする．高力ボルトは F10T, M20（孔径 $d = 22$ [mm]，二面せん断耐力 $R_f = 94.2$ [kN]）である．ここでは全強設計により検討する．

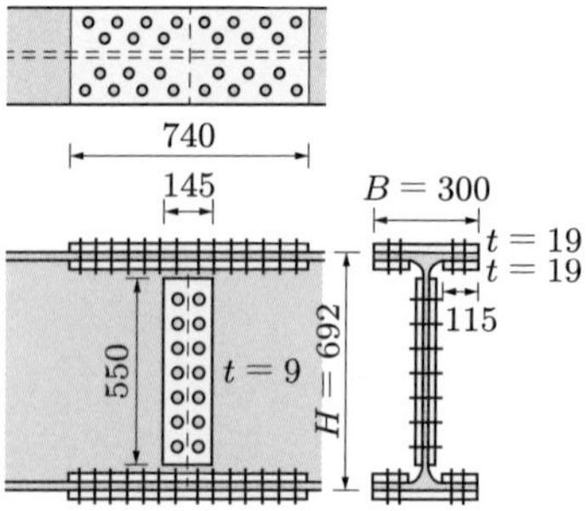

図 6.5　梁接合部，ボルト配置

解答　(1) M, Q_w

M はフランジ，Q_w はウェブがそれぞれ受け持つとする．したがって，それぞれ M と Q_w は次のように計算される．

式 (6.1) より　$M = 4870 \times 10^3 \times \dfrac{235}{1.5} = 763$ [kN·m]

式 (6.2) より　$Q_w = \dfrac{2 \times 763}{8} + 100 = 291$ [kN]

(2) 接合ボルト

1) フランジ

フランジ母材の応力　式 (6.5) より

$$N_f = \frac{763 \times 10^3}{692 - 20} = 1135 \text{ [kN]}$$

ボルト本数　式 (6.6) より

$$n_f = \frac{1135}{94.2} = 12.05 \quad \therefore \text{偶数となるように 14 本とする．}$$

2) ウェブ

表3.3を参照しつつボルトのピッチが広くなりすぎないようにすることに留意してボルト本数 $n_w = 7$ [本] とおくと，次のようになる．

$$n_w R_f = 7 \times 94.2 = 659 > Q = 291 \text{ [kN]} \quad \therefore \text{OK}$$

よって，$n_w = 7$ [本] のままとする．

(3) 添え板

1) フランジ

フランジ外側に 300 [mm] × 740 [mm] を 1 枚，内側に 115 [mm] × 740 [mm] を 2 枚，それぞれ配置する．厚さはどれについても 19 mm とする．ボルトの配置はピッチ $b = 45$ [mm]，ゲージ幅 $g = 40$ [mm] の千鳥配置とする．2.1.3 項に従って等価欠損断面積の合計 $\sum a$ を計算すると，次のようになる．

$$\sum a = (1 + 0.375 + 1 + 0.375) \times 22 \times 19 \times 2 = 22.99 \times 10^2 \text{ [mm}^2\text{]}$$

一方，フランジ継手板の全断面積 $_f A_j$ は次のようになる．

$$_f A_j = (300 + 2 \times 115) \times 19 = 100.70 \times 10^2 \text{ [mm}^2\text{]}$$

したがって，継手板の有効断面積 $_f A_{je}$ は次のようになる．

$$_f A_{je} = 100.70 \times 10^2 - 22.99 \times 10^2 = 77.71 \times 10^2 \text{ [mm}^2\text{]}$$

式 (6.7) より　$N_a = 77.71 \times 10^2 \times \dfrac{235}{1.5} = 1217 > N_f = 1135$ [kN]

2) ウェブ（145 × 550，$t = 9$ [mm]）

式 (6.15) より　$_w A_{je} = (550 - 7 \times 22) \times 9 \times 2 = 7128$ [mm^2]

式 (6.18) より　$Q_a = 7128 \times \dfrac{235}{1.5\sqrt{3}} = 644 > Q = 291$ [kN]　$\therefore$ OK

6.2.2 柱継手

■（1）高力ボルトによる許容応力度設計

柱継手の場合には，柱軸力を考慮しなければならない．また，設計用応力として存在応力を使用する場合には，部材としての連続性を確保するため，存在応力が母材耐力の 1/2 以上あることを確認しなければならない．さらに，安全のためには，全添え板の断面係数や断面二次モーメントが母材を上回る必要がある．

（a）**精算法**　ウェブも曲げモーメントを負担するとして計算する．

① **フランジ部分のボルト**　設計曲げモーメント M によるフランジ部分の負担する軸力は，梁の場合と同様に次式となる．

$$_M N_f = \frac{M_f}{h} \tag{6.19}$$

ただし，$h = H - t_f$

ここに，M_f：式 (6.3) により算出する値である.

　柱の場合は，これに柱軸力 N の分担軸力 $_N N_f$ が加わる.

$$_N N_f = \frac{A_f}{A} \cdot N \tag{6.20}$$

　したがって，図 6.6 に示すように，フランジ部分に働く応力として次式を用いる.

$$N_f = {}_M N_f + {}_N N_f \tag{6.21}$$

　フランジに必要なボルト本数 n_f は，次式より計算する.

$$n_f \geqq \frac{N_f}{R_f} \tag{6.22}$$

② ウェブ部分のボルト　ウェブ部分の分担モーメント M_w（式 (6.3)）に加え，柱軸力 N の分担軸力 $_N N_w$ は，

$$_N N_w = \frac{A_w}{A} \cdot N \tag{6.23}$$

となる. さらに，せん断力 Q が加わる.

　まず，図 6.7 において，ウェブが負担するモーメント M_w により，最遠距離のボルトに生じる最大ボルトせん断力（$R_M = (C_{\max}/(\sum C_i^2) \cdot M)$：式 (6.9)）を求め，この x，y 方向分力（R_x，R_y）を求める.

$$R_x = R_M \cos\theta, \qquad R_y = R_M \sin\theta \tag{6.24}$$

次に，$_N N_w$，Q によるボルトせん断力を求める.

$$R_N = \frac{{}_N N_w}{n_w}, \qquad R_Q = \frac{Q}{n_w} \tag{6.25}$$

これより，次式で検討する.

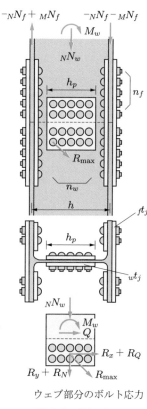

ウェブ部分のボルト応力

図 6.6　柱継手

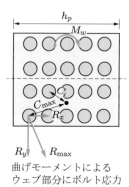

曲げモーメントによる
ウェブ部分にボルト応力

図 6.7　曲げモーメント

$$R_{\max} = \sqrt{(R_y + R_N)^2 + (R_x + R_Q)^2} \geqq R_f \tag{6.26}$$

③ 添え板　添え板に必要な断面は，次式で検討するが，基本的には母材の断面性能より大きくする．

$$\text{フランジ部分} \quad {}_fA_{je} \geqq \frac{N_f}{f_t} \tag{6.27}$$

有効断面積 ${}_fA_{je}$ については，フランジ内側と外側それぞれの添え板厚さが同じであれば，式 (6.8) により計算できる．

$$\text{ウェブ部分} \quad {}_wA_{je} \geqq \frac{{}_NN_w}{f_t} \tag{6.28}$$

ウェブ添え板の有効断面積 ${}_wA_{je}$ は式 (6.15) により計算する．

$$\text{全体} \quad {}_fA_{je} + {}_wA_{je} \geqq A_e \tag{6.29}$$

$$\text{添え板の断面係数} \quad {}_fZ_{je} \geqq Z_e \tag{6.30}$$

（b）略算法

① フランジ　曲げモーメント M はフランジ部分のみで負担するものとする．したがって，曲げモーメント M による軸力 ${}_MN_f$ は次式となる．

$$_MN_f = \frac{M}{h} \tag{6.31}$$

軸力 N のフランジ分担軸力 ${}_NN_f$ を式 (6.20) より計算したあと，式 (6.21) よりフランジに働く軸力 N_f を求める．さらに，フランジに必要なボルト本数 n_f は式 (6.22) より計算できる．

② ウェブ（図 6.8）　ウェブ分担軸力 ${}_NN_w$ は式 (6.23) で計算する．これにせん断力 Q が加わる一方，ウェブ分担曲げモーメント M_w は 0 であるので，式 (6.26) について $R_x = R_y = 0$ とした次式により検討する．

$$R_{\max} = \sqrt{R_N^2 + R_Q^2} \leqq R_f \tag{6.32}$$

R_N と R_Q は式 (6.26) により計算する．

③ 添え板　フランジ添え板については，式 (6.27) を満足していることに加え，有効断面積 ${}_fA_{je}$ がフ

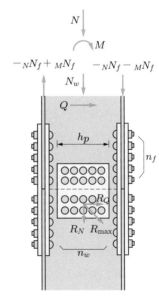

図 6.8　ウェブのボルト応力

ランジの有効断面積 $_fA_e$ 以上でなければならない．ここで，$_fA_e$ は次式で計算できる．

$$_fA_e = (B - _fmd)t_f \tag{6.33}$$

ここに，$_fm$ はフランジ破断線上のボルト本数である．

一方，ウェブ添え板については次の 2 式が満足されていなければならない．

$$\sigma_b = \frac{N_w}{_wA_{je}} + \frac{M_w}{_wZ_{je}} \leqq f_t \tag{6.34-a}$$

$$\tau = \frac{Q}{_wA_{je}} \leqq f_s \tag{6.34-b}$$

加えて，有効断面積がウェブの有効断面積 $_wA_e$ 以上となることが必要である．$_wA_e$ は次式で計算できる．

$$_wA_e = (H - 2t_f - _wmd)t_w \tag{6.35}$$

以上のほか，有効断面係数についても添え板のほうが大きいことを確認する必要があるが，ここでは省略する．

■（2）全強設計

（a）設計応力　　全強設計では，梁の場合と同様に継手部に母材耐力と同等の設計応力を想定して検討する．許容応力度に基づいて母材耐力を計算する場合，設計応力は以下のとおりになる．

曲げ耐力　　$M = Zf_t \tag{6.36}$

軸方向耐力　$N = Af_t \tag{6.37}$

せん断耐力　$Q = (H - 2t_f)t_wf_s \tag{6.38}$

（b）フランジ部分の伝達耐力の検討　　曲げモーメント M は，フランジが負担すると考える．

ボルト本数　$n_j \leqq \dfrac{NA_f/A + M/h}{R_f} \tag{6.39}$

添え板断面は，母材断面より大きくする．

（c）ウェブ伝達耐力の検討　　ウェブは，軸方向力とせん断力を伝達するが，ボルト本数 n_w の算定式として，次式が提案されている．

$$n_w \geqq \frac{Q}{R_f} \tag{6.40}$$

ウェブ添え板は，母材ウェブ断面積より大きくすればよい．

■（3）高力ボルトの配置

母材のフランジ板厚に 1 mm 以上の差がある場合には，その隙間にフィラーを使用する（図 6.9）．

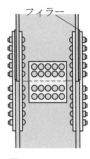

フィラー

■（4）現場溶接継手

フランジ部分では，一般に，エンドタブ，および裏当て金を使用して完全溶込み溶接が行われ，断面欠損もないので，検討を行う必要はない．また，H 形鋼のウェブ部分は，施工の便宜のため，ボルト締めで行われることが多い．

図 6.9　フィラー

■ 例題 6.2　■ 柱継手（図 6.10）の設計を行え．各条件は下記のとおりとする．

$N = 1400$ [kN]，　　$M = 200$ [kN·m]

$Q = 217$ [kN]（長期）

H‐$400 \times 400 \times 13 \times 21$，SN400　（$A = 2.187 \times 10^4$ [mm²]，$I = 6.66 \times 10^8$ [mm⁴]，$Z = 3.33 \times 10^6$ [mm³]）

F10T，M20（孔径 22 mm，二面せん断 $R = 94.2$ [kN]）

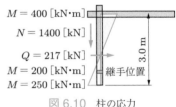

$M = 400$ [kN·m]

$N = 1400$ [kN]

$Q = 217$ [kN]

$M = 200$ [kN·m]

$M = 250$ [kN·m]

継手位置

3.0 m

図 6.10　柱の応力

解答　(1) 継手の設計応力

存在応力の母材耐力に対する割合を見てみる．

式 (6.36) より　　$M_0 = 3.33 \times 10^6 \times \dfrac{235}{1.5} = 522$ [kN·m]

式 (6.37) より　　$N_0 = 2.187 \times 10^4 \times \dfrac{235}{1.5} = 3426$ [kN]

$$\frac{M}{M_0} + \frac{N}{N_0} = \frac{200}{522} + \frac{1400}{3426} = 0.383 + 0.409 = 0.792 > 0.5$$

式 (6.38) より

$$Q_0 = (400 - 2 \times 21) \times 13 \times \frac{235}{1.5\sqrt{3}} = 421 \text{ [kN]}, \qquad \frac{Q}{Q_0} = \frac{217}{421} = 0.515 > 0.5$$

したがって，存在応力を設計応力とする．

(2) 曲げモーメントの分担

式 (6.4) より　　$I_w = \dfrac{(400 - 2 \times 21)^3 \times 13}{12} = 497 \times 10^5$ [mm⁴]

式 (6.3) より　$M_w = 0.4 \times \dfrac{497 \times 10^5}{6660 \times 10^5} \times 200$

$\qquad\qquad\qquad = 5.97\,[\mathrm{kN \cdot m}] \quad \rightarrow \quad 6.0\,[\mathrm{kN \cdot m}]$

$\qquad\qquad M_f = 200 - 6.0 = 194\,[\mathrm{kN \cdot m}]$

(3) フランジボルト

式 (6.19) より　$_M N_f = \dfrac{194 \times 10^3}{400 - 21} = 512\,[\mathrm{kN}]$

式 (6.20) より　$_N N_f = \dfrac{400 \times 21}{21870} \times 1400 = 538\,[\mathrm{kN}]$

式 (6.21) より　$N_f = 538 \pm 512 = 1050,\ 26\,[\mathrm{kN}]$（いずれも圧縮力）

式 (6.22) より　$n = \dfrac{1050}{94.2} = 11.1$

ボルト本数は偶数が望ましいので　∴ 12 本（4 列配置）とする．

(4) ウェブボルト

ウェブ部分の負担する応力は，フランジ負担分を差し引いたものとする．

$\qquad _N N_w = 1400 - 538 \times 2 = 324\,[\mathrm{kN}]$

$\qquad M_w = 6.0\,[\mathrm{kN \cdot m}], \qquad Q = 217\,[\mathrm{kN}]$

ボルトのピッチが広くなりすぎないように，表 3.3 を参照しつつボルト配置を図 6.11 のように仮定する．すると，軸力 N によるボルト応力は，式 (6.25) より次のようになる．

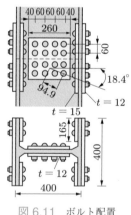

$\qquad R_N = \dfrac{324}{8} = 40.5\,[\mathrm{kN}]$

ボルト中心からボルト位置までの距離は，次のようになる．

$\qquad e_1 = 30 \times \sqrt{2} = 42.4\,[\mathrm{mm}]$

$\qquad e_2 = e_{\max} = 94.9\,[\mathrm{mm}]$

$\qquad \theta = 18.4^\circ$

図 6.11　ボルト配置

曲げモーメントによるボルト応力は，式 (6.9) より，次式となる．

$\qquad R_M = \dfrac{94.9}{42.4^2 \times 4 + 94.9^2 \times 4} \times 6.0 \times 10^3 = 13.2\,[\mathrm{kN}]$

式 (6.24) より

$\qquad R_x = 13.2 \times \sin 18.4^\circ = 4.17\,[\mathrm{kN}], \qquad R_y = 13.2 \times \cos 18.4^\circ = 12.5\,[\mathrm{kN}]$

せん断力によるボルト応力は，式 (6.25) より次式となる．

$\qquad R_Q = \dfrac{217}{8} = 27.1\,[\mathrm{kN}]$

したがって，ボルトの最大応力は，式 (6.26) より次式となる.

$$R_{\max} = \sqrt{(12.5 + 40.5)^2 + (4.17 + 27.1)^2}$$
$$= 61.5 < R_f = 94.2 \text{ [kN]} \qquad \therefore \text{ OK}$$

(5) 添え板

　フランジ添え板は 12 [mm] × 400 [mm]（フランジ外側）および 15 mm × 165 mm × 2 枚（フランジ内側）とする. したがって，

　式 (6.8) より　$_fA_{je} = (400 - 22 \times 4) \times 12 + 2 \times (165 - 22 \times 2) \times 15 = 7374 \text{ [mm}^2\text{]}$
であり，次のようになる.

$$\frac{N_f}{_fA_{je}} = \frac{1050 \times 10^3}{7374} = 142.4 < f_t = 157 \text{ [N/mm}^2\text{]} \qquad \therefore \text{ OK}$$

　一方，ウェブ添え板は 12 [mm] × 260 [mm] × 2 枚 とする. したがって，

　式 (6.15) より　$_wA_{je} = (260 - 4 \times 22) \times 12 \times 2 = 4128 \text{ [mm}^2\text{]}$
となる. 一方，断面係数の欠損率 Δ は，

　式 (6.14) より　$\Delta = 1 - \dfrac{22 \times (30^2 + 90^2) \times 2}{260^3/12} = 0.730$

であるので，有効断面係数 $_wZ_{je}$ は次のようになる.

　式 (6.13) より　$_wZ_{je} = 0.730 \times 12 \times \dfrac{260^2}{6} \times 2 = 197 \times 10^3 \text{ [mm}^3\text{]}$

したがって，添え板の応力度は次のようになる.

$$\sigma_b = \frac{324 \times 10^3}{4128} + \frac{6.0 \times 10^6}{197 \times 10^3} = 109 < f_t = 157 \text{ [N/mm}^2\text{]}$$

$$\tau = \frac{217 \times 10^3}{4128} = 52.6 < f_s = 90.5 \text{ [N/mm}^2\text{]}$$

したがって，十分大きな断面となっている. 有効断面積の検討は省略する.

6.2.3　継手の保有耐力接合

■（1）保有耐力接合

　材端部で塑性化の予想される領域 a は，一般には，図 6.12 のように材端からスパンの 1/10，または，部材せい d（または D）の 2 倍程度の範囲である. この範囲にかかる継手は，その破断耐力が，部材が塑性化する耐力より遅れるようにすることが基本である.

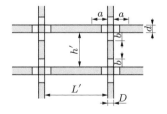

図 6.12　塑性化の予想される領域

さらに，エネルギー吸収能力を大きくするために塑性ヒンジにおける材端部からの塑性化領域の広がりを考えたとき，材端部では，ひずみ硬化域に入るほどのひずみ度に至るため，その曲げモーメントは，全塑性モーメント M_p の10〜40％ほど大きい応力となる．

一方，接合部の破断時の最大曲げ耐力 M_u は，3.4節に述べたように，ボルトや溶接などのボルト，あるいは，添え板などの接合材の最大強度によって決まる．したがって，以下の検討を行う．

$$M_u \geqq \alpha M_p \tag{6.41}$$

ここに，α：表6.1による値である．

なお，せん断力に対しては，部材端が曲げ降伏を優先するよう設計し，設計応力として次式を用いる．

表6.1 継手の α の値[8]

	M に対し	Q に対し	
		梁	柱
SN400	1.2	1.4	1.3
SN490	1.1	1.3	1.2

$$\text{梁} \quad Q_u \geqq \alpha \left(\frac{\sum M_p}{L'} + Q_0 \right), \quad \text{柱} \quad Q_u \geqq \alpha \left(\frac{\sum M_p}{h'} \right) \tag{6.42}$$

ここに，Q_u：最大せん断強さ，$\sum M_p$：部材両端の全塑性モーメントの和である．

■（2）梁継手の最大曲げ耐力

高力ボルト接合による継手部の終局時の接合耐力は，摩擦接合耐力を超え，ボルト軸部分のせん断破断耐力，または端空き部の破断耐力で決まる．また添え板あるいは母材は，ボルト孔を控除した断面の破断耐力で決まる．このときの最大曲げ耐力 M_u は，フランジの耐力とウェブの耐力の合計となる．

$$M_u = M_{uf} + M_{uw} \tag{6.43}$$

（a）フランジ部分の耐力

① 高力ボルト軸のせん断破断時耐力　　高力ボルト軸のせん断破断耐力は，式(3.19)で示したように，次式で表される．

$$R_u = 0.6 A_{fn}\, \sigma_B \tag{6.44}$$

ここに，A_{fn}：ボルト軸断面，σ_B：ボルトの引張強さである．

したがって，フランジ部の負担モーメントは次式となる．

$$M_{uf} = R_u n m'(H - t_f) \tag{6.45}$$

ここに，n：ボルト本数，m'：せん断面数である．

② 添え板の破断時の最大曲げ耐力

$$M_u = N_f(H - t_f) \tag{6.46}$$

$$ただし，\quad N_f = {}_fA_{je}\,\sigma_B$$

ここに，σ_B：添板の引張強さである．

③ 母材断面破断時の最大曲げ耐力

$$M_{ju} = Z_{pe}\,\sigma_B \tag{6.47}$$

ここに，Z_{pe}：ボルト孔を控除した母材の塑性断面係数，σ_B：母材の引張強さである．

④ 端空きの破断による曲げ耐力

$$M_u = N_f(H - t_f) \tag{6.48}$$

ここに，$N_f = etn\sigma_B$，e：端空きの長さ，t：板厚，n：ボルト本数である．

（b）ウェブの耐力

① ウェブボルトの負担モーメント　図 6.13 より，次式で表すことができる．

$$M_{uw} = \sum(R_u e_i) \tag{6.49-a}$$

$$ただし，\quad R_u = 0.6 A_{fn}\,\sigma_B$$

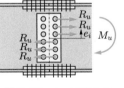

図 6.13　ウェブ部分の終局曲げ耐力

ここに，e_i：ボルト群の中心から，各ボルト位置までの距離である．

② 一般に，梁の場合は，梁端での曲げ降伏が先行するのでせん断力に対しては安全である．ウェブ添え板の曲げ耐力検定は，次のようになる．

$$\alpha M_p \leqq M_{ju} = \sigma_B m'_w t_j \left(\frac{h_p^2}{4} - d \sum_{i=1}^{m} y_i\right) \tag{6.49-b}$$

■ 例題 6.3 ■ 例題 6.1 の梁継手（図 6.14）の
保有耐力設計を行え．梁の内法長さ $L' = 8$ [m]
とする．また，鉛直荷重時における梁端のせん断
力 $Q_0 = 127$ [kN] とする．

　梁断面：H-692 × 300 × 13 × 20　（$Z_{px} =$
　　5500 [cm³]），SN400（$\sigma_y = 235$ [N/mm²]，
　　$\sigma_B = 400$ [N/mm²]）

　高力ボルト：F10T（$\sigma_B = 1000$ [N/mm²]）

　M20（孔径 $d = 22$ [mm]）

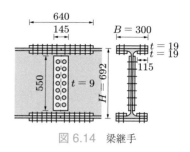

図 6.14　梁継手

解答　(1) フランジ

　曲げモーメントに対しては，フランジ部分の接合耐力による．

式 (5.12) より　$M_p = 235 \times 5500 \times 10^3 = 129 \times 10^4$ [kN·mm]

$$\alpha M_p = 1.2 \times 129 \times 10^4 = 155 \times 10^4 \text{ [kN·mm]}$$

（母材）$Z_{pxe} = \left\{ (300 - 22 \times 2.75) \times \dfrac{20}{300 \times 20} \right\} \times 5500 = 4390$ [cm³]

式 (6.47) より　$M_u = 4390 \times 10^3 \times 400 = 1756 \times 10^6$

$$= 175.6 \times 10^4 > \alpha M_p = 155 \times 10^4 \text{ [kN·mm]}\quad \therefore \text{ OK}$$

（ボルト）$n_f = 12$：ボルト本数，$m' = 2$：せん断面数，A_{fn}：ボルト軸断面積

式 (6.49) より　$M_u = 0.6 \times 314 \times 1000 \times 12 \times 2 \times (692 - 20)$

$$= 304 \times 10^4 > \alpha M_p = 155 \times 10^4 \text{ [kN·mm]}\quad \therefore \text{ OK}$$

（フランジ添え板）19 × 300，19 × 115 × 2 枚

例題 6.1 より　$_f A_{je} = 7771$ [mm²]

式 (6.46) より　$M_u = 7771 \times 400 \times (692 - 20)$

$$= 209 \times 10^4 > \alpha M_p = 155 \times 10^4 \text{ [kN·mm]}\quad \therefore \text{ OK}$$

（母材の端あき長さ）$e = 40$ [mm]

$$N_f = 12 \times 40 \times 20 \times 400 = 3840 \text{ [kN]}$$

式 (6.48) より　$M_u = 3840 \times (692 - 20)$

$$= 258 \times 10^4 > \alpha M_p = 155 \times 10^4 \text{ [kN·mm]}\quad \therefore \text{ OK}$$

(2) ウェブ部分

　設計せん断力が，梁端部の曲げ降伏で決まることを確かめてみる．なお，この梁の許容せん断力は例題 6.1 から，添え板の許容せん断耐力によって決まり，$Q_a = 644$ [kN] となる．

　表 6.1 から $\alpha = 1.4$ とすると，梁両端が曲げ降伏するときの梁端のせん断力 Q は，

式 (6.42) より次のようになる.

$$Q = 1.4 \times \left(\frac{(129 + 129) \times 10^4}{8000} + 127 \right) = 579 < Q_a = 644 \ [\text{kN}] \quad \therefore \ \text{OK}$$

6.3 柱梁接合部の設計

6.3.1 柱と梁がともに H 形鋼部材の場合（溶接）

■（1）柱貫通形式における梁端部の接合

　一般に, 梁端部接合は, 図 6.15 のように, フランジはエンドタブおよび裏当て金を使用した完全溶込み溶接により, ウェブは隅肉溶接により行われる.

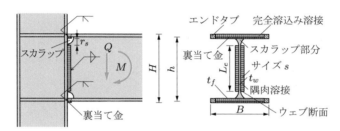

図 6.15　梁端部溶接接合

　梁端部の検討では, 存在応力に対して許容応力度設計を行うだけでなく, 大地震時の靭性の確保のため, 保有耐力設計も行われる. 許容応力度設計においては, 曲げモーメントはフランジとウェブの両方が負担し, せん断力はウェブ部分が負担するものとする. フランジの溶接部分は, フランジ断面全体が完全溶込み溶接され, その強度は, 母材のそれと同等であるので検討しなくてよい.

　一方, ウェブの隅肉溶接部分が負担する曲げモーメント M_w は, フランジ溶接による負担曲げモーメント M_f を差し引いた次式となる.

$$M_w = M - M_f \tag{6.50}$$

　全強設計とするのであれば, M_f は次式により計算する.

$$M_f = T_f(H - t_f) \tag{6.51}$$

$$T_f = B t_f f_t \tag{6.52}$$

　ウェブの隅肉溶接部の曲げによる応力度は, 隅肉溶接のせん断応力度 τ_M で, 最遠距離部の応力度は次式となる（図 6.16）.

$$\tau_M = \frac{M_w}{Z_w} \tag{6.53}$$

ここに，Z_w：ウェブ隅肉溶接部の断面係数であり，次式により計算する．

$$Z_w = 2\frac{aL^2}{6} \qquad (6.54)$$

ここに，a：有効のど厚（式(3.14)），L：隅肉溶接の有効長さ（3.3.2項

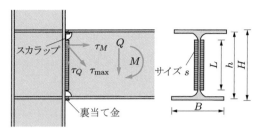

図 6.16　ウェブ部分の溶接の応力

(3)) である．図 6.16 の断面について L は次のようになる．

$$L = H - 2(t_f + r_s + s) \qquad (6.55)$$

ここに，r_s：スカラップの半径，s：隅肉溶接のサイズである．

また，ウェブはせん断力も負担し，これによる溶接部分の応力度 τ_Q は次式で表される．

$$\tau_Q = \frac{Q}{2aL} \qquad (6.56)$$

したがって，ウェブ部分の隅肉溶接には，直交する二つの応力度 τ_M，τ_Q の合成力が働き，次式で検討を行う．

$$\tau_{\max} = \sqrt{\tau_M^2 + \tau_Q^2} \leqq f_w = f_s \qquad (6.57)$$

■ 例題 6.4 ■ 梁端部（図 6.17）の溶接を検討せよ．

ただし，$M = 747$ [kN·m]，$Q = 114$ [kN] とする．

梁断面：H - 692 × 300 × 13 × 20，SN400（$f_t = 235$ [N/mm²]）

フランジ（完全溶込み溶接，エンドタブ，裏当て金使用），ウェブ（両面隅肉溶接（$s = 9$），スカラップ r_s：35 mm 程度）

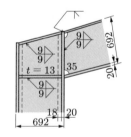

図 6.17　山形ラーメン梁端部

解答　（暴風時）

式 (6.52) より　$T_f = 300 \times 20 \times 235 = 1410$ [kN]

式 (6.51) より　$M_f = 1410 \times (692 - 20)$

$$= 948 \times 10^3 > M = 747 \times 10^3 \text{ [kN·mm]}$$

したがって，ウェブ隅肉溶接部分はせん断力のみ考慮する．溶接長さ L は式 (6.55) より次のようになる．

$$L = 692 - 2 \times 20 - 2 \times 35 - 2 \times 9 = 564 \; [\text{mm}]$$

隅肉溶接部分によるせん断応力度 τ_Q は，式 (6.56) より次のようになる．

$$\tau_Q = \frac{114 \times 10^3}{2 \times 6.3 \times 564} = 16 \leqq f_s = \frac{235}{1.5\sqrt{3}} \times 1.5 = 136 \; [\text{N/mm}^2] \quad \therefore \text{OK}$$

■（2）梁端を現場溶接する場合

梁端部において，梁のフランジ
を現場で完全溶込み溶接する場合
もある．その溶接部の例を図 6.18
に示す．この検討は，前述の高力
ボルト接合，および溶接接合の設
計と同様である．

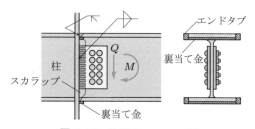

図 6.18　梁端ディテールの例

許容応力度設計においては，曲
げモーメントはフランジとウェブの両方が負担し，せん断力はウェブ部分が負担す
るものと仮定する．

■（3）水平スチフナによる補剛

図 6.19 に示すように，梁フランジの
圧縮応力または引張応力は，柱フラン
ジ，およびウェブフィレットを通じて柱
ウェブが負担することになる．

とくに，この応力が大きい場合は，柱
フランジを大変形させたり，柱ウェブを
局部座屈させる．そこで，柱ウェブフィ
レット先端部の負担応力度が，圧縮許
容応力度 $f_c'\,(= F/1.3)$ を超えた場合
は，次式により，軸力の超過分 N_s を計
算し，この N_s をスチフナが受け持つと
する．

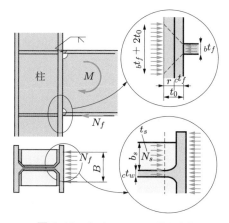

図 6.19　水平スチフナに働く応力

$$N_s = N_f - f_c' {}_c t_w (b t_f + 2t_0), \qquad f_c' = \frac{F}{1.3} \tag{6.58}$$

スチフナの厚さと幅をそれぞれ t_s と b_s とし，幅厚比が十分小さいとすれば，ス

チフナの耐力 N_{sa} は次式で計算される.

$$N_{sa} = b_s\, t_s\, f_t \tag{6.59}$$

この N_{sa} が N_s 以上になるように t_s と b_s それぞれの値を決める.

■ 例題6.5 ■ 例題6.4のフランジ取付け部（図6.20）について，スチフナを設計せよ．なお，ここでは全強設計の考えを採用することとし，設計応力は梁の強度としてよい．

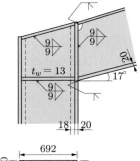

解答　(1) 設計応力

梁フランジの強度 $_fN_p$ は次のとおりである．

$$_fN_p = 300 \times 20 \times 235 = 1410 \times 10^3\ [\text{N}]$$
$$= 1410\ [\text{kN}]$$

図6.20 より，梁は 17° 傾いているため，水平スチフナに働く軸力 N_f は次のとおりである．

$$N_f = 1410 \times \cos 17° = 1348\ [\text{kN}]$$

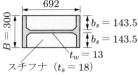

図6.20　山形ラーメン梁端部
　　　　スチフナ

(2) 超過軸力 N_s

スチフナが受け持つべき超過軸力 N_s は，次のとおりである．

式(6.58) より　$N_s = 1348 \times 10^3 - \dfrac{235}{1.3} \times 1.5 \times 13 \times \left\{20 + 2 \times (18 + 20)\right\}$

$$= 1348 \times 10^3 - 338 \times 10^3 = 1010 \times 10^3\ [\text{kN}]$$

(3) スチフナの検討

厚さ $t_s = 18$ [mm]，幅 143.5 [mm] の水平スチフナを柱ウェブの両側に配置すれば，スチフナの耐力 N_{sa} は以下のようになる．

式(6.59) より　$N_{sa} = 143.5 \times 18 \times 235 \times 2 = 1214 \times 10^3\ [\text{N}]$

$$= 1214\ [\text{kN}] > N_s = 1010\ [\text{kN}] \therefore \qquad \therefore\ \text{OK}$$

■（4）パネルゾーンの板座屈の検討

　接合部パネルゾーンは，大地震時による曲げモーメントにより，図6.21 のように，大きなせん断変形を生じ，パネル板が降伏したり，板座屈して，剛性が急に低下する（写真6.2）．そして，フレームの塑性変形能力を確保できなくなる．そこで，パネルゾーンのせん断応力度については，実験結果などを考慮し，式(1.7)の降

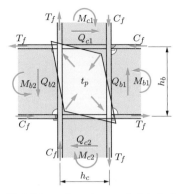

図 6.21　パネルゾーンの応力と変形

写真 6.2　パネルのせん断力による板座屈
[提供：広島大学　松尾彰氏]

伏せん断応力度において $\sigma_Y = F$ とし，これを $4/3$ 倍した値以下となるよう次式によって検討を行う．

$$\tau = \frac{M_{b1} + M_{b2}}{h_c h_b t_p} \leqq \frac{4}{3} \cdot \frac{F}{\sqrt{3}} = 2f_s \tag{6.60}$$

または，

$$\tau = \frac{M_{c1} + M_{c2}}{h_c h_b t_p} \leqq \frac{4}{3} \cdot \frac{F}{\sqrt{3}} = 2f_s \tag{6.61}$$

ここに，t_p：パネル厚さである．ほかの記号については図 6.21 を参照する．ただし，h_c と h_b はともにフランジ中心間距離であるので注意すること．

　柱の軸応力度は，一般の柱では考慮しないが，その値がとくに大きい場合には考慮する必要がある．

　上式を満足しない場合は，図 6.22 に示すように補強してせん断力の一部を負担させる．なお図 (b) の場合，必要な斜めスチフナ断面積 A_s は次式となる．

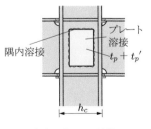

（a）プレート溶接

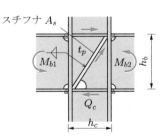

（b）ダイアゴナルスチフナ

図 6.22　パネルゾーンの補強

$$A_s = \left(\frac{M_{b1} + M_{b2}}{h_b} - 2t_p h_c \frac{F}{\sqrt{3}} \right) \Big/ (F \cos\theta) \tag{6.62}$$

ここに，F：柱材の基準強度である．

■ 例題 6.6 ■ 例題 6.4 の柱梁接合部について，接合部パ
ネルの板厚を検討せよ．

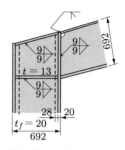

解答

$M_B = 747 \ [\mathrm{kN \cdot m}]$（暴風時）

式 (6.60) より

$$\tau = \frac{747 \times 10^6}{(692 - 20) \times (692 - 20) \times 13} = 127$$

$$\leqq 2f_s = 2 \times \frac{235}{1.5\sqrt{3}} = 181 \ [\mathrm{N/mm^2}] \qquad \therefore \mathrm{OK}$$

図 6.23　山形ラーメン梁
端部接合パネル

6.3.2　スプリットティーを用いた柱梁接合部

　これは，図 6.24 に示すように，① H 形鋼
を切断したもの，② T 形鋼，③ T 形に鋳込
み成形して作られた製品などによって梁フラ
ンジを柱フランジに高力ボルトで引張接合す
るものである．梁ウェブは，山形鋼などによ
り柱フランジに摩擦接合される．

　この柱梁接合部は，剛接合にするために十
分剛なスプリットティー材を用いることが必

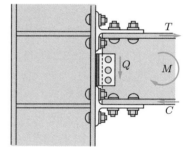

図 6.24　スプリットティーを用いた接合

要である．しかし，溶接を用いないため，工場での工作も施工も容易である．

　なお，フランジ部のスプリットティーとウェブ継手部を一体にして鋳造された製
品もある．

6.3.3　閉鎖形断面の柱梁接合部

■（1）ダイヤフラムの検討

　梁フランジ応力が**ダイヤフラム**を通じて伝達されるようにする．

　① 内ダイヤフラムは，ダイヤフラムの板厚を梁フランジ板厚より大きくし，突
　　合せ溶接により全強設計する．また，幅厚比 $D/t \leqq 74/\sqrt{F}$ とする．

② 通しダイヤフラムは，ダイヤフラムの板厚を梁フランジ板厚より大きくし，幅厚比 $D/t \leqq 74/\sqrt{F}$ とする．

③ 外ダイヤフラムは，梁フランジからの軸力を接合部に伝達する（図 6.25）．設計は「鋼構造接合部設計指針」[5] による．

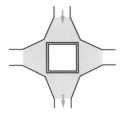

図 6.25 外ダイヤフラム

■（2）接合部パネルの検討

パネルのせん断耐力の検討には次式を用いる．

$$\tau = \frac{M_{b1} + M_{b2}}{V_p} \leqq \frac{4}{3} \cdot \frac{F}{\sqrt{3}} = 2f_s \qquad (6.63\text{-a})$$

または，

$$\tau = \frac{M_{c1} + M_{c2}}{V_p} \leqq \frac{4}{3} \cdot \frac{F}{\sqrt{3}} = 2f_s \qquad (6.63\text{-b})$$

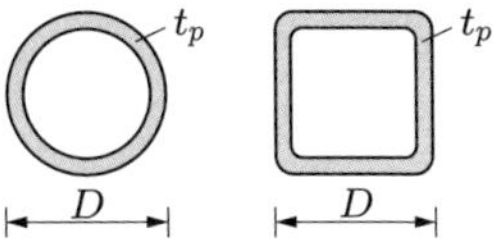

（a）円形　（b）角形
図 6.26　鋼管の形状

ただし，V_p は，円形，角形の場合はそれぞれ次式となる（図 6.26）．

円形鋼管の場合　$V_p = \dfrac{\pi}{2} D h_b t_b$ $\qquad\qquad\qquad\qquad$ (6.64)

角形鋼管の場合　$V_p = \dfrac{16}{9} D h_b t_b$ $\qquad\qquad\qquad\qquad$ (6.65)

ここに，h_b：梁のせいである．

なお，箱形断面では，せん断応力度の形状係数を考慮して 8/9 倍されることもある．

6.3.4　小梁，つなぎ梁などの接合部
■（1）ピン形式

小梁と大梁の接合部を剛接合しても大梁がねじれて小梁端が回転することもある．このため，このような接合部は，一般にはピン接合として設計する．この場合は，図 6.27 のように，ウェブ部分のみ接合し，せん断力のみ伝達すればよい．したがって，必要なボルト本数は次式となる．

$$N = \frac{Q}{R_f} \qquad\qquad\qquad\qquad (6.66)$$

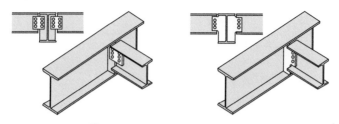

図 6.27 小梁と大梁の接合部の例

■（2）剛接合

　中央部スパンで荷重が対称で，両側に小梁を取り付ける場合，大梁はねじれ回転しないので，剛に接合すれば小梁を連続梁として設計できる．また，片持梁の場合には，高力ボルト接合や，溶接により剛接合にして大梁継手の場合と同様に曲げモーメントの負担を考える．

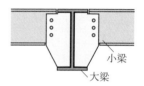

図 6.28 つなぎ梁の接合

> ■ **例題 6.7** ■ 第7章の設計例における一般事務室部分の小梁接合部を検討せよ（図 6.28）．ただし，荷重 20.6 kN/m，梁スパン 5.4 m である．
>
> 　小梁断面：H - 346 × 174 × 6 × 9（$I = 11100$ [cm^4]，$Z = 641$ [cm^3]）

解答　ボルト：F10T，M16，一面せん断（$R_f = 30.2$ [kN]），3 本

せん断力：$Q = 20.6 \times \dfrac{5.4}{2} = 55.6$ [kN]

ボルト耐力の検討：$30.2 \times 3 = 90.6 > Q = 55.6$ [kN]　　∴ OK

6.3.5　梁端部の保有耐力接合

　柱梁接合部の保有耐力接合において，高力ボルト接合の場合は 6.2.3 項と同様であるが，溶接部分については次式で検討する．

$$M_u \geqq \alpha M_p \tag{6.67}$$

ここに，M_u：梁端部の最大曲げ耐力である．図 6.15 のように，梁フランジが柱に完全溶込み溶接され，かつ，梁ウェブと柱が直に両面隅肉溶接される場合，M_u は次式で計算できる．

$$M_u = Bt_f\sigma_B(H - t_f) + 0.7s\frac{L^2}{4}\frac{\sigma_B}{\sqrt{3}} \cdot 2 \tag{6.68}$$

ここに，L：隅肉溶接の有効長さであり，式 (6.55) による．

梁端部において梁ウェブが柱に溶接されたガセットプレートと高力ボルト接合される場合（たとえば図 4.20 (a)），ウェブの破壊モードは溶接部の破断のほか，ボルトせん断破壊とガセットプレート曲げ破壊の三つが考えられる．そのため，これら三つの破壊モードそれぞれについてウェブの曲げ耐力を計算し，一番小さいものを採用する必要がある（例題 6.9 参照）．

また M_p：接合される部材の全塑性モーメント（式 (5.12)），α：割増し係数（表 6.2）である．

表 6.2 梁端部の割増し係数 α [8]

鋼　材	柱貫通形	梁貫通形
400 級	梁の 1.3	柱の 1.3
490 級	梁の 1.2	柱の 1.2

■ 例題 6.8 ■ 例題 6.4 の梁端の溶接の検討（保有耐力設計）せよ．

H - 692 × 300 × 13 × 20，SN400（$\sigma_y = 235$ [N/mm^2]，$\sigma_B = 400$ [N/mm^2]，$Z_{px} = 5500$ [cm^3]）

解答

式 (5.12) より　$M_p = 235 \times 5500 \times 10^3 = 129 \times 10^4$ [kN·mm]

式 (6.55) より　$L = 692 - 2 \times 20 - 2 \times 35 - 2 \times 9 = 564$ [mm]

式 (6.68) より　$M_u = 300 \times 20 \times 400 \times (692 - 20) + 0.7 \times 9 \times \dfrac{564^2}{4} \times \dfrac{400}{\sqrt{3}} \times 2$

$\qquad\qquad\qquad = 184 \times 10^4 > 1.3 M_p = 168 \times 10^4$ [kN·mm]　　∴ OK

■ 例題 6.9 ■ w 図 6.29 に示す柱梁接合部の最大曲げ耐力 M_u を計算し，この接合部が保有耐力接合となっているかを検討せよ．梁，柱および取付けガセットプレートはすべて SN400（$\sigma_y = 235$ [N/mm^2]，$\sigma_B = 400$ [N/mm^2]）とする．付表 3.1 より，梁（H - 400 × 200 × 8 × 13）は塑性断面係数 $Z_p = 1310 \times 10^3$ [mm^3] である．

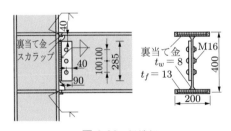

図 6.29　梁端部

ウェブ取付けガセットプレートはその厚さ 10 mm であり，その両面が柱に隅肉溶接されている．隅肉溶接のサイズ $s = 6$ [mm] である．ガセットプレートとウェブはピッチ 100 mm で配置された 3 本の高力ボルト（F10T：$\sigma_{fB} = 1000$ [N/mm^2]，M16：$A_{fn} = 201$ [mm^2]）により接合されている．

曲げモーメントはフランジとウェブが分担して受け持つとし，それぞれの曲げ耐力 M_{u1} と M_{u2} の合計を接合部の最大曲げ耐力 M_u とする．また，M_{u2} の計算においては，ウェ

ブ端部の破壊モードが三つあることに注意する（6.3.5項参照）.

解答　(1) 梁の全塑性モーメント

$$M_p = 235 \times 1310 \times 10^3 = 307.85 \times 10^6 \ [\text{N} \cdot \text{mm}] = 308 \ [\text{kN} \cdot \text{m}]$$

(2) フランジ溶接部曲げ耐力

式 (6.68) 右辺第一項より

$$M_{u1} = 200 \times 13 \times 400 \times (400 - 13) = 402 \times 10^3 \ [\text{kN} \cdot \text{mm}] = 402 [\text{kN} \cdot \text{m}]$$

(3) ウェブ接合部曲げ耐力 M_{u2}

破壊モードをボルトの破断とすると,

式 (3.19) より　$R_u = 0.6 \times 1 \times 201 \times 1000 = 121 \ [\text{kN}]$

式 (6.49-a) より　$M_{u2} = 121 \times 100 \times 2 = 24200 \ [\text{kN} \cdot \text{mm}] = 24.2 \ [\text{kN} \cdot \text{m}]$

次に破壊モードをガセットプレートの曲げ破壊とする.

式 (6.49-b) より　$M_{u2} = 400 \times 1 \times 10 \times \left(\dfrac{285^2}{4} - 2 \times 18 \times 100 \right)$

$$= 66.8 \times 10^3 \ [\text{kN} \cdot \text{mm}]$$

最後に破壊モードを柱フランジとの溶接部の破断とする.

式 (6.55) より　$L = 285 - 2 \times 6 = 273 \ [\text{mm}]$

式 (3.14) より　$a = 0.7 \times 6 = 4.2 \ [\text{mm}]$

隅肉溶接部の塑性断面係数 Z_{pw} は, 取付けガセットプレートの両側が隅肉溶接されていることに注意しつつ, 5.1.4項 (1) を参照すれば,

$$Z_{pw} = 2 \times \frac{aL^2}{4} = 2 \times \frac{4.2 \times 273^2}{4} = 157 \times 10^3 \ [\text{mm}^3]$$

M_{u2} は 5.1.4項 (1) をふまえ, ただし, 隅肉溶接の材料強度はせん断で考えることに注意して

$$M_{u2} = Z_{pw} \frac{\sigma_B}{\sqrt{3}} = 157 \times 10^3 \times \frac{400}{\sqrt{3}} = 36.3 \times 10^6 \ [\text{N} \cdot \text{mm}] = 36.3 \ [\text{kN} \cdot \text{m}]$$

以上より, M_{u2} の最小値は 24.2 kN・mm である.

(3) 接合部の最大曲げモーメント M_u

表 6.2 より割増し係数は 1.3 なので,

$$M_u = 402 + 24.2 = 426 > 1.3 M_p = 400 \ [\text{kN} \cdot \text{m}] \qquad \therefore 安全である.$$

■ **例題 6.10** ■　第7章の設計例における柱梁接合部のうち, H − 700 × 300 × 14 × 28 の梁が接合されたもの (図 6.30) について, 最大曲げ耐力を計算し, 検討せよ. なお, ウェブ取付けガセットプレートの厚さは 15 mm である. また, この取付けガセットプレート

は柱フランジに両面隅肉溶接されており，溶接サイズ $s = 9$ [mm] とする．これら鋼材は
すべて SN490 （$\sigma_y = 325$ [N/mm^2]，$\sigma_B = 490$ [N/mm^2]）である．ガセットプレー
トと梁ウェブは高力ボルト（F10T：$\sigma_B = 1000$ [N/mm^2]，M22：$A_{fn} = 380$ [mm^2]）
により摩擦接合（一面摩擦）されている．高力ボルトは 70 mm ピッチで 7 本並べられ
ている．この例題についても，M_{u2} の計算においてはウェブ端部の破壊モードが三つあ
ることに注意する．また，例題 5.7 より梁の全塑性モーメント $M_p = 2300$ [kN·m] で
ある．

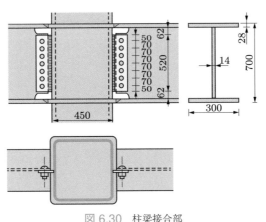

図 6.30 柱梁接合部

解答 （1）フランジ溶接部曲げ耐力 M_{u1}

式 (6.68) 右辺第一項より

$$M_{u1} = 300 \times 28 \times 490 \times (700 - 28) = 277 \times 10^4 \text{ [kN·mm]} = 2770 \text{ [kN·m]}$$

（2）ウェブ接合部曲げ耐力 M_{u2}

破壊モードをボルトの破断とすると，

式 (3.19) より　$R_u = 0.6 \times 1 \times 380 \times 1000 = 228$ [kN]

式 (6.49-a) より　$M_{u2} = (228 \times 70 + 228 \times 140 + 228 \times 210) \times 2$

$$= 192 \times 10^3 \text{ [kN·mm]} = 192 \text{ [kN·m]}$$

次に破壊モードをガセットプレートの曲げ破壊とする．M_{u2} は式 (6.49-b) を用いて
計算できるが，ここでは近似的に有効塑性断面係数 Z_p が全断面有効として得られる塑性
断面係数の 75% とする．すると 5.1.4 項 (1) より

$$Z_p = 0.75 \times \frac{th^2}{4} = 0.75 \times \frac{15 \times 520^2}{4} = 761 \times 10^3 \text{ [mm}^3\text{]}$$

式 (5.12) より　$M_{u2} = 490 \times 761 \times 10^3 = 373 \times 10^6$ [N·mm] = 373 [kN·m]

最後に破壊モードを柱フランジとの溶接部の破断とする．

式 (6.55) より　$L = 700 - 2 \times (28 + 62 + 9) = 502 \ [\mathrm{mm}]$

式 (3.14) より　$a = 0.7 \times 9 = 6.3 \ [\mathrm{mm}]$

隅肉溶接部の塑性断面係数 Z_{pw} は，取付けガセットプレートの両側が隅肉溶接されていることに注意しつつ，5.1.4 項 (1) を参照すれば，次のようになる.

$$Z_{pw} = 2 \times \frac{aL^2}{4} = 2 \times \frac{6.3 \times 502^2}{4} = 794 \times 10^3 \ [\mathrm{mm}^3]$$

この場合の M_{u2} は例題 6.9 と同様にして

$$M_{u2} = Z_{pw} \frac{\sigma_B}{\sqrt{3}} = 794 \times 10^3 \times \frac{490}{\sqrt{3}} = 216 \times 10^6 \ [\mathrm{N \cdot mm}] = 216 \ [\mathrm{kN \cdot m}]$$

以上より，M_{u2} の最小値は $192 \, \mathrm{kN \cdot mm}$ である.

(3) 接合部の最大曲げモーメント M_u

表 6.2 より割増し係数は 1.2 なので，次のようになる.

$$M_u = 2710 + 192 = 2962 > 1.2 M_p = 2760 \ [\mathrm{kN \cdot m}] \qquad \therefore \ 安全である.$$

6.4　柱脚と基礎の設計

6.4.1　柱脚の固定度

応力解析において，柱脚に生じる回転量 θ と柱脚の負担する曲げモーメント M の関係は次式で表される.

$$M = K_B \theta \tag{6.69}$$

この柱脚の**弾性回転ばね**（回転ばね剛性 K_B）は図 6.31 に示すように想定するが，回転ばね剛性 K_B の求め方は「鋼構造接合部設計指針」[6] に示されているものを紹介する.

ベースプレートは，**アンカーボルト**が降伏するまで十分な剛性を有し，かつ，降伏しない場合，図 6.32 において，回転ばね剛性は次式で表される.

$$K_B = \frac{EnA_B(g_c + g_t)^2}{2L_B} \tag{6.70}$$

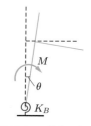

図 6.31　柱脚の仮定

ここに，$E = 2.05 \times 10^5 \ [\mathrm{N/mm}^2]$，$n$：引張側アンカーボルト本数，$A_B$：アンカーボルト軸断面積，$L_B$：アンカーボルトの長さである.

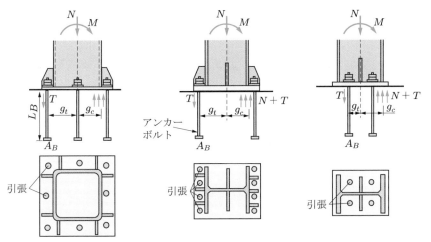

g_c：柱断面図心より圧縮側の柱フランジ外縁までの距離
g_t：柱断面図心より引張側のアンカーボルトまでの距離

図 6.32 基礎の形式

6.4.2 露出形式柱脚の設計

■（1）柱脚の応力

　柱脚部には，図 6.33 に示すように，曲げ応力 M，軸力 N，せん断力 Q が作用する．M と N が同時に加わる場合は，図 6.34 のように，偏心量 $e\,(= M/N)$ を用いて表すことができる．

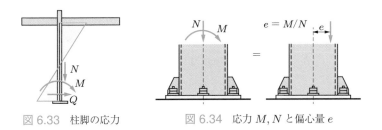

図 6.33 柱脚の応力　　　図 6.34 応力 M, N と偏心量 e

■（2）ベースプレート反力の検討

　ベースプレート反力は，その応力の状態により，中立軸位置が異なり，図 6.35 のような三つのケースがある．

　鉛直方向の力の釣り合い，および曲げモーメントの釣り合いから，ベースプレート反力の最大値 σ_c について，以下の式が導かれる．ただし，B は ベースプレートの幅である．

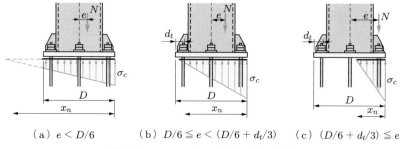

（a）$e < D/6$　　　（b）$D/6 \leqq e < (D/6 + d_t/3)$　　　（c）$(D/6 + d_t/3) \leqq e$

図 6.35　ベースプレート部の応力の状態

中立軸が断面外の場合（$M/(ND) \leqq 1/6$ のとき）

$$\sigma_c = \frac{N}{BD}\left(1 + \frac{6e}{D}\right) \tag{6.71}$$

中立軸が断面内でアンカーボルトより外の場合（$D/6+d_t/3 > M/(ND) > 1/6$ のとき）

$$\sigma_c = \frac{2N}{3B(D/2 - e)} \tag{6.72}$$

中立軸が断面内でアンカーボルトより内の場合（$M/ND > D/6 + d_t/3$ のとき）

$$\sigma_c = \frac{2N\{e + (D/2) - d_t\}}{Bx_n\{D - d_t - (x_n/3)\}} \leqq f_c \tag{6.73}$$

ただし，**中立軸距離** x_n は次式で表されるが，図 6.36 によっても求められる.

$$x_n^3 + 3\left(e - \frac{D}{2}\right)x_n^2 - \frac{6na_t}{B}\left(e + \frac{D}{2} - d_t\right)(D - d_t - x_n) = 0 \tag{6.74}$$

ここに，a_t：引張側アンカーボルト総軸部断面積である.

したがって，ベースプレート反力の検討は次式で行う.

$$\sigma_c \leqq f_c \tag{6.75}$$

ここに，f_c：コンクリートの許容圧縮応力度である.

■（3）ベースプレートの曲げ応力度の検討

ベースプレートの曲げ応力の計算には，次の二つの方法がある（図 6.37）.

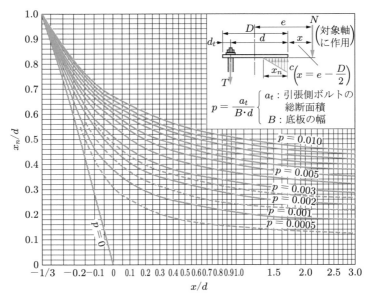

図 6.36　中立軸距離計算図表（ヤング係数比 $n = 15$）

[日本建築学会編集・発行：鋼構造許容応力度設計規準, 2019][1]

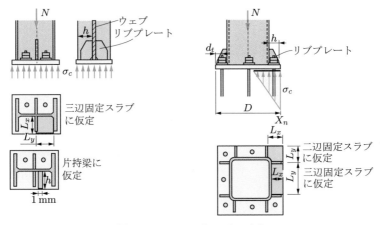

図 6.37　ベースプレートの応力

① 柱ウェブ，フランジならびにリブプレートを境界としてベースプレートをいくつかの要素に分割し，個々の要素を二辺固定もしくは三辺固定のスラブと捉える．これらのスラブの応力は，たとえば「鉄筋コンクリート構造計算規準・同解説」[9]の長方形スラブ算定図を用いて計算する．この算定図を使った計算例は例題 6.13 に示す．

② 柱ウェブの位置で固定端とした単位幅（1 mm）の片持梁として略算する．

最大曲げ応力度 σ_b は，単位幅（1 mm）あたりの断面係数 Z（$= 1 \times t^2/6$）に対して次式となる．

$$\sigma_b = \frac{M}{Z} = \frac{M}{1 \times t^2/6} \tag{6.76}$$

ベースプレートの許容曲げ応力度は，式 (2.72) より $f'_{b1} = F/1.3$ であり，

$$\sigma_b \leqq f'_{b1} \tag{6.77}$$

となるよう検討する．また，$\sigma_b \leqq f'_{b1}$ より，必要な板厚 t は次式で表される．

$$t \geqq \sqrt{\frac{6M}{f'_{b1}}} \tag{6.78}$$

ここで，図 6.38 に示すようにベースプレートの突出長さを h とすると，必要な板厚について以下の式が導かれる．

$$t \geqq h\sqrt{\frac{3\sigma_c\{1 - h/(3x_n)\}}{f'_{b1}}} \tag{6.79}$$

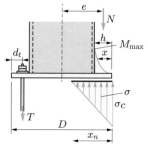

図 6.38　ベースプレートの応力

■（4）アンカーボルトの引抜き力の検討

アンカーボルトに働く引張力 T については，ベースプレート反力との力の釣り合い，および曲げモーメントの釣り合いから次式が導かれる．

$$T = \frac{N\{e - (D/2) + (x_n/3)\}}{D - d_t - (x_n/3)} \tag{6.80}$$

したがって，必要な有効断面積 a_e は次式となる．

$$a_e \geqq \frac{T}{f_t} \tag{6.81}$$

アンカーボルトの有効断面積は付録 7 に示す．

なお，アンカーボルトの埋込み長さはボルト径の 20 倍以上が必要である．また，ナットは二重ナットにするか溶接する．

■（5）引張側ベースプレートの曲げ応力度の検討

アンカーボルトの引抜き力に対しては，図 6.39 に示すような，幅 $b_e (= R + 2g)$，板厚 t の片持梁と考えて，これに集中荷重 T が加わるものとして曲げ応力を検討する．

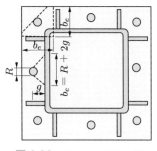

$$\sigma_b = \frac{M}{Z} \leqq f'_{b1} \qquad (6.82)$$

ただし，$M = Tg$

$$Z = (R + 2g)\frac{t^2}{6}$$

図 6.39 アンカーボルト部

ここに，$f'_{b1} = F/1.3$，R：ボルト径である．

これより，必要な板厚は次式となる．

$$t \geqq \sqrt{\frac{6Tg}{f'_{b1}(R + 2g)}} \qquad (6.83)$$

■（6）水平せん断力に対する検討

柱からのせん断力は，コンクリートとベースプレートとの摩擦，あるいはアンカーボルトのせん断力により基礎コンクリートに伝達される．

① ベースプレートとモルタルの摩擦伝達　コンクリートとベースプレートとの摩擦抵抗は，柱軸力を N，アンカーボルトの張力を T，摩擦係数を 0.4 とすれば，$0.4(N + T)$ であり，水平せん断力は次式で検討する．

$$Q \leqq 0.4(N + T) \qquad (6.84)$$

② 上式を満足しない場合，水平せん断力をアンカーボルトに負担させるとし，次式で検討する．ただし，座金を溶接する必要がある．

$$Q \leqq n a_0 f_s \qquad (6.85)$$

ここに，n：アンカーボルト本数，a_0：アンカーボルト 1 本あたりの断面積である．

アンカーボルトに引抜き力 T が加わる場合は，せん断力 Q との複合応力を考慮する．この検討は式 (3.10) による．

また，図6.40のようにブレース付き柱脚
の場合は，ブレース部材からの斜め方向力を
鉛直方向分力（軸方向力）と水平方向分力（せ
ん断力）として考慮する．したがって，大き
なせん断力を負担する必要があり，アンカー
ボルトのせん断力負担だけでなく，ベースプ
レート下面にシアーキーを溶接する方法も
ある．

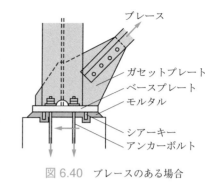

図6.40 ブレースのある場合

■（7）リブプレートの設計

ベースプレートの変形を抑えて，柱脚部を剛にするために，**リブプレート（補剛
リブ）** を設ける．リブプレートはベースプレート下面の反力 σ_c を鉄骨柱に伝達する
よう，断面と溶接サイズを検討する．ベースプレート反力をリブプレートと柱のフ
ランジで分担するとし，概略，以下の手順で検討を進める．

① 図6.41において，ベースプレート下面の支圧 σ_c を等分布と考え，リブプ
レートの負担面積 A を図のようにとると，負担するベースプレート反力 R_r は
次式で表される．

$$R_r = \sigma_c A \tag{6.86}$$

ただし，$A = \dfrac{D}{2} \cdot \dfrac{B}{2}$

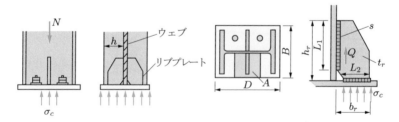

図6.41 リブプレート

リブプレートがウェブを固定端とした片持梁と考えると，リブプレートの応
力は次式で表される．

$$M = R_r \frac{b_r}{2} = \frac{\sigma_c A b_r}{2} \tag{6.87}$$

したがって，断面の応力度は次式で検討する．

$$\sigma_b = \frac{M}{Z} \leqq f_t, \qquad \tau = \frac{\kappa R_r}{h_r t_r} \leqq f_s \tag{6.88}$$

ただし, $Z = \dfrac{t_r h_r^2}{6}$

ここに, κ：せん断応力度の形状係数（$= 1.5$）である.

② 柱との溶接は，両側から隅肉溶接を行う場合，次式によって検討する.

曲げ応力度に対して $\quad \rho_1 = \dfrac{M}{2 \times 0.7sL^2/6} \leqq f_w \tag{6.89}$

せん断応力度に対して $\quad \rho_2 = \dfrac{Q}{2 \times 0.7sL} \leqq f_w \tag{6.90}$

M と Q の合成力に対して $\quad \sqrt{\rho_1^2 + \rho_2^2} \leqq f_w \tag{6.91}$

ここに, L：隅肉溶接の有効長さであり，図 6.41 では $L = L_1 - 2s$ である.

③ ベースプレートとの溶接については，両側から隅肉溶接を行う場合，次式により検討する.

$$\frac{R_r}{2 \cdot 0.7sL_2} \leqq f_w \tag{6.92}$$

④ 幅厚比 b_r/t_r が表 2.3 の制限値以下となるようにする. したがって, SN400 であれば $b_r/t_r \leqq 16$, SN490 であれば $b_r/t_r \leqq 13$ となるようにする.

■ 例題 6.11 ■ 図 6.42 の柱脚の場合について検討せよ. 柱脚はピン仮定（$M = 0$）とする. また，アンカーボルト張力 $T = 0$ とする.

（長期）$N = 205$ [kN], $Q = 57.6$ [kN]
（暴風時）$N = 165$ [kN], $Q = 66.8$ [kN]
コンクリート：$f_c = 7$ [N/mm²], 鋼材：
（SN400）$f'_{b1} = 235/1.3 = 181$ [N/mm²]

解答 (1) ベースプレート反力の検討
（長期）
ベースプレート反力 σ_c は, $M = 0$ すなわち $e = 0$ であることをふまえ，式 (6.71) より次のようになる.

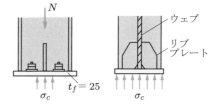

図 6.42 柱脚部

$$\sigma_c = \frac{205 \times 10^3}{350 \times 750} = 0.781 < f_c = 7 \ [\text{N/mm}^2] \qquad \therefore \ \text{OK}$$

(2) 水平せん断力 Q

（長期）　式 (6.84) より　$0.4 \times 205 = 82.0 > Q = 57.6$ [kN]　　∴ OK

（暴風時）式 (6.84) より　$0.4N = 0.4 \times 165 = 66.0 < Q = 66.8$ [kN]　　∴ NG

したがって，暴風時についてせん断力をアンカーボルト（4-M22，ABR400，$F = 235$ [N/mm²]）で負担すると考える．付表 7.1 よりアンカーボルト 1 本あたりの軸断面積 $a_0 = 320$ [mm²] なので，式 (6.85) より次のようになる．

$$Q_a = 4 \times 320 \times \frac{235}{\sqrt{3}} = 174 > Q = 66.8 \text{ [kN]}　　∴ \text{OK}$$

(3) ベースプレート（350×750，$t_f = 25$ [mm]）の曲げ応力度 σ_b の検討（長期）

ウェブ位置を固定端とした片持梁として略算する．幅 1 mm を考えると，次のようになる．

$$\sigma_c = 0.781 \text{ [N/mm]}, \qquad Z = \frac{1 \times 25^2}{6} = 104 \text{ [mm}^3]$$

固定端部の単位幅の曲げモーメントは次式である．

$$M = \frac{\sigma_c h_1^2}{2} = \frac{0.781 \times (350/2)^2}{2} = 120 \times 10^2 = 12.0 \text{ [kN·mm/mm]}$$

式 (6.76) より　$\sigma_b = \dfrac{120 \times 10^2}{104} = 115 < f'_{b1} = 181$ [N/mm²]　　∴ OK

(4) リブプレートの検討（図 6.43）

ウェブの中央部に $b_r \cdot h_r \cdot t_r = 140 \times 200 \times 12$ のリブプレートを設け，ベースプレート反力 σ_c をフランジと分担するものとする．また，溶接耐力 Q_a はその分担力に対して検討する．

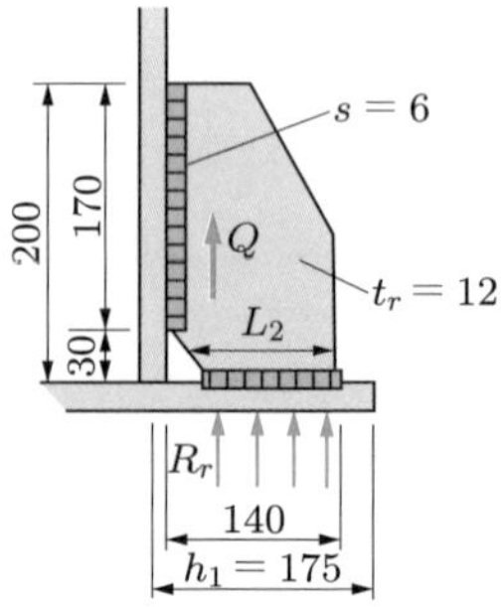

分担面積　$A = \dfrac{B}{2} \times \dfrac{D}{2} = \dfrac{350}{2} \times \dfrac{750}{2}$

$\qquad\qquad\quad = 656 \times 10^2$ [mm²]

負担力　$R_r = Q = \sigma_c \times A = 0.773 \times 656 \times 10^2$

$\qquad\qquad = 50.7$ [kN]

図 6.43　リブプレート

溶接のサイズ　$s = 6$（のど厚：$a = 0.7 \times 6 = 4.2$ [mm]）

溶接長さ　$2L_1 = (200 - 30 - 2 \times 6) \times 2 = 316$ [mm]

溶接耐力　$Q_a = 2 \times a \times f_s \times L_1 = 2 \times 4.2 \times \dfrac{235}{1.5\sqrt{3}} \times 316$

$\qquad\qquad = 240 > Q = 50.7$ [kN]　　∴ OK

幅厚比の検討においては，リブプレートが表 2.3 の一縁支持・他縁自由のうちの一般に分類されるとする．したがって，

$$\frac{b_r}{t_r} = \frac{140}{12} = 11.7 < 16 \quad \therefore \text{ OK}$$

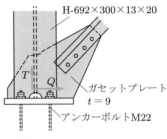

■ 例題 6.12 ■ 地震時における鉛直方向引抜き力 $T = 81$ [kN], 水平方向力 $Q = 93.2$ [kN] を負担する, ブレース付き柱脚部 (図 6.44) の応力の断面算定を行え. ただし, 鋼材: SN400, アンカーボルト: ABR400 ($F = 235$ [N/mm^2]), M22 (付表 7.1 より $a_{0e} = 303$ [mm^2], $f_{tb} = 0.235$ [kN/mm^2] (短期)) とする.

H-692×300×13×20
ガセットプレート $t = 9$
アンカーボルトM22

図 6.44   ブレース付き柱脚部

解答 (1) アンカーボルトの検討

アンカーボルトには引張力とせん断力が同時に加わる.

ボルトに働くせん断応力度 $\tau = \dfrac{93.2}{320 \times 4} = 0.0728$ [kN/mm^2]

式 (3.10) より $f_{ts} = \sqrt{0.235^2 - 3 \times 0.0728^2} = 0.198$ [kN/mm^2]

ボルトに働く引張応力度

$$\sigma_t = \frac{81}{303 \times 4} = 0.067 < f_{ts} = 0.198 \text{ [kN/mm}^2\text{]} \quad \therefore \text{ OK}$$

(2) ベースプレートの検討

アンカーボルトの引抜き力に対し, 図 6.45 に示すように, ベースプレートが片持梁で負担するものとする. ベースプレート厚 $t = 25$ [mm] とする.

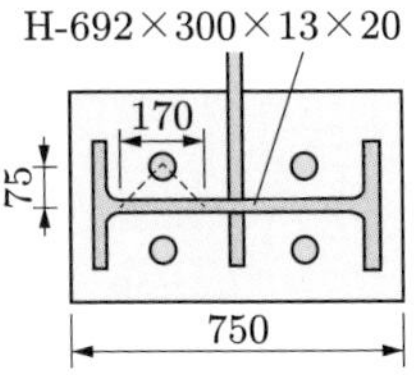

$$R + 2g = 20 + 2 \times 75$$
$$= 170 < \frac{692 - 20}{2} = 336 \text{ [mm]}$$

$$\frac{T}{n} = \frac{81}{4} = 20.3 \text{ [kN]}$$

式 (2.72) より $f'_{b1} = \dfrac{235}{1.3} \times 1.5 = 271$ [N/mm^2] $= 0.271$ [kN/mm^2]

式 (6.83) より $t = \sqrt{\dfrac{6 \times 20.3 \times 75}{0.271 \times 170}} = 14.1 < 25$ [mm] $\quad \therefore$ OK

H-692×300×13×20
170
75
750

図 6.45   ベースプレート

■ 例題 6.13 ■ 図 6.46 の固定柱脚を検討せよ. ただし, $M = 200$ [kN·m], $N = 800$ [kN], $Q = 180$ [kN] (短期), コンクリート $F_c 24$, H-300×300×10×15, SN400, アンカーボルト ABR400 ($F = 235$ [N/mm^2]), M22 (付表 7.1 より $a_0 = 320$ [mm^2], $a_{0e} = 303$ [mm^2]) とする.

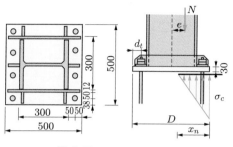

図 6.46　アンカーボルト

解答　(1) コンクリート支圧応力度

$$e = 200 \times \frac{1000}{800} = 250 > \frac{D}{6} + \frac{d_t}{3} = \frac{500}{6} + \frac{50}{3} = 100 \ [\text{mm}]$$

$\therefore$ アンカーボルトに引張力が生じる（図 6.35 (c)）.

図 6.36 を用いて中立軸を求める.

$$x = e - \frac{D}{2} = 250 - \frac{500}{2} = 0, \qquad \frac{x}{d} = \frac{0}{45} = 0$$

$$p = \frac{4 \times 320}{500 \times 450} = 0.00569$$

図 6.36 より，$\dfrac{x_n}{d} = 0.60, \qquad d = 450 \qquad \therefore x_n = 0.60 \times 450 = 270 \ [\text{mm}]$

式 (6.73) より　$\sigma_c = \dfrac{2 \times 800(250 + 500/2 - 50)}{500 \times 270 \times (500 - 50 - 270/3)}$

$$= 0.0148 \leqq f_c = 0.0160 \ [\text{kN/mm}^2] \qquad \therefore \text{ OK}$$

(2) アンカーボルトの検討

$$a_{te} = 303 \times 4 = 1212 \ [\text{mm}^2]$$

式 (6.80) より　$T = \dfrac{800(250 - 500/2 + 270/3)}{500 - 50 - 270/3}$

$$= 200 \leqq R_t = 1212 \times 235 = 284.8 \ [\text{kN}] \qquad \therefore \text{ OK}$$

(3) 圧縮側ベースプレートの検討

$$f'_{b1} = \frac{235}{1.3} \times 1.5 = 271 \ [\text{N/mm}^2] = 0.271 \ [\text{kN/mm}^2]$$

図 6.46 のベースプレート四隅を二辺固定スラブとみなすと，

$$\frac{L_y}{L_x} = \frac{100}{88} = 1.14$$

であるから，「鋼構造設計便覧」[10] の長方形スラブ算定図にある「等分布荷重時 2 隣辺固定他辺自由スラブの応力図と自由辺交点のたわみ（$v = 0$）」において，左側縦軸の値はおおよそ 0.32 と読み取れる. ここで，$w = \sigma_c = 0.0148 \ [\text{kN/mm}^2]$ であるので，曲

げモーメント M は次式により計算される[6)].

$$M = 0.32wL_x^2 = 0.32 \times 0.0148 \times 88^2 = 36.7 \ [\text{kN} \cdot \text{mm}]$$

必要な板厚 t は，式 (6.78) より，

$$t = \sqrt{\frac{6 \times 36.7}{0.271}} = 28.4$$

したがって，ベースプレートの厚さは図 6.46 のとおり 30 mm のままでよいと判断できる．参考のため，ウェブを固定端とした片持梁として式 (6.79) により略算してみる．

$$t \geq 100 \times \sqrt{\frac{3 \times 0.0148 \times \{1 - 100/(3 \times 270)\}}{0.271}} = 37.8 \ [\text{mm}]$$

よって，式 (6.79) によると，ベースプレートの厚さは 30 mm では不足と判断される．この例題では先の二辺固定スラブと仮定した結果を採用し，ベースプレートの厚さは 30 mm のままとした．

(4) 引張側ベースプレートの検討

図 6.47 のボルト部分について検討する．

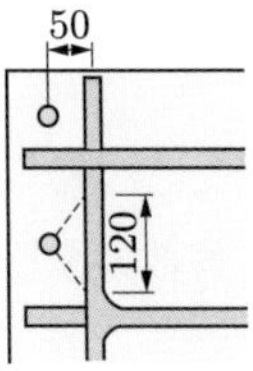

図 6.47 引張ベースプレート

$$R + 2g = 20 + 2 \times 50 = 120 \ [\text{mm}]$$

式 (6.83) より $\quad t = \sqrt{\dfrac{6 \times 208/4 \times 50}{0.271 \times 120}}$

$$= 21.9 < 30 \ [\text{mm}] \qquad \therefore \text{OK}$$

(5) せん断力の検討

式 (6.84) より $\quad Q_a = 0.4 \times (800 + 208) = 403 > Q = 180 \ [\text{kN}] \qquad \therefore \text{OK}$

6.4.3 露出形式柱脚の終局耐力

■ （1）柱部材下端部が降伏する場合の対応

柱脚は，大地震時に建物が崩壊しないよう，大きな靭性を確保する必要がある．そのためには，アンカーボルトが引張降伏に至っても，以下の三つの破壊を生じないよう設計すればよい（図 6.48）.

① 基礎コンクリートの縁が小さいと生じる，コンクリートの圧縮破壊

② 基礎が小さく，かつ，ベースプレートが薄く局部応力度が大きいと生じる，コンクリートの割裂破壊

③ アンカープレートが小さく，埋込み長さが不足すると生じる，アンカーボルトの抜け出し

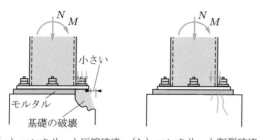
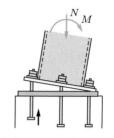

（a）コンクリート圧縮破壊　（b）コンクリート割裂破壊　（c）アンカーボルト抜け出し

図 6.48　露出形式柱脚の終局破壊形

■（2）柱脚部が降伏する場合の対応

保有耐力設計において，柱部材脚部が降伏して全塑性曲げモーメント $_cM_p$ （$=\sigma_y \cdot Z_p$），あるいは降伏せん断力 Q_y に達したとき，柱脚の全塑性曲げモーメント $_fM_p$，あるいは終局せん断力 Q_p に対して安全であるかどうかは次式で確認する．

$$_fM_p > {}_cM_p, \qquad Q_p > Q_y \tag{6.93}$$

柱脚部の全塑性曲げモーメント $_fM_p$，終局せん断力 Q_p は，以下の式を用いることができる [2]．

（a）柱脚部の全塑性曲げモーメント $_fM_p$　図 6.49 において，コンクリート支圧応力度が全底面で $0.85F_c$ としたときの全支圧力 N_u，引張側アンカーボルトの応力

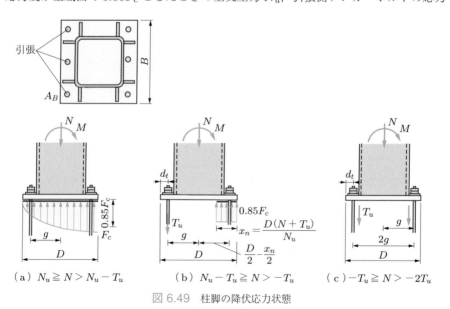

（a）$N_u \geqq N > N_u - T_u$　　（b）$N_u - T_u \geqq N > -T_u$　　（c）$-T_u \geqq N > -2T_u$

図 6.49　柱脚の降伏応力状態

度を降伏値 F としたときの全引張力 T_u は，次式である．

$$N_u = 0.85BDF_c \tag{6.94}$$

$$T_u = n_t A_B F \tag{6.95}$$

ここに，F_c：コンクリート強度，n_t：引張側アンカーボルト本数，A_B：アンカーボルトの軸断面積，F：アンカーボルトの F 値である．

応力状態は，以下の三つの場合に分けられる．

① $N_u \geqq N > N_u - T_u$（図 6.49(a)）　曲げモーメントが小さく，引張側アンカーボルトに引張力が生じないときは，コンクリート支圧応力度が全底面で終局応力度（$= 0.85F_c$）となり，中立軸を引張側アンカーボルト位置付近と考えると，曲げモーメントの釣り合いより次式となる．

$$_fM_p = (N_u - N)g \tag{6.96}$$

ここに，g：柱中心から引張側アンカーボルト中心までの距離である．

② $N_u - T_u \geqq N > -T_u$（図 6.49(b)）　引張側アンカーボルトが降伏し，かつベースプレート下部の支圧コンクリートが終局強度の状態を考えると，中立軸位置 x_n は，力の釣り合い（$T_u + N = 0.85Bx_nF_c$）および式 (6.94) より次式となる．

$$x_n = \frac{D(N + T_u)}{N_u} \tag{6.97}$$

したがって，コンクリート支圧応力の中心での曲げモーメントの釣り合い，および式 (6.97) より，次式が得られる．

$$\begin{aligned}
_fM_p &= T_u\left(D - d_t - \frac{x_n}{2}\right) + N\left(\frac{D}{2} - \frac{x_n}{2}\right) \\
&= T_u g + (N + T_u)\frac{D}{2}\left(1 - \frac{N + T_u}{N_u}\right)
\end{aligned} \tag{6.98}$$

③ $-T_u \geqq N > -2T_u$（図 6.49(c)）　引張側アンカーボルトが降伏し，圧縮側アンカーボルトにも引張力が働くとき，圧縮側アンカーボルト位置付近を中立軸とみなすと，曲げモーメントの釣り合いより次式が得られる．

$$_fM_p = Ng + T_u 2g = (N + 2T_u)\,g \tag{6.99}$$

（b）柱脚の終局せん断力 Q_p　　終局せん断力は，摩擦により抵抗するせん断耐力 Q_{fy} と，ボルトのせん断耐力 Q_{sy} の大きいほうを採用する．

$$Q_p = \max(Q_{fy}, Q_{sy}) \tag{6.100}$$

柱脚の終局せん断力 Q_u は，図 6.49 の曲げ耐力の場合と同様に，ケースごとに以下の耐力式がある．

$$N_u \geqq N > N_u - T_u$$

$$Q_{fy} = 0.5N \tag{6.101}$$

$$Q_{sy} = 2S_y = 2n_t A_B \cdot 0.6F \tag{6.102}$$

ここに，S_y：引張側アンカーボルトの終局せん断耐力である．

$$N_u - T_u \geqq N > -T_u$$

$$Q_{fy} = 0.5(N + T_u) \quad かつ \quad Q_{fy} = 0.5(N_u - T_u) \tag{6.103}$$

$$Q_{sy} = S_y \left\{ 1 + \sqrt{1 - \left(\frac{T}{T_u}\right)^2} \right\} \tag{6.104}$$

ただし，$T = N_u - T_u$　かつ　$T \leqq T_u$

$$-T_y \geqq N > -2T_u$$

$$Q_{fy} = 0 \tag{6.105}$$

$$Q_{sy} = S_y \sqrt{1 - \left(\frac{T}{T_u}\right)^2} \tag{6.106}$$

ただし，$T = -N + T_u$　かつ　$T \leqq T_u$

■ 例題 6.14 ■ 図 6.50 に示す柱脚の終局
曲げモーメントを求め，柱部材の全塑性モー
メントと比較せよ．ただし，$N = 800$ [kN]，
鋼管 □ - $300 \times 300 \times 12$，BCR295 （$A =$
133.3 [cm²], $Z_p = 1420$ [cm³], 付録 5），
ベースプレート 550×550 （$t = 30$ [m]），コ
ンクリート $F_c = 24$ [N/mm²]，アンカーボ
ルト ABR400, 3-M30 （付表 7.1 より $a_0 =$
594 [mm²]）とする．

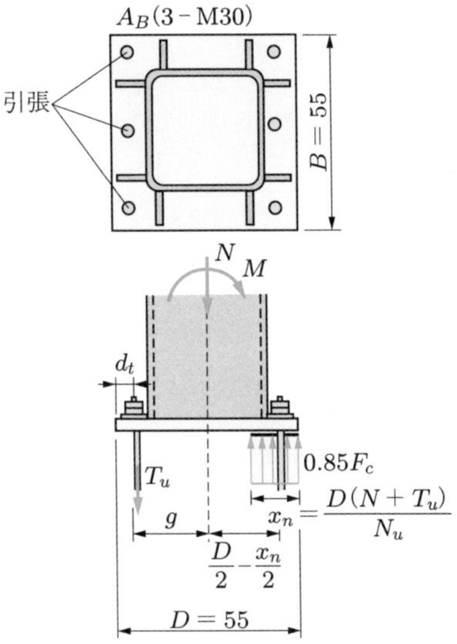

図 6.50　柱脚

解答　(1) N_u, T_u

式 (6.94) より　$N_u = 0.85 \times 550 \times 550 \times$
$24 = 617 \times 10^4$ [N] $= 6170$ [kN]

式 (6.95) より　$T_u = 3 \times 594 \times 235 =$
419 [kN]

(2) $_fM_p$

$N_u - T_u = 6170 - 418 = 5752$ [kN] か
つ $-T_u = 418$ [kN] であるので，$N_u - T_u \geqq N > -T_u$ である．したがって，式 (6.98)
より次のようになる．

$$_fM_p = 418 \times 225 + (800 + 418) \times \frac{550}{2} \times \left(1 - \frac{800 + 418}{6170} \right) = 363 \text{ [kN·m]}$$

(3) M_{pc}

式 (5.12) より　$M_p = 235 \times 1420 \times 10^3 = 334 < {}_fM_p = 363$ [kN·m]

$$N_y = \sigma_y A = 235 \times 133.3 \times 10^2 = 3133 \times 10^3 \text{ [N]}, \qquad \frac{N}{N_y} = \frac{800 \times 10^3}{3133 \times 10^3} = 0.255$$

$N/N_y > 0.125$ なので式 (5.34) より次のようになる．

$$M_{pc} = 1.14(1 - 0.255) \times 334 = 284 \text{ [kN·m]} < {}_fM_p = 363 \text{ [kN·m]} \qquad \therefore \text{ OK}$$

6.4.4　非露出形式柱脚の設計

■（1）埋込み柱脚の設計

埋込み柱脚は，柱せい D の 2.5 倍以上埋め込む．このとき，図 6.51 のような応
力分布を想定すると，埋込み深さの中心位置での曲げモーメント M'，および基礎
コンクリート上端に生じる支圧応力度 σ_c は，次式となる．

$$M' = Q\left(y_h + \frac{H'}{2}\right) = Qy_h\left(1 + \frac{H'}{2y_h}\right) \tag{6.107}$$

$$\sigma_c = \frac{M'}{Z} + \frac{Q}{A} = \frac{Q}{Bd}\left(4 + \frac{6y_h}{d}\right) \tag{6.108}$$

$$\text{ただし，} Z = \frac{Bd^2}{6}, \qquad A = Bd$$

ここに，H'：基礎梁せい（＝埋込み深さ），B：柱幅である．

支圧応力度 σ_c がコンクリートの許容圧縮応力度 f_c 以下であることを確認する．また，必要な基礎梁の主筋量 a_t は鉄筋の許容応力度を f_t [9] とすると，次式となる．

$$a_t = \frac{M'}{f_t j} \qquad j = \frac{7}{8}d \ (d：基礎梁の有効せい) \tag{6.109}$$

ただし，f_t は鉄筋の許容引張応力度であり，その値は「鉄筋コンクリート構造計算規準・同解説」[9] を参照する．

さらに，側柱，隅柱では，外側部コンクリートがパンチングシアー破壊しやすいので，図 6.52 のように U 形補強筋を用いるなどの対策が必要である．

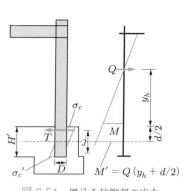

図 6.51 埋込み柱脚部の応力

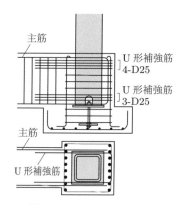

図 6.52 埋込み柱脚の配筋

■ **例題 6.15** ■ 図 6.53 の埋込み柱脚を検討せよ. ただし, 柱せん断力 $Q = 60$ [kN] (短期), 鋼材: □ - $300 \times 300 \times 9$, コンクリート F_c21 ($f_c = 14$ [N/mm²]), 鉄筋 D22 (断面積 387.1 [mm²]) [9], SD295 (短期許容引張応力度 $f_t = 295$ [N/mm²]), 埋込み深さ 800 mm とする.

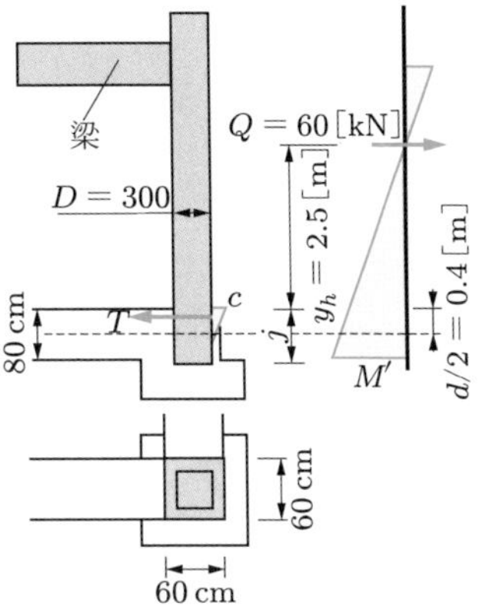

図 6.53 埋込み柱脚とその応力

解答

式 (6.108) より

$$\sigma_c = \frac{60 \times 10^3}{300 \times 800} \times \left(4 + \frac{6 \times 2.5 \times 10^3}{800}\right)$$

$$= 5.69 < f_c = 14 \text{ [N/mm}^2]$$

式 (6.107) より　$M' = 60 \times \left(2500 + \dfrac{800}{2}\right)$

$$= 174 \times 10^3 \text{ [kN} \cdot \text{mm]} \qquad \therefore \text{OK}$$

式 (6.109) より, 必要な基礎梁の主筋量は次のようになる.

$$a_t = \frac{174 \times 10^6}{295 \times 7/8 \times (800 - 100)} = 963 \text{ [mm}^2]$$

したがって, 基礎梁主筋を 4-D22 とすれば, 主筋断面積合計 $a = 4 \times 387.1 = 1548$ [mm²] となり, a は a_t よりも大きい.

■ **（2）根巻き柱脚**

根巻き柱脚では, 根巻き部分の高さは, 柱せいの 2.5 倍以上必要である. この柱脚の曲げモーメントの負担機構には, 根巻きコンクリートの柱部材に対する大きさ (剛性) の度合いにより, 次の二つが考えられる.

① **根巻きコンクリートが剛な場合**　図 6.54 のように, 根巻き頂部, および柱脚部付近を支点として鉄骨柱を支える形となる. この場合, 頂部コンクリートは側圧破壊されやすいので, 頂部に補強用の帯筋を設け, これを鉄骨柱に溶接するなどの対策が必要である.

　　根巻き鉄筋コンクリート部分は, 根巻き頂部に支点反力 R ($= y_h Q/L$) が作用する片持梁として考えればよい.

② **根巻きコンクリートが剛でない場合**　図 6.55 のように, 根巻き下端部の曲げモーメント M ($= y_h Q$) は, 根巻き鉄筋コンクリートで負担し, 根巻き

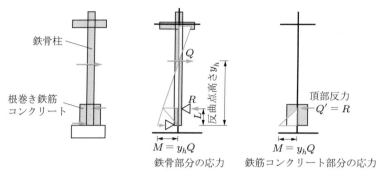

図 6.54　根巻きコンクリートが剛な場合

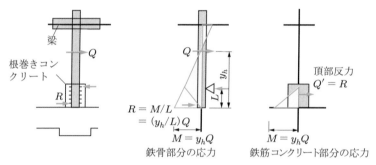

図 6.55　根巻きコンクリートが剛でない場合

コンクリート内（L の区間）で柱フランジに取り付けた**シアーコネクター**（スタッドボルト）を介して鉄骨柱に伝達される．なお，鉄骨柱応力の一部分は，アンカーボルトやベースプレートから基礎部分に伝達される．

第7章 設 計 例

7.1 構造概要と構造計算の手順 ・・・・・・・・・・・・・・・・・・・・・・・・・・・・・・・

7.1.1 構造概要

図7.1のような，事務所ビルの構造計算を行う．

■（1）立地条件

場所：広島県南部（積雪20 cm），風荷重低減：無, 地盤：第2種（$T_c = 0.6$）

■（2）構 造

① 鉄骨造6階, 高さ：24.15 m, 軒高さ：23.20 m, 純ラーメン構造

② 基礎：場所打ちコンクリート杭（アースドリル工法）地業, 杭深さ：G.L.-31 m

図 7.1　設計例建物の完成図

■（3）材 料

梁用鋼材（SN490A），柱用角形鋼管（BCR295，BCP325），高力ボルト（F10T）

コンクリート（2階以上：F_c21, 基礎, 基礎梁, 杭：F_c24）

鉄筋 D16 以下：SD295A, D19 以上：SD345

7.1.2 構造計画概要

経済性などの点から以下のように計画する．

① 主架構は, x, y 方向ともラーメン構造とする．

② 柱は角形鋼管, 梁は組立 H 形鋼（ビルド H 形鋼：BH で示す）を用いて耐火被覆をする．

③ 床は，デッキプレートによる合成床版構造とする（4.2.2項(1)，(4)参照）．

④ 継手は現場溶接工法を採用する（図4.20(a)参照）．

⑤ 柱脚には，既製鋳造柱脚を使用する（図4.15(e)参照）．

⑥ 小梁は，2，3本を等分配置し，大梁に支持させる．

⑦ 屋上は，陸屋根とする．

⑧ 階段は鉄骨造ささら桁形式とする（図4.25参照）．

7.1.3　建物の構造図

主な伏図，軸組図を図7.2〜7.5に示す．

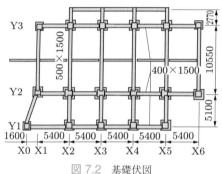

図7.2　基礎伏図

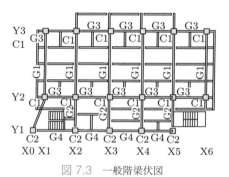

図7.3　一般階梁伏図

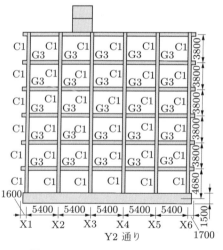

図7.4　x方向軸組図（Y2通り）

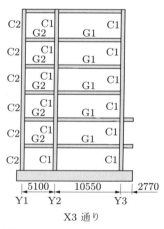

図7.5　y方向軸組図（X3通り）

7.1.4 構造設計の手順と応力計算の仮定

短期荷重については，地震力に比べて風荷重は十分小さいこと，また，積雪も少ないため地震力についてのみ検討を行う．構造設計の手順を図 7.6 に示す．

① 応力計算には，市販ソフトを使用する．

　一次設計：立体フレーム解析による．

　二次設計：保有水平耐力の計算は荷重増分法による（4.6.3 項参照）．

② 基礎部において，地震時水平力は杭が負担し，杭頭の応力は基礎梁で処理する．柱脚では，半固定状態（回転ばねに仮定）を考慮する（6.4.1 項参照）．

③ 梁の剛性は，コンクリートスラブとの合成梁として評価する．その剛性は，梁の両側に協力幅を考慮した合成梁とみなした場合の断面二次モーメントを求めると，鉄骨梁断面 I に対する倍率 ϕ は 4 倍程度であるが，コンクリート部のひび割れや，クリープを考慮する必要がある．そこで，たわみの検討には，以下の慣用方法が用いられている．すなわち，梁材の断面二次モーメントに対して，協力幅の効果を ϕ として，使用する断面二次モーメントを ϕI とする．ϕ は，両側スラブ，片側スラブの場合で異なり，それぞれ次のようになる．

　　両側スラブの場合　$\phi = 2.0$

　　片側スラブの場合　$\phi = 1.5$

④ 断面応力の検討には，鉄骨断面のみの断面係数を用いる．

■構造計画	■一次設計（許容応力度による設計）	■二次設計（耐震性の検討）
① 構造の概要計画 ② 部材の配置計画	③ 荷重計算 ④ ラーメン応力の計算 ⑤ 梁たわみ計算 ⑥ ラーメン部材の決定，算定 ⑦ 靱性の確保（横補剛，幅厚比） ⑧ 基礎の設計 ⑨ 杭の設計 ⑩ ラーメン部材の接合部，柱脚 　の設計 ⑪ 床スラブの設計	⑫ 層間変形角，偏心率， 　剛性率の検討 ⑬ 保有水平耐力の検討

図 7.6　構造計算の手順

7.2 荷重の計算

7.2.1 固定荷重

固定荷重は，「建築基準法施行令第 84 条」による．これを表 7.1 に示す．大梁，

小梁，柱の自重には耐火被覆を含む．設備機器による荷重 N は，設置部分の床面積あたり $[\text{N/m}^2]$ に換算する．これを表 7.2 に示す．

表 7.1 固定荷重

荷重名	場所	仕上げなど	単位重量 $[\text{N/m}^2]$	荷重 $[\text{N/m}^2]$
床固定荷重 $\left(\begin{array}{c}水平面\\あたり\end{array}\right)$	屋上	押えコンクリート 8 cm × 23	1840	計 5740
		防水層	150	
		スラブ（デッキプレート含む）		
		13.75 × 24 + 150	3450	
		天井（断熱材含む）	300	
	エレベーター機械室	押えコンクリート 10 cm × 23	2300	計 5950
		スラブ（デッキプレート含む）	3450	
		天井仕上げ	300	
	事務室会議室	床仕上げ（フリーアクセスフロア）	1000	計 4650
		スラブ（デッキプレート含む）	3450	
		天井仕上げ	200	
	廊下	床仕上げ（フリーアクセスフロア）	600	計 4250
		スラブ（デッキプレート含む）	3450	
		天井仕上げ	200	
	便所	床仕上げ	600	計 4550
		スラブ（デッキプレート含む）	3750	
		天井仕上げ	200	
	階段	床仕上げ（モルタル含む）	800	計 1400
		床板	400	
		ささら桁	200	
壁自重（壁面積あたり）	外壁：押し出し成形板（$t = 60$ [mm]，仕上げ含む）			1100
	内壁：プラスターボードクロス貼り（軽量鉄骨下地）			400
大梁自重	組立材に応じて計算する			
小梁自重	耐火被覆を含む（床面積あたり）			250
柱自重	単位体積質量 7.85 g/cm^3 より求める			

表 7.2 設備機器による積載荷重 $[\text{N/m}^2]$

部　位	床用	小梁用	ラーメン用	地震用
キュービクル置き場	8000	8000	6000	3000
設備スペース	4000	4000	3500	2500
高架水槽置き場	11000	11000	9000	7000
エレベーター機械室	11000	11000	8500	5500

7.2.2　床荷重（4.3.1 項参照）

設備機器による積載荷重を表 7.2 に，また各床の積載荷重を表 7.3 に示す.

表 7.3　積載荷重 [N/m²]

室　名	荷重	床用	小梁用	ラーメン用	地震用
屋　上	固定	5760	5760	5760	5760
	積載	1800	1800	1300	600
	合計	7550	7550	7050	6350
キュービクル置き場	固定	6050	6050	6050	6050
	積載	8000	8000	6000	3000
	合計	14050	14050	12050	9050
設備スペース	固定	5750	5750	5750	5750
	積載	4000	4000	3500	2500
	合計	9750	9750	9250	8250
高架水槽置き場	固定	5750	5750	5750	5750
	積載	11000	11000	9000	7000
	合計	16750	16750	14750	12750
エレベーター機械室	固定	5950	5950	5950	5950
	積載	11000	11000	8500	5500
	合計	16950	16950	14450	11450
事務室 会議室	固定	4650	4650	4650	4650
	積載	3000	3000	1800	800
	合計	7650	7650	6450	5450
廊　下	固定	4250	4250	4250	4250
	積載	3000	3000	1800	800
	合計	7250	7250	6050	5050
便　所	固定	4550	4550	4550	4550
	積載	1800	1800	1300	600
	合計	6350	6350	5850	5150
鉄骨階段	固定	1400	1400	1400	1400
	積載	3000	3000	1800	800
	合計	4400	4000	3200	2200

注) 事務室および廊下，階段の積載荷重は 3000 N/m² とした.

7.2.3　地震力（4.3.4 項参照）

地震力算定の基準を表 7.4 に示す.

表 7.4　地震力算定の基準（建築基準法施行令第 88 条，および建設省告示第 1793 号）

地域係数 Z	0.9（広島県）
建物の固有周期 T 地盤の固有周期 T_c	$(0.02 + 0.01 \times 1.0) \times 23.2 \, [\text{m}] = 0.70$ 0.6 [s]
振動特性係数 R_t	式 (4.6) より　$T_c < T < 2T_c$ なので $R_t = 1 - 0.2\left(\dfrac{0.7}{0.6} - 1\right)^2 = 0.994 \to R_t = 1.0$ とする.
標準せん断力係数 C_0	（一次）0.2　（二次）1.0　（上突出物）1.0

7.3　応力計算 ･･

7.3.1　断面の仮定

■（1）部材断面の仮定

　部材断面は，以下のように形鋼や鋼管から選ぶが，適当な形鋼がない場合は，工場製作（BH 材）とする（4.4.3 項参照）．

　　① 梁，柱部材は，階やスパンごとに曲げモーメント $M_{\max}$ を満足する断面係数のものを複数採用する．

　　② 梁材では，式 (5.2) のたわみ制限に必要な断面二次モーメント I を満足する断面とする．

　　③ 式 (4.10) の地震時の層間変形角制限（4.5.2 項参照）に必要な断面二次モーメントを満足するものとする．

■（2）柱断面の仮定

　柱断面は表 7.5 を仮定する．表には断面性能も示す．

表 7.5　柱断面（角形鋼管）（付録 5）

記号	通り	階	応力最大部位	部材形状					断面性能			
				鋼材	H	B	t	R	A [cm²]	I [cm⁴] × 10³	Z [cm³]	i_x [cm]
C2	Y1	6, 5, 4, 3	X3	BCR295	400	400	16	40	237.0	57.1	2850	15.5
		2	X3	BCR295	400	400	19	48	277.2	65.4	3270	15.4
		1	X3	BCP325	400	400	22	77	307.7	70	3476	15.0
C1 C1A	Y2	6, 5, 4, 3	X3	BCP325	450	450	19	67	309.0	92.2	4100	17.3
		2, 1	X3		450	450	25	100	387.4	109	4850	16.8
C1	Y3	6, 5, 4, 3	X3	BCP325	450	450	19	67	309.0	92.2	4100	17.3
		2	X3		450	450	22	77	351.7	103	4560	17.1
		1	X3		450	450	25	100	387.4	109	4850	16.8

注）t：板厚，R：外周曲半径

■（3）梁断面の仮定

　梁断面は表 7.6 を仮定する．表には断面性能も示す．

7.3.2　鉛直荷重時（常時）の柱軸力の計算

　鉛直荷重の算定は，階高中央，および柱スパン中央で仕切られた自重 DL（＝ 床自重 ＋ 外壁自重 ＋ 梁，柱自重）と積載荷重 LL（階数による低減を考慮）を合計 $DL + LL$ する（4.3.1 項参照）．表 7.7 に各柱の軸力を示す．

表 7.6 梁断面 (SN490)

記号	通り	スパン	階	部材形状					断面性能				
					H	B	t_w	t_f	I_x [cm^4] $\times 10^3$	Z_x [cm^3]	I_y [cm^4] $\times 10^3$	i_y [cm]	Z_p [cm^3]
G4	Y1	X_{02} X_{23} X_{34} X_{45}	7~3	H	450	200	9	14	32.9	1460	1.87	4.43	1650
			2	BH	550	200	12	19	67	2437	2.53	4.25	2500
G3	Y2 Y3	X_{12} X_{23} X_{34} X_{45} X_{56}	7	BH	600	200	12	16	73	2437	2.13	3.96	2890
			6	BH	600	200	12	16	73	2437	2.13	3.96	2890
			5	BH	600	200	12	19	82	2733	2.53	4.16	3210
			4	BH	600	200	12	25	99	3300	3.33	4.44	3840
			3	BH	600	200	12	28	108	3600	3.73	4.55	4140
			2	BH	700	250	14	25	174	4985	3.26	5.46	5760
G2A	X0	Y_{12}	7	BH	450	200	9	19	41	1822	2.53	4.40	2019
G2	X2 〜 X5	Y_{12}	6	BH	450	200	9	16	36	1606	2.13	4.53	1810
			5	BH	450	200	9	22	45	2000	2.93	4.80	2280
			4	BH	450	250	9	19	49	3219	2.47	6.06	2450
			3	BH	450	250	9	22	55	2444	2.86	6.20	2750
			2	BH	550	250	12	22	90	3258	2.86	5.74	3280
			7	BH	450	200	9	14	33	1462	1.87	5.46	3280
G1	X1 〜 X6	Y_{23}	7	BH	600	200	12	19	82	2437	2.53	4.16	3210
			6	BH	600	250	12	22	109	3300	2.86	5.69	4160
			5	BH	600	250	12	25	120	4000	3.26	5.79	4550
			4	BH	600	250	12	28	131	4366	3.65	5.92	4940
			3	BH	600	300	12	28	154	5133	6.30	7.25	5740
			2	BH	700	300	14	28	220.9	6312	6.30	6.99	7160

注) BH：ビルド H 形鋼 （組立梁）
　　断面性能については，BH‐700×300×14×28 の場合の求め方を例題 5.4, 5.7 に示す.

7.3.3 鉛直荷重時の応力の計算結果

応力計算の結果のうち，Y2 通り，X3 通りの場合を図 7.7 に示す.

表 7.7 柱軸力 [kN]

階	通り	X1	X2	X3	X4	X5	X6
	Y3	268	293	300	305	298	259
6	Y2	352	553	661	363	320	309
	Y1	157	344	385	160	96	—
	Y3	491	552	564	565	553	480
5	Y2	618	852	945	679	606	579
	Y1	233	470	495	292	183	—
	Y3	716	809	827	826	809	702
4	Y2	885	1162	1245	1001	898	852
	Y1	308	593	600	418	265	—
	Y3	942	1068	1091	1088	1066	925
3	Y2	1151	1480	1557	1332	1197	1125
	Y1	382	714	701	541	344	—
	Y3	1168	1416	1489	1485	1409	1152
2	Y2	1411	1805	1873	1659	1499	1398
	Y1	457	831	800	660	418	—
	Y3	1351	1756	1860	1856	1747	1392
1	Y2	1619	2161	2212	2012	1819	1681
	Y1	534	947	896	777	487	—

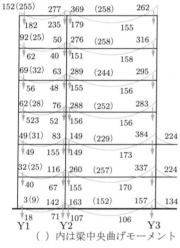

（ ）内は梁中央曲げモーメント

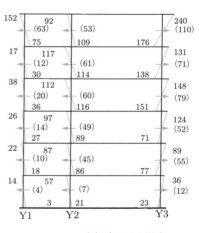

（ ）内はせん断力

（a）X3 通りの鉛直荷重時の応力

図 7.7 鉛直荷重時の応力（M [kN・m], Q [kN]）

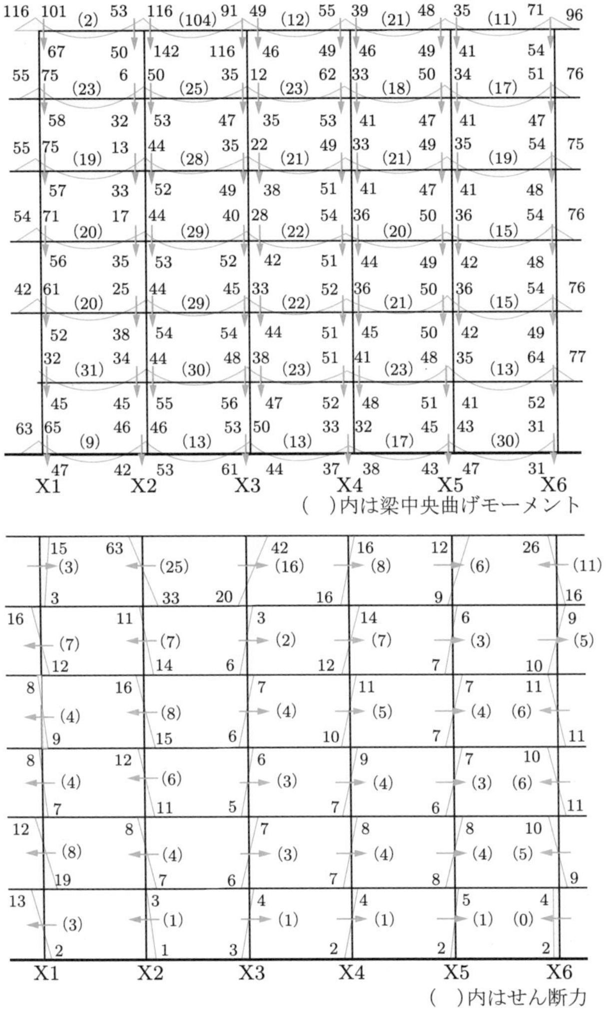

116 101 (2) 53 116 (104) 91 49 (12) 55 39 (21) 48 35 (11) 71 96

67 50 142 116 46 49 46 49 41 54

55 75 (23) 6 50 (25) 35 12 (23) 62 33 (18) 50 34 (17) 51 76

58 32 53 47 35 53 41 47 41 47

55 75 (19) 13 44 (28) 35 22 (21) 49 33 (21) 49 35 (19) 54 75

57 33 52 49 38 51 41 47 41 48

54 71 (20) 17 44 (29) 40 28 (22) 54 36 (20) 50 36 (15) 54 76

56 35 53 52 42 51 44 49 42 48

42 61 (20) 25 44 (29) 45 33 (22) 52 36 (21) 50 36 (15) 54 76

52 38 54 54 44 51 45 50 42 49

32 (31) 34 44 (30) 48 38 (23) 51 41 (23) 48 35 (13) 64 77

45 45 55 56 47 52 48 51 41 52

63 65 (9) 46 46 (13) 53 50 (13) 33 32 (17) 45 43 (30) 31

47 42 53 61 44 37 38 43 47 31

X1　　　X2　　　X3　　　X4　　　X5　　　X6

（　）内は梁中央曲げモーメント

15 63 42 16 12 26

(3) (25) (16) (8) (6) (11)

3 33 20 16 9 16

16 11 3 14 6 9

(7) (7) (2) (7) (3) (5)

12 14 6 12 7 10

8 16 7 11 7 11

(4) (8) (4) (5) (4) (6) (11)

9 15 6 10 7 11

8 12 6 9 7 10

(4) (6) (3) (4) (3) (6)

7 11 5 7 6 11

12 8 7 8 8 10

(8) (4) (3) (4) (4) (5)

19 7 6 7 8 9

13 3 4 4 5 4

(3) (1) (1) (1) (1) (0)

2 1 3 2 2 2

X1　　　X2　　　X3　　　X4　　　X5　　　X6

（　）内はせん断力

（b）Y2 通りの鉛直荷重時の応力

図 7.7　鉛直荷重時の応力（M [kN·m], Q [kN]）（つづき）

7.3.4 地震力の算定

4.3節に述べた方法で地震水平力を求める.

■（1）x方向の地震力

x方向の地震による層せん断力および，水平外力の計算を表7.8に示す.

表7.8 地震力の計算（x方向）[kN]

層	通り	当該階の荷重			式 (4.8)			式 (4.6)	
		固定荷重 DL	積載荷重 LL	全荷重 $TL\,(=DL+LL)$	最上階から当該階まで の重量の和 $\sum W_j = \sum TL$	$\alpha_i = \dfrac{\sum W_j}{W}$ （全重量）	A_i	層せん断力係数 $C_i = Z \cdot R_t \cdot A_i \cdot C_0$	層せん断力 Q_i
R	Y1	643	429	1072					
	Y2	1640	543	2183	4902	0.218	1.868	0.3362	1648
	Y3	1534	112	1646					
	計	3818	1084	4902					
6	Y1	421	38	459					
	Y2	1359	185	1544	8225	0.366	1.581	0.2846	2340
	Y3	1170	150	1320					
	計	2950	373	3323					
5	Y1	424	38	462					
	Y2	1369	185	1554	11570	0.514	1.397	0.2515	2909
	Y3	1177	150	1327					
	計	2970	373	3343					
4	Y1	425	38	463					
	Y2	1390	185	1575	14940	0.664	1.254	0.2257	3372
	Y3	1187	150	1337					
	計	3002	373	3375					
3	Y1	428	38	466					
	Y2	1418	185	1602	18740	0.833	1.118	0.2012	3773
	Y3	1551	181	1732					
	計	3397	404	3801					
2	Y1	458	38	496					
	Y2	1434	175	1610	22500	1.000	1.000	0.1800	4050
	Y3	1460	189	1648					
	計	3352	402	3754					

■（2）y 方向の地震力

y 方向の地震による層せん断力および，水平外力の計算を表 7.9 に示す．

表 7.9 地震力の計算（y 方向）[kN]

| 層 | 通り | 当該階の荷重 | | | 式 (4.8) | | | 式 (4.5) | |
		固定荷重 DL	積載荷重 LL	全荷重 TL ($=DL+LL$)	最上階から当該階までの重量の和 $\sum W_j = \sum TL$	$\alpha_i = \dfrac{\sum W_j}{W}$ (全重量)	A_i	層せん断力係数 $C_i = Z \cdot R_t \cdot A_i \cdot C_0$	層せん断力 Q_i
R	X1	614	79	693					
	X2	725	320	1045					
	X3	704	490	1203					
	X4	677	86	763	4902	0.218	1.868	0.3362	1648
	X5	609	63	672					
	X6	488	37	525					
	計	3818	1084	4902					
6	X1	435	55	490					
	X2	544	73	617					
	X3	529	66	596					
	X4	554	68	622	8225	0.366	1.581	0.2846	2340
	X5	497	61	558					
	X6	390	50	440					
	計	2950	373	3323					
5	X1	435	55	490					
	X2	544	73	617					
	X3	529	66	596					
	X4	554	68	622	11570	0.514	1.397	0.2515	2909
	X5	497	61	558					
	X6	390	50	440					
	計	2970	373	3343					
4	X1	441	55	496					
	X2	554	73	626					
	X3	540	66	607					
	X4	565	68	633	14940	0.664	1.254	0.2257	3372
	X5	507	61	568					
	X6	395	50	445					
	計	3002	373	3375					
3	X1	441	55	496					
	X2	636	78	714					
	X3	657	77	734					
	X4	679	78	758	18740	0.833	1.118	0.2012	3773
	X5	583	66	649					
	X6	400	50	450					
	計	3397	404	3801					
2	X1	389	37	426					
	X2	540	80	720					
	X3	652	82	724					
	X4	667	84	750	22500	1.000	1.000	0.1800	4050
	X5	594	69	663					
	X6	420	50	470					
	計	3352	402	3754					

7.3.5 地震力による応力計算結果

応力計算結果として，Y2通り，およびX3通りの場合の応力図を図7.8，7.9に例示する．

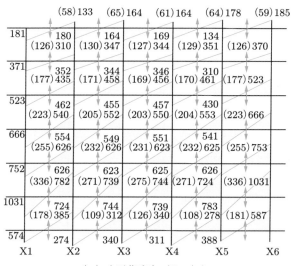

（a）水平荷重時の梁の応力

（b）水平荷重時の柱の応力

図 7.8　Y2 通りの水平荷重時の応力（M [kN·m]，Q [kN]，（　）内はせん断力）

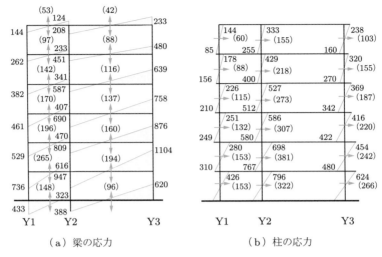

（a）梁の応力 　　　　　　　（b）柱の応力

図 7.9　X3 通りの水平荷重時応力（M [kN·m]，Q [kN]，（ ）内はせん断力）

7.4　各部の設計

7.4.1　梁，柱の断面算定

■（1）梁の断面算定

断面算定の検討の例として，2 階梁 G1（X3 通り，Y23 スパン）の場合を例題 5.4 に示す．長期荷重時の梁たわみは，弾性解析の結果，最大は 1/2145 < 1/250 であり，安全である．

■（2）柱の断面算定

断面算定の検討例として，2 階 Y2 – X3 通りの柱の脚部位置の場合を例題 5.11 に示す．部材断面は □ – 450 × 450 × 25 × 100，BCP325 である．

7.4.2　梁の横補剛，幅厚比の検討

■（1）梁の横補剛

梁の横補剛の例として，6 階のスパンの大きい梁 G1（Y2 – Y3 通り）（図 7.10）について検討する．この梁の断面および断面性能は次のとおりである．

梁断面 H – 600 × 250 × 12 × 22

$$I_y = \frac{22 \times 250^3}{12} \times 2 + (600 - 22 \times 2) \times \frac{12^3}{12} = 5737 \times 10^4 \ [\mathrm{mm}^2]$$

$$A = 22 \times 250 \times 2 + (600 - 22 \times 2) \times 12 = 177 \times 10^2 \; [\text{mm}^2]$$

$$i_y = \sqrt{\frac{I_y}{A}} = \sqrt{\frac{5737 \times 10^4}{177 \times 10^2}} = 56.9 \; [\text{mm}]$$

$$\lambda_y = \frac{L}{i_y} = \frac{10550}{56.9} = 185$$

式 (4.18) より，$n = (185 - 130)/20 = 2.75$.
したがって，3 本の小梁が必要である.

各階の梁の判定計算の例を表 7.10 に示す.

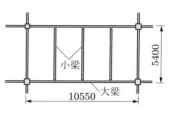

図 7.10　横補剛梁の配置

表 7.10　横補剛数および幅厚比

階	部　材				横補剛の検討				幅厚比			
									部材		構造規定	
	H	B	t_w	t_f	i_y [cm]	L [m]	λ_y	n	b/t_f	d/t_w	b/t_f	d/t_w
R	BH - 600 × 200 × 12 × 19				4.21		250.6	6.03	5.2	46.8		
6	BH - 600 × 250 × 12 × 22				5.69		185.0	2.75	5.7	46.3		
5	BH - 600 × 250 × 12 × 25				5.79	10.55	182.2	2.61	5.7	45.8	13	60
4	BH - 600 × 250 × 12 × 28				5.92		178.2	2.41	4.5	45.2		
3	BH - 600 × 300 × 12 × 28				7.25		145.5	0.78	5.4	45.2		
2	BH - 700 × 300 × 14 × 28				6.99		150.9	1.05	5.4	46.0		

■（2）幅厚比

幅厚比（表 7.10）は，構造規定（表 2.3）を満足している．なお，耐震性の検討
（4.5.2 項）における構造ランクは，表 4.8 において幅厚比 I にあたる．

7.4.3　基礎梁の検討

■（1）基礎梁に働く応力

図 7.11 のように，水平荷重時には，基礎梁はラーメンの脚部応力と杭頭部に生
じる曲げ応力が基礎梁に分配される．

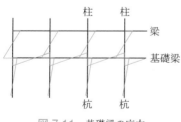

図 7.11　基礎梁の応力

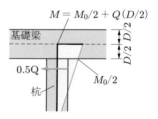

図 7.12　基礎梁中心応力

① 上部フレームの基礎梁応力は，図 7.8 および図 7.9 における地震時の応力である．

② 杭からの曲げモーメントおよびせん断力を求めるにあたって，地震時水平力の 50% は建物の根入れ部の抵抗により負担されるものと考え，残りの 50% を杭が負担するものとする．よって，杭頭部からの曲げモーメント M_0 およびせん断力は，半分となる．または，基礎梁中心での曲げモーメントに次式のように修正する必要がある（図 7.12 参照）．

$$M = 0.5M_0 + 0.5Q\frac{D}{2} \tag{7.1}$$

ここに，D：梁せいである．

なお，杭頭部の曲げモーメント M_0，Q は，「建築基礎構造設計指針」[13] の方法で求めるが，ここでは計算の過程を略し，結果のみ表 7.11 に示す．

表 7.11 基礎梁の M

位置	杭径 [mm]	M_0 [kN·m]	$D/2$ [m]	M [kN·m]
Y_1 通り	1000	412	0.75	375
Y_3 通り	1200	608	0.75	513
Y_2 通り	1400	848	0.75	669

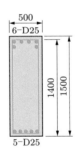

図 7.13 配筋（右端部）

■（2）基礎梁断面の算定

表 7.12 に，X3 通り，Y2 - Y3 の基礎梁の断面算定の例を示す．なお，左端での杭からの曲げモーメントは，左右の梁に 1/2 ずつ負担させる．また，配筋を図 7.13 に示す．なお，計算方法は「鉄筋コンクリート構造計算規準・同解説，2019」[9] による．ただし，材料：鉄筋 SD345（$f_t = 220$（長），345（短）[kN/mm^2]，コンクリート F_c24（$f_c = 8$（長），16（短），$f_s = 0.74$（長），1.11（短）[N/mm^2]）である．

7.4.4 継手および柱梁接合部，柱脚の検討

■（1）継手および柱梁接合部

梁断面：H - 700 × 300 × 14 × 28 の柱梁接合部（図 7.14）について，保有耐力接合による検討の例を例題 6.10 に示す．

表 7.12 基礎梁の断面算定

				左端	中央	右端
上部構造からの応力	長 期	M [kN·m]	上 下	-163		157
		Q [kN]		107		106
	地震力	M [kN·m]		±388	152	±620
		Q [kN]			±96	
杭からの応力	地震力	M [kN·m]		±335		±513
		Q [kN]			$(335+513)/10.55 = \pm81$	
地震力		M [kN·m]		±725		±1133
		Q, kQ [kN]			±177　$2Q = \pm354$	
短 期		M [kN·m]	上 下	888 562		1290 976
		Q [kN]		461		460
断　面				$bD = 500 \times 1500$ $d = 1400$ $j = 7/8 \times 1400 = 1225$ $bd^2 = 500 \times 1400^2 = 9.80 \times 10^8$		
C	長 期			0.16	0.16	0.16
	短 期			$0.91, 0.57$		$1.32, 1.00$
γ						
p_t [%]	上			0.28		0.42
	下			0.2		0.32
a_t [mm²]	上			1960		2940
	下			1400		2240
配　筋	上			4-D25		6-D25
	下			4-D25	4-D25	5-D25
$f_s bj$ [kN]				$680 > 461$		$680 > 460$
p_w [%]				0.2		0.2
あばら筋				2-D13 @ 200 ($p_w = 0.25$ [%])		

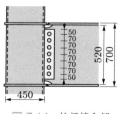

図 7.14　柱梁接合部

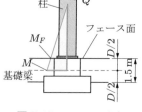

図 7.15　フェース応力

■（2）柱 脚

　柱脚には既製鋳造柱脚を使用する．この場合，ベースプレート部，およびアンカーボルトは，既製鋳造柱脚製品に応じて決められている．したがって，検討は鉄筋コンクリート基礎フェース面（図 7.15）のコンクリート支圧応力についてのみ行う．

7.4.5 床スラブ，小梁の検討

■（1）床スラブ

床スラブの検討は「デッキプレート床構造設計・施工規準」[11] により行う．その計算例を示す．

① 検討部分（図 7.16）

一般事務室部分

$L = 2.64$ [m]　1 方向スラブ

デッキプレート（EZ75）$D = 75$, $t = 1.2$, $f_t = 156$ [N/mm^2]

デッキプレートの断面性能（「建築建材製品」[12] より）

$$I = 163 \times 10^4 \ [\text{mm}^4/\text{m}]$$

$$Z_1 = 28.1 \times 10^3 \ [\text{mm}^3/\text{m}] \ （正方向）$$

$$Z_2 = 42.3 \times 10^3 \ [\text{mm}^3/\text{m}] \ （負方向）$$

コンクリート　F_c21, $f_c = 7$ [N/mm^2]

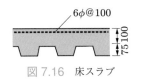

図 7.16　床スラブ

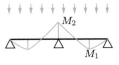

図 7.17　デッキプレートの応力

② 施工時

床荷重　$w_D = 3.45$ [kN/m]

コンクリート打設時の荷重　$w_L = 1.50$ [kN/m]

全荷重　$w = 3.45 + 1.50 = 4.95$ [kN/m] $= 4.95$ [N/mm]（短期）

デッキプレートは 2 連続梁とする．

曲げ応力は図 7.17 のようになり，中央部支点曲げモーメント M_2，梁内部 M_1 は次式となる．

$$M_1 = \frac{9}{128} wL^2 = \frac{9}{128} \times 4.95 \times 2.64^2 = 2.43 \ [\text{kN} \cdot \text{m/m}]$$

$$M_2 = \frac{1}{8} wL^2 = \frac{1}{8} \times 4.95 \times 2.64^2 = 4.31 \ [\text{kN} \cdot \text{m/m}]$$

曲げ応力度は次のようになる．

$$\sigma_1 = \frac{M_1}{Z_1} = \frac{2.43 \times 10^3 \times 10^3}{28.1 \times 10^3} = 86.5 < 235 \ [\text{N/mm}^2]$$

$$\sigma_2 = \frac{M_2}{Z_2} = \frac{4.31 \times 10^3 \times 10^3}{42.3 \times 10^3} = 102 < 235 \ [\text{N/mm}^2] \qquad \therefore \text{OK}$$

たわみについては，施工時の補正として $C = 1.2$（たわみ補正係数）とする．たわみ δ は，$E = 2.05 \times 10^5 \ [\text{N/mm}^2]$（鋼材の弾性係数），$I = 163 \times 10 \ [\text{mm}^4/\text{m}]$ より次のようになる．

$$\delta = \frac{CwL^4}{185EI} = \frac{1.2 \times 4.95 \times (2.64 \times 10^3)^4}{185 \times 2.05 \times 10^5 \times 163 \times 10^4} = 4.67 \ [\text{mm}]$$

たわみ制限は，$L/180 = 2640/180 = 14.7 > 4.67 \ [\text{mm}]$ であり，安全である．

③ 完成時

床荷重　$w_D = 4.65 \ [\text{kN/m}^2]$　　積載荷重　$w_L = 3.00 \ [\text{kN/m}^2]$

全荷重　$w = 4.65 + 3.00 = 7.65 \ [\text{kN/m}^2] = 0.765 \ [\text{N/mm}^2]$（長期）

単純梁と仮定する．

断面性能（合成スラブとみなし，デッキプレートメーカーが既計算したもので 1 m 幅あたりの値である）．

$$I = 37800 \times 10^4 \ [\text{mm}^4/\text{m}] \ (\text{ヤング係数比} \ n = 10)$$

$$_cZ_1 = 4110 \times 10^3 \ [\text{mm}^3/\text{m}] \ (\text{圧縮コンクリート側})$$

$$_tZ_1 = 155 \times 10^3 \ [\text{mm}^3/\text{m}] \ (\text{引張デッキプレート側})$$

中央部の曲げモーメント（図 7.18）は次式となる．

$$M_1 = \frac{1}{8}wL^2 = \frac{1}{8} \times 7.65 \times 2.64^2 = 6.66 \ [\text{kN} \cdot \text{m}]$$

$$_t\sigma_1 = \frac{M_1}{_cZ_1} = \frac{6.66 \times 10^3 \times 10^3}{4110 \times 10^3} = 1.62 < 7 \ [\text{N/mm}^2]$$

$$_c\sigma_1 = \frac{M_1}{_tZ_1} = \frac{6.66 \times 10^3 \times 10^3}{155 \times 10^3} = 43.0 < 156 \ [\text{N/mm}^2] \qquad \therefore \text{OK}$$

中央部のたわみは次式である．ただし，$E = 2.05 \times 10^5 \ [\text{N/mm}^2]$（鋼材の弾性係数）である．

$$\delta = \frac{5wL^4}{384EI} = \frac{5 \times 0.765 \times (2.64 \times 10^3)^4}{384 \times 2.05 \times 10^5 \times 37800 \times 10^4} = 6.24 \ [\text{mm}]$$

たわみ制限値は，$L/360 = 2640/360 = 7.3 > 6.24 \ [\text{mm}]$ であり，安全である．

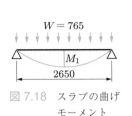

図 7.18 スラブの曲げ
モーメント

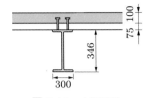

図 7.19 小梁断面

④ スラブの配筋　　計算上では，主筋は不要であるが上端筋として，6ϕ‒$100 \times$ 100 の溶接金網を使用する（被り厚：3 cm）．

■（2）小　梁

　小梁の検討は，「各種合成構造設計指針・同解説」[7) により行う（4.2.2 項（1）参照）．一般事務室部分の小梁（合成梁）の設計を行う（図 7.19）．ただし，単純梁として扱う．

　① 小梁検討断面

　H‒$346 \times 174 \times 6 \times 9$　断面性能 $Z = 638$ [cm³]，$I = 11000$ [cm⁴]

　② 小梁荷重

床荷重　$w = 7.65$ [kN/m]²

　　　　　1 本の小梁の負担幅：10.55 [m]$/4 = 2.64$ [m]

梁荷重　$q = 7.65 \times 2.64 = 20.25$ [kN/m]

　③ 応力　　断面応力の検討には，鉄骨断面のみの断面係数を用いる．スパン $L = 5.4$ [m] である．

曲げモーメント　$M = q\dfrac{L^2}{8} = 20.25 \times \dfrac{5.4^2}{8} = 73.8$ [kN·m]

　　　　　　　　　　$= 73.8 \times 10^6$ [kN·m]

$\dfrac{M}{Z_x} = \dfrac{73.8 \times 10^6}{638 \times 10^3} = 116 \leqq f_b = f_t = 156$ [N/mm²]　　∴ OK

　④ たわみ　　たわみの検討には，大梁の場合と同様に，合成梁断面として考え，断面二次モーメントとして，ϕI（両側スラブの場合 $= 2.0$，片側スラブの場合 $\phi = 1.5$）とする．したがって，次のようになる．

$I' = \phi I = 2I = 2 \times 11000 = 22000$ [cm⁴]

たわみは次のようになる.

$$\delta = \frac{5wL^4}{384EI} = \frac{5 \times 20.25 \times 5400^4}{384 \times 2.05 \times 10^5 \times 22000 \times 10^4} = 4.97 \, [\mathrm{mm}]$$

$$\frac{\delta_{\max}}{L} = \frac{4.97}{5400} = \frac{1}{1087} < \frac{1}{250} \qquad \therefore \mathrm{OK}$$

7.5 耐震性の検討

7.5.1 耐震規定の検討

層間変形角 R,剛性率 R_s,剛性率に応じた値 F_s(図 4.46),偏心率 R_e を 4.5.2 項に示したように求める.

■(1)層間変形角 R,剛性率 R_s および F_s

地震時の水平変形量 δ は,応力計算と同時に求められており,その結果を表 7.13 に示す.また,層間変形角 R はいずれも 1/200 以下となっている.

さらに,剛性率 $R_{si}\,(= r_{si}/r_a)$ はいずれも 0.6 以上で,図 4.46 より剛性率に応じた値 F_s はいずれも 1.0 となった.

表 7.13 層間変形角 R および剛性率 R_s,剛性率に応じた値 F_s

階	階高 [cm]	層間変形角				剛性率,剛性率に応じた値					
		x 方向		y 方向		x 方向			y 方向		
		δ [cm]	R	δ [cm]	R	r_s	R_s	F_s	r_s	R_s	F_s
6	380	0.793	1/479	1.027	1/370	479	1.55	1.0	370	1.47	1.0
5	380	1.122	1/339	1.414	1/269	339	1.10	1.0	269	1.07	1.0
4	380	1.320	1/286	1.634	1/232	286	0.93	1.0	232	0.92	1.0
3	380	1.465	1/259	1.748	1/217	259	0.84	1.0	217	0.86	1.0
2	385	1.415	1/272	1.728	1/223	272	0.88	1.0	223	0.88	1.0
1	400	2.114	1/221	2.319	1/202	221	0.71	1.0	202	0.80	1.0
					平均 r_a	309			平均 r_a	252	

■(2)偏心率 R_e および F_e

① 重心は,X1 – Y2 通りの柱位置を座標の原点とし,柱の座標 x,y と長期荷重時の軸力 N_i から,式 (4.13) により x,y 各方向ごとに求める.

② 各柱の水平剛性は,柱断面および,これに取り付く梁の剛性に応じて,水平力分布係数 D を x,y 各方向ごとに求める.

③ 剛心は,X1 – Y2 通りの柱位置を座標の原点とし,柱の座標 x,y と柱の水平力分布係数 D から,式 (4.14) により x,y 各方向ごとに求める.

④ 偏心距離 e は式 (4.15) より求める.

⑤ 偏心率 R_e は弾力半径を求め,式 (4.12) より求める.

以上の計算結果を表 7.14 に示す.偏心率はいずれも 0.15 以下で,図 4.47 より,偏心率に応じた値 F_e はいずれも 1.0 となった.

表 7.14 偏心率 R_e に応じた値 F_e

階	x 方向						y 方向					
	重心距離 [cm]	剛心距離 [cm]	弾力半径 [cm]	偏心距離 [cm]	偏心率 R_e	F_e	重心距離 [cm]	剛心距離 [cm]	弾力半径 [cm]	偏心距離 [cm]	偏心率 R_e	F_e
6	752	833	975	81	0.083	1.0	1213	1293	1112	80	0.072	1.0
5	795	845	977	50	0.051	1.0	1254	1337	1091	82	0.076	1.0
4	813	856	976	43	0.044	1.0	1272	1340	1086	68	0.063	1.0
3	823	865	987	42	0.042	1.0	1281	1339	1089	57	0.053	1.0
2	844	855	972	11	0.011	1.0	1289	1347	1069	58	0.054	1.0
1	855	826	1041	-29	0.027	1.0	1300	1327	1102	27	0.025	1.0

7.5.2 保有水平耐力の検討 (4.6.4 項参照)

■(1)必要保有水平耐力の計算

① 1F 位置は,基礎梁中心とする.

② 幅厚比ランク:表 7.10 の値は,表 4.8 より,すべて I(FA)ランク,純ラーメン:$\beta = 0\%$ ∴ 表 4.7 より $D_s = 0.25$

③ 表 7.13,7.14 より,$F_e = 1.0$,$F_s = 1.0$ ∴ 式 (4.23) より $F_{es} = 1.0 \times 1.0 = 1.0$

④ 地震力による層せん断力係数は,A_i 分布(表 7.8)とする.

⑤ 式 (4.22) より必要保有水平耐力 Q_{un} を求める.

$$Z = 0.9 \text{(広島県)}, \qquad R_t = 1.0, \qquad C_0 = 1.0 \text{(大地震時)}$$

$$Q_{un} = 0.25 \times 1.0 \times Q_{ud}$$

以上の計算のうち x 方向についての結果を表 7.15 に示す.

■(2)保有水平耐力の計算の条件

① 各通りについて,それぞれ左右両方向の荷重について行う.

② 重心位置と剛心位置のずれ(偏心)を考慮した解析を行う.

③ 水平外力分布は,表 7.8 の水平外力の分布を用いる.

④ 柱・梁の危険断面(降伏断面)位置はフェース面とする.

表7.15 必要保有水平耐力 (x 方向)

階	階高 [cm]	層重量 [kN]	$\sum W_i$ [kN]	層せん断力係数 $Z \cdot R_t \cdot A_i \cdot C_0$	層せん断力 Q_{ud} [kN]	D_s	F_{es}	必要保有 水平耐力 Q_{un} [kN]
6	380	4900	4900	1.68	8230	0.25	1.0	2050
5	380	3320	8230	1.42	11690	0.25	1.0	2920
4	380	3340	11570	1.26	14580	0.25	1.0	3640
3	380	3380	14940	1.13	16880	0.25	1.0	4220
2	385	3800	18740	1.01	18920	0.25	1.0	4730
1	468	3750	22500	0.90	20250	0.25	1.0	5060

⑤ 梁中間に塑性関節は生じない.

⑥ 全塑性モーメント M_p は,梁については例題 5.7,柱については例題 5.12 の計算結果を使う.

■(3)計算の流れ

① マトリックス法による弾塑性増分解析を行う.

② どこかの部材に部材降伏(塑性ヒンジ)が生じるだけの荷重を増分させ,応力を求め,そのときの柱の N から,再び各柱の降伏曲げモーメントを計算し,さらに次の部材が降伏するだけの荷重を増分させる.

③ ②を順次繰り返して,フレーム内に塑性ヒンジが増え,最後には,変形が無限大になる. このときが崩壊機構の形成時である.

④ 崩壊時の応力から,各通りの各層ごとの柱のせん断力の合計を求める. この値が保有水平耐力である.

■(4)崩壊機構と応力

図 7.20,7.21 に,Y2 通りと X3 通りの場合の,L–R 方向(左から右方向への水平力時)の塑性ヒンジ位置と崩壊時の柱のせん断力を示す.

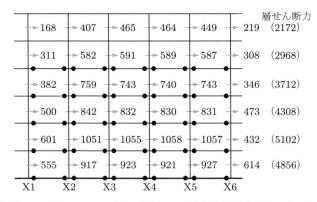

図 7.20 Y2 通りの L-R 方向の塑性ヒンジ位置と崩壊時の柱のせん断力，および層せん断力（（　）内に示す）（単位：kN）

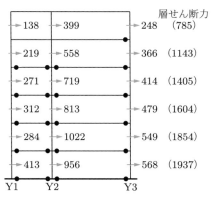

図 7.21 X3 通りの L-R 方向の塑性ヒンジ位置と崩壊時の柱のせん断力，および層せん断力（（　）内に示す）（単位：kN）

■（5）保有水平耐力

　水平力による崩壊時の各通りの柱のせん断力の集計したものが保有水平耐力 Q_u である．L-R 方向の場合の結果を表 7.16 に示す．R-L 方向も同様に行う（ここでは省略する）．

表 7.16 各通りの柱のせん断力の合計 = 保有水平耐力（L‑R 方向）[kN]

階	X 方向通り [kN]				Y 方向通り [kN]						
	Y1	Y2	Y3	計	X1	X2	X3	X4	X5	X6	計
6	920	2170	1780	4880	670	810	790	740	690	460	4180
5	1270	2970	2740	6980	760	1180	1140	1120	1080	710	5980
4	1370	3710	3640	8720	790	960	1410	1410	1390	920	7470
3	1520	4310	4330	10160	740	1170	1610	1600	1610	1110	8710
2	1510	5100	4800	11410	1130	1890	1850	1820	1820	1260	9780
1	2670	4860	4780	12300	1560	1930	1940	1950	1950	1230	10550

■（6）保有水平耐力の判定

以上の計算から得られた Q_u と Q_{un} を比較して表 7.17 に示す．これより，いずれの階も 2 倍程度の安全率 Q_u/Q_{un} を示していることがわかる．

表 7.17 必要保有水平耐力との比較

層	階高	加力方向	X 方向			Y 方向		
			必要保有水平耐力 Q_{un} [kN]	保有水平耐力 Q_u [kN]	Q_u/Q_{un}	必要保有水平耐力 Q_{un} [kN]	保有水平耐力 Q_u [kN]	Q_u/Q_{un}
6	380	L‑R	2050	4870	2.38	2050	4180	2.04
		R‑L		4910	2.40		4280	2.09
5	380	L‑R	2920	6970	2.38	2920	5980	2.05
		R‑L		7020	2.40		6130	2.10
4	380	L‑R	3640	8710	2.39	3640	7470	2.05
		R‑L		8780	2.41		7660	2.10
3	380	L‑R	4220	10150	2.41	4220	8700	2.06
		R‑L		10230	2.42		8920	2.11
2	380	L‑R	4730	11400	2.41	4730	9780	2.06
		R‑L		11500	2.43		10030	2.11
1	468	L‑R	5060	12300	2.43	5060	10550	2.08
		R‑L		12400	2.45		10810	2.14

付録 1　鋼材の長期許容圧縮応力度 ······························

付表 1.1　$F = 235$ [N/mm^2] 鋼材の長期応力に対する許容圧縮応力度 f_c [N/mm^2]
[SN400, SS400, SM400, STK400, STKR400, SSC400, STKN400,
SWH400]，$t \leqq 40$ [mm][1)]

λ	f_c	λ	f_c	λ	f_c	λ	f_c	λ	f_c	λ	f_c	λ	f_c
1	156	41	141	81	106	121	63.7	161	36.0	201	23.1	241	16.0
2	156	42	141	82	105	122	62.7	162	35.5	202	22.8	242	15.9
3	156	43	140	83	104	123	61.7	163	35.1	203	22.6	243	15.8
4	156	44	139	84	103	124	60.7	164	34.7	204	22.4	244	15.6
5	156	45	139	85	102	125	59.7	165	34.3	205	22.2	245	15.5
6	156	46	138	86	101	126	58.8	166	33.8	206	22.0	246	15.4
7	156	47	137	87	100	127	57.9	167	33.4	207	21.7	247	15.3
8	156	48	136	88	99.0	128	57.0	168	33.0	208	21.5	248	15.1
9	155	49	136	89	98.0	129	56.1	169	32.7	209	21.3	249	15.0
10	155	50	135	90	96.9	130	55.2	170	32.3	210	21.1	250	14.9
11	155	51	134	91	95.9	131	54.4	171	31.9	211	20.9		
12	155	52	133	92	94.8	132	53.6	172	31.5	212	20.7		
13	155	53	132	93	93.7	133	52.8	173	31.2	213	20.5		
14	154	54	132	94	92.7	134	52.0	174	30.8	214	20.3		
15	154	55	131	95	91.5	135	51.2	175	30.5	215	20.2		
16	154	56	130	96	90.5	136	50.5	176	30.1	216	20.0		
17	154	57	129	97	89.4	137	49.7	177	29.8	217	19.8		
18	153	58	128	98	88.4	138	49.0	178	29.4	218	19.6		
19	153	59	127	99	87.3	139	48.3	179	29.1	219	19.4		
20	153	60	126	100	86.2	140	47.6	180	28.8	220	19.2		
21	152	61	125	101	85.1	141	46.9	181	28.5	221	19.1		
22	152	62	124	102	84.1	142	46.3	182	28.1	222	18.9		
23	151	63	124	103	83.0	143	45.6	183	27.8	223	18.7		
24	151	64	123	104	81.9	144	45.0	184	27.5	224	18.6		
25	151	65	122	105	80.8	145	44.4	185	27.2	225	18.4		
26	150	66	121	106	79.8	146	43.8	186	26.9	226	18.2		
27	150	67	120	107	78.7	147	43.2	187	26.7	227	18.1		
28	149	68	119	108	77.6	148	42.6	188	26.4	228	17.9		
29	149	69	118	109	76.5	149	42.0	189	26.1	229	17.8		
30	148	70	117	110	75.5	150	41.5	190	25.8	230	17.6		
31	148	71	116	111	74.4	151	40.9	191	25.6	231	17.5		
32	147	72	115	112	73.3	152	40.4	192	25.3	232	17.3		
33	146	73	114	113	72.3	153	39.9	193	25.0	233	17.2		
34	146	74	113	114	71.2	154	39.3	194	24.8	234	17.0		
35	145	75	112	115	70.1	155	38.8	195	24.5	235	16.9		
36	145	76	111	116	69.1	156	38.3	196	24.3	236	16.7		
37	144	77	110	117	68.0	157	37.8	197	24.0	237	16.6		
38	143	78	109	118	66.9	158	37.4	198	23.8	238	16.4		
39	143	79	108	119	65.9	159	36.9	199	23.5	239	16.3		
40	142	80	107	120	64.8	160	36.4	200	23.3	240	16.2		

付表 1.2 $F = 325$ [N/mm^2] 鋼材の長期応力に対する許容圧縮応力度 f_c [N/mm^2]
[SN490, SM490, SM490Y, STK490, STKR490, STKN490], $t \leqq 40$ [mm][1]

λ	f_c	λ	f_c	λ	f_c	λ	f_c	λ	f_c	λ	f_c	λ	f_c
1	216	41	189	81	126	121	63.7	161	36.0	201	23.1	241	16.0
2	216	42	187	82	124	122	62.7	162	35.5	202	22.8	242	15.9
3	216	43	186	83	122	123	61.7	163	35.1	203	22.6	243	15.8
4	216	44	185	84	121	124	60.7	164	34.7	204	22.4	244	15.6
5	216	45	183	85	119	125	59.7	165	34.3	205	22.2	245	15.5
6	216	46	182	86	117	126	58.8	166	33.8	206	22.0	246	15.4
7	215	47	181	87	115	127	57.9	167	33.4	207	21.7	247	15.3
8	215	48	179	88	114	128	57.0	168	33.0	208	21.5	248	15.1
9	215	49	178	89	112	129	56.1	169	32.7	209	21.3	249	15.0
10	214	50	176	90	110	130	55.2	170	32.3	210	21.1	250	14.9
11	214	51	175	91	108	131	54.4	171	31.9	211	20.9		
12	214	52	173	92	107	132	53.5	172	31.5	212	20.7		
13	213	53	172	93	105	133	52.8	173	31.2	213	20.5		
14	213	54	170	94	103	134	52.0	174	30.8	214	20.3		
15	212	55	169	95	101	135	51.2	175	30.5	215	20.2		
16	212	56	167	96	100	136	50.5	176	30.1	216	20.0		
17	211	57	166	97	98.4	137	49.7	177	29.8	217	19.8		
18	211	58	164	98	96.6	138	49.0	178	29.4	218	19.6		
19	210	59	163	99	94.9	139	48.3	179	29.1	219	19.4		
20	209	60	161	100	93.2	140	47.6	180	28.8	220	19.2		
21	209	61	160	101	91.4	141	46.9	181	28.5	221	19.1		
22	208	62	158	102	89.7	142	46.3	182	28.1	222	18.9		
23	207	63	156	103	88.0	143	45.6	183	27.8	223	18.7		
24	206	64	155	104	86.3	144	45.0	184	27.5	224	18.6		
25	205	65	153	105	84.7	145	44.4	185	27.2	225	18.4		
26	205	66	151	106	83.1	146	43.8	186	26.9	226	18.2		
27	204	67	150	107	81.5	147	43.2	187	26.7	227	18.1		
28	203	68	148	108	80.0	148	42.6	188	26.4	228	17.9		
29	202	69	146	109	78.6	149	42.0	189	26.1	229	17.8		
30	201	70	145	110	77.1	150	41.5	190	25.8	230	17.6		
31	200	71	143	111	75.8	151	40.9	191	25.6	231	17.5		
32	199	72	141	112	74.4	152	40.4	192	25.3	232	17.3		
33	198	73	140	113	73.1	153	39.9	193	25.0	233	17.2		
34	197	74	138	114	71.8	154	39.3	194	24.8	234	17.0		
35	196	75	136	115	70.6	155	38.8	195	24.5	235	16.9		
36	195	76	135	116	69.4	156	38.3	196	24.3	236	16.7		
37	193	77	133	117	68.2	157	37.8	197	24.0	237	16.6		
38	192	78	131	118	67.0	158	37.4	198	23.8	238	16.4		
39	191	79	129	119	65.9	159	36.9	199	23.5	239	16.3		
40	190	80	128	120	64.8	160	36.4	200	23.3	240	16.2		

付録2　ラーメン柱の座屈長さ（水平移動が拘束されない場合）

付図2.1のラーメンにおいて，柱の座屈長さ L_k は，柱の節点間距離 L_c に対して次式で求める[2].

$$L_k = \gamma L_c$$

ここに，γ：部材の断面二次モーメント I であり，部材長さが付図2.2の場合，近似的に次式の関係がある.

$$\frac{G_A G_B (\pi/\gamma)^2 - 36}{6(G_A + G_B)} = \frac{\pi/\gamma}{\tan(\pi/\gamma)}$$

ただし，

$$G_A = \frac{(I_c/L_c) + (_A I_c/_A L_c)}{(_A I_{g1}/_A L_{g1}) + (_A I_{g2}/_A L_{g2})}, \qquad G_B = \frac{(I_c/L_c) + (_B I_c/_B L_c)}{(_B I_{g1}/_B L_{g1}) + (_B I_{g2}/_B L_{g2})}$$

この関係を付図2.3に示す．ただし，図を用いる場合は，支持条件によって，実際的には以下の扱いとする.

① 柱端がピン支持の場合，$G = 10$ とする.

② 柱端が固定の場合，$G = 1.0$ とする.

③ 梁の剛度は梁の他端（該当柱側の反対）の条件により次の係数を掛ける.

　　他端ピンの場合　0.5

　　他端固定の場合　0.67

④ 付図2.4のような山形ラーメンの場合は，次の値を用いる.

$$G_A = 10, \qquad G_B = \frac{I_c/L_c}{I_g/(2L_s)}$$

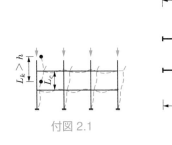

付図 2.1　　　　　付図 2.2

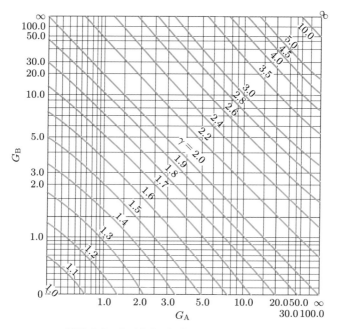

付図 2.3 水平移動が拘束されない場合の γ

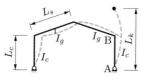

付図 2.4

付録3　形鋼の形状・断面性能 ･･････････････････････････

付表 3.1　H 形鋼（JIS G 3192：2021）

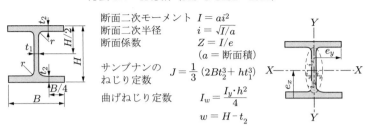

断面二次モーメント $I = ai^2$
断面二次半径　　　 $i = \sqrt{I/a}$
断面係数　　　　　 $Z = I/e$
　　　　　　　　　 （a = 断面積）
サンブナンの
ねじり定数　　　$J = \dfrac{1}{3}(2Bt_2^3 + ht_1^3)$
曲げねじり定数　　$I_w = \dfrac{I_y \cdot h^2}{4}$
　　　　　　　　　$w = H - t_2$

標準断面寸法 [mm]						断面積 [cm²]	単位質量 [kg/m]	断面二次モーメント [cm⁴]		断面二次半径 [cm]		断面係数 [cm³]		曲げ応力のための断面性能		塑性断面係数 [cm³]	
呼称寸法 (高さ×辺)	$H \times B$	t_1	t_2	r_1				I_x	I_y	i_x	i_y	Z_x	Z_y	[cm⁴] J	[cm⁶] I_w	Z_{px}	Z_{py}
100 × 50	100 × 50	5	7	8		11.85	9.30	187	14.8	3.98	1.12	37.5	5.91	1.53	320	44.1	9.52
100 × 100	100 × 100	6	8	8		21.59	16.9	378	134	4.18	2.49	75.6	26.7	4.08	2840	86.4	41.0
125 × 60	125 × 60	6	8	8		16.69	13.1	409	29.1	4.95	1.32	65.5	9.71	2.89	996		
125 × 125	125 × 125	6.5	9	8		30.00	23.6	839	293	5.29	3.13	134	46.9	7.14	9860	152	71.7
150 × 75	150 × 75	5	7	8		17.85	14.0	666	49.5	6.11	1.66	88.8	13.2	2.31	2530	102	20.8
150 × 100	148 × 100	6	9	8		26.35	20.7	1000	150	6.17	2.39	135	30.1	5.86	7250	154	46.4
150 × 150	150 × 150	7	10	8		39.65	31.1	1620	563	6.40	3.77	216	75.1	11.6	27600	243	114
175 × 90	175 × 90	5	8	8		22.90	18.0	1210	97.5	7.26	2.06	138	21.7	3.77	6800	156	33.6
175 × 175	175 × 175	7.5	11	13		51.42	40.4	2900	984	7.50	4.37	331	112	32.8	76200	370	172
200 × 100	198 × 99	4.5	7	8		22.69	17.8	1540	113	8.25	2.24	156	22.9	2.84	10300	175	35.5
	200 × 100	5.5	8	8		26.67	20.9	1810	134	8.23	2.24	181	26.7	4.48	12300	205	41.6
200 × 150	194 × 150	6	9	8		38.11	29.9	2630	507	8.30	3.65	271	67.6	8.62	43400	301	103
200 × 200	200 × 200	8	12	13		63.53	49.9	4720	1600	8.62	5.02	472	160	26.2	141000	525	244
	200 × 204	12	12	13		71.53	56.2	4980	1700	8.35	4.88	498	167	34.3	150000	565	257
250 × 125	248 × 124	5	8	8		31.99	25.1	3450	255	10.4	2.82	278	41.1	5.23	36700	312	63.2
	250 × 125	6	9	8		36.97	29.0	3960	294	10.4	2.82	317	47.0	7.81	42700	358	72.7
250 × 175	244 × 175	7	11	13		55.49	43.6	6040	984	10.4	4.21	495	112	18.2	134000	550	172
250 × 250	250 × 250	9	14	13		91.43	71.8	10700	3650	10.8	6.32	860	292	51.5	508000	953	443
300 × 150	298 × 149	5.5	8	13		40.80	32.0	6320	442	12.4	3.29	424	59.3	6.69	91900	475	91.8
	300 × 150	6.5	9	13		46.78	36.7	7210	508	12.4	3.29	481	67.7	9.95	108000	542	105
300 × 200	294 × 200	8	12	13		71.05	55.8	11100	1600	12.5	4.75	756	160	27.9	318000	842	245
300 × 300	300 × 300	10	15	13		118.4	93.0	20200	6750	13.1	7.55	1350	450	77.0	1370000	1480	663
	300 × 305	15	15	13		133.4	105	21300	7100	12.6	7.30	1420	466	101	1440000	1600	714
350 × 175	346 × 174	6	9	13		52.45	41.2	11000	791	14.5	3.88	638	91.0	10.9	225000	712	140
	350 × 175	7	11	13		62.91	49.4	13500	984	14.6	3.96	771	112	19.4	283000	864	173
350 × 250	340 × 250	9	14	13		99.53	78.1	21200	3650	14.6	6.05	1250	292	53.7	970000	1380	445
350 × 350	350 × 350	12	19	13		171.9	135	39800	13600	15.2	8.89	2280	776	179	3730000	2520	1180
400 × 200	396 × 199	7	11	13		71.41	56.1	19800	1450	16.6	4.50	999	145	22.1	537000	1110	223
	400 × 200	8	13	13		83.37	65.4	23500	1740	16.8	4.56	1170	174	35.9	651000	1310	267
400 × 300	390 × 300	10	16	13		133.2	105	37900	7200	16.9	7.35	1940	480	94.4	2520000	2140	730
400 × 400	400 × 400	13	21	22		218.7	172	66600	22400	17.5	10.1	3330	1120	275	8040000	3670	1700
	414 × 405	18	28	22		295.4	232	92800	31000	17.7	10.2	4480	1530	668	11500000	5030	2330
	428 × 407	20	35	22		360.7	283	119000	39400	18.2	10.4	5570	1930	1270	15200000	6310	2940
	458 × 417	30	50	22		528.6	415	187000	60500	18.8	10.7	8170	2900	3840	25200000	9540	4440
	498 × 432	45	70	22		770.1	605	298000	94400	19.7	11.1	12000	4370	11200	43200000	14500	6720
450 × 200	446 × 199	8	12	13		82.97	65.1	28100	1580	18.4	4.36	1260	159	30.3	744000	1420	245
	450 × 200	9	14	13		95.43	74.9	32900	1870	18.6	4.43	1460	187	47.2	889000	1650	290
450 × 300	440 × 300	11	18	13		153.9	121	54700	8110	18.9	7.26	2490	540	135	3610000	2760	823

（次頁へつづく）

標準断面寸法 [mm]					断面積 [cm²]	単位質量 [kg/m]	断面二次モーメント [cm⁴]		断面二次半径 [cm]		断面係数 [cm³]		曲げ応力のための断面性能		塑性断面係数 [cm³]	
呼称寸法（高さ×辺）	$H \times B$	t_1	t_2	r_1			I_x	I_y	i_x	i_y	Z_x	Z_y	[cm⁴] J	[cm⁶] I_w	Z_{px}	Z_{py}
500 × 200	496 × 199	9	14	13	99.29	77.9	40800	1840	20.3	4.31	1650	185	48.1	1070000	1870	288
	500 × 200	10	16	13	112.2	88.2	46800	2140	20.4	4.36	1870	214	70.7	1250000	2130	333
500 × 300	482 × 300	11	15	13	141.2	111	58300	6760	20.3	6.92	2420	450	88.2	3690000	2700	690
	488 × 300	11	18	13	159.2	125	68900	8110	20.8	7.14	2820	540	137	4480000	3130	825
600 × 200	596 × 199	10	15	13	117.8	92.4	66600	1980	23.8	4.10	2240	199	64.1	1670000	2580	312
	600 × 200	11	17	13	131.7	103	75600	2270	24.0	4.16	2520	227	91.4	1930000	2900	358
600 × 300	582 × 300	12	17	13	169.2	133	98900	7660	24.2	6.73	3400	511	131	6110000	3820	786
	588 × 300	12	20	13	187.2	147	114000	9010	24.7	6.94	3890	601	193	7270000	4350	921
	594 × 302	14	23	13	217.1	170	134000	10600	24.8	6.98	4500	700	297	8640000	5060	1080
700 × 300	692 × 300	13	20	18	207.5	163	168000	9020	28.5	6.59	4870	601	209	10200000	5500	930
	700 × 300	13	24	18	231.5	182	197000	10800	29.2	6.83	5640	721	326	12300000	6340	1110
800 × 300	792 × 300	14	22	18	239.5	188	248000	9920	32.2	6.44	6270	661	283	14700000	7140	1030
	800 × 300	14	26	18	263.5	207	286000	11700	33.0	6.67	7160	781	422	17500000	8100	1210
900 × 300	890 × 299	15	23	18	266.9	210	339000	10300	35.6	6.20	7610	687	340	19400000	8750	1080
	900 × 300	16	28	18	305.8	240	404000	12600	36.4	6.43	8990	842	558	24000000	10300	1320
	912 × 302	18	34	18	360.1	283	491000	15700	36.9	6.59	10800	1040	962	30300000	12300	1620
	918 × 303	19	37	18	387.4	304	535000	17200	37.2	6.67	11700	1140	1220	33400000	13400	1780

付表3.2　等辺山形鋼（JIS G 3192：2021）

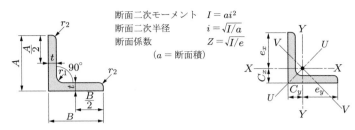

断面二次モーメント　$I = ai^2$
断面二次半径　$i = \sqrt{I/a}$
断面係数　$Z = \sqrt{I/e}$
（a ＝ 断面積）

標準断面寸法 [mm]				断面積 [cm²]	単位質量 [kg/m]	重心の位置 [cm]		断面二次モーメント [cm⁴]				断面二次半径 [cm]				断面係数 [cm³]	
$A \times B$	t	r_1	r_2			C_x	C_y	I_x	I_y	最大 I_u	最大 I_v	i_x	i_y	最大 i_u	最大 i_v	Z_x	Z_y
25 × 25	3	4	2	1.427	1.12	0.719	0.719	0.797	0.797	1.26	0.332	0.747	0.747	0.940	0.483	0.448	0.448
30 × 30	3	4	2	1.727	1.36	0.844	0.844	1.42	1.42	2.26	0.590	0.908	0.908	1.14	0.585	0.661	0.661
40 × 40	3	4.5	2	2.336	1.83	1.09	1.09	3.53	3.53	5.60	1.46	1.23	1.23	1.55	0.790	1.21	1.21
40 × 40	5	4.5	3	3.755	2.96	1.17	1.17	5.42	5.42	8.59	2.25	1.20	1.20	1.51	0.774	1.91	1.91
45 × 45	4	6.5	3	3.492	2.74	1.24	1.24	6.50	6.50	10.3	2.70	1.36	1.36	1.72	0.880	2.00	2.00
45 × 45	5	6.5	3	4.302	3.38	1.28	1.28	7.91	7.91	12.5	3.29	1.36	1.36	1.71	0.874	2.46	2.46
50 × 50	4	6.4	3	3.892	3.06	1.37	1.37	9.06	9.06	14.4	3.76	1.53	1.53	1.92	0.983	2.49	2.49
50 × 50	5	6.5	3	4.802	3.77	1.41	1.41	11.1	11.1	17.5	4.58	1.52	1.52	1.91	0.976	3.08	3.08
50 × 50	6	6.5	4.5	5.644	4.43	1.44	1.44	12.6	12.6	20.0	5.23	1.50	1.50	1.88	0.963	3.55	3.55
60 × 60	4	6.5	3	4.692	3.68	1.61	1.61	16.0	16.0	25.4	6.62	1.85	1.85	2.33	1.19	3.66	3.66
60 × 60	5	6.5	3	5.802	4.55	1.66	1.66	19.6	19.6	31.2	8.09	1.84	1.84	2.32	1.18	4.52	4.52
65 × 65	5	8.5	3	6.367	5.00	1.77	1.77	25.3	25.3	40.1	10.5	1.99	1.99	2.51	1.28	5.35	5.35
65 × 65	6	8.5	4	7.527	5.91	1.81	1.81	29.4	29.4	46.6	12.2	1.98	1.98	2.49	1.27	6.26	6.26
65 × 65	8	8.5	6	9.761	7.66	1.88	1.88	36.8	36.8	58.3	15.3	1.94	1.94	2.44	1.25	7.96	7.96
70 × 70	6	8.5	4	8.127	6.38	1.93	1.93	37.1	37.1	58.9	15.3	2.14	2.14	2.69	1.37	7.33	7.33
75 × 75	6	8.5	4	8.727	6.85	2.06	2.06	46.1	46.1	73.2	19.0	2.30	2.30	2.90	1.48	8.47	8.47
75 × 75	9	8.5	6	12.69	9.96	2.17	2.17	64.4	64.4	102	26.7	2.25	2.25	2.84	1.45	12.1	12.1
75 × 75	12	8.5	6	16.56	13.0	2.29	2.29	81.9	81.9	129	34.5	2.22	2.22	2.79	1.44	15.7	15.7
80 × 80	6	8.5	4	9.327	7.32	2.18	2.18	56.4	56.4	89.6	23.2	2.46	2.46	3.10	1.58	9.70	9.70
90 × 90	6	10	5	10.55	8.28	2.42	2.42	80.7	80.7	128	33.4	2.77	2.77	3.48	1.78	12.3	12.3
90 × 90	7	10	5	12.22	9.59	2.46	2.46	93.0	93.0	148	38.3	2.76	2.76	3.48	1.77	14.2	14.2
90 × 90	10	10	7	17.00	13.3	2.57	2.57	125	125	199	51.7	2.71	2.71	3.42	1.74	19.5	19.5
90 × 90	13	10	7	21.71	17.0	2.69	2.69	156	156	248	65.3	2.68	2.68	3.38	1.73	24.8	24.8
100 × 100	7	10	5	13.62	10.7	2.71	2.71	129	129	205	53.2	3.08	3.08	3.88	1.98	17.7	17.7
100 × 100	10	10	7	19.00	14.9	2.82	2.82	175	175	278	72.0	3.04	3.04	3.83	1.95	24.4	24.4
100 × 100	13	10	7	24.31	19.1	2.94	2.94	220	220	348	91.1	3.00	3.00	3.78	1.94	31.1	31.1
120 × 120	8	12	5	18.76	14.7	3.24	3.24	258	258	410	106	3.71	3.71	4.67	2.38	29.5	29.5
130 × 130	9	12	6	22.74	17.9	3.53	3.53	366	366	583	150	4.01	4.01	5.06	2.57	38.7	38.7
130 × 130	12	12	8.5	29.76	23.4	3.64	3.64	467	467	743	192	3.96	3.96	5.00	2.54	49.9	49.9
130 × 130	15	12	8.5	36.75	28.8	3.76	3.76	568	568	902	234	3.93	3.93	4.95	2.53	61.5	61.5
150 × 150	12	14	7	34.77	27.3	4.14	4.14	740	740	1180	304	4.61	4.61	5.82	2.96	68.1	68.1
150 × 150	15	14	10	42.74	33.6	4.24	4.24	888	888	1410	365	4.56	4.56	5.75	2.92	82.6	82.6
150 × 150	19	14	10	53.38	41.9	4.40	4.40	1090	1090	1730	451	4.52	4.52	5.69	2.91	103	103
175 × 175	12	15	11	40.52	31.8	4.73	4.73	1170	1170	1860	480	5.38	5.38	6.78	3.44	91.8	91.8
175 × 175	15	15	11	50.21	39.4	4.85	4.85	1440	1440	2290	589	5.35	5.35	6.75	3.42	114	114
200 × 200	15	17	12	57.75	45.3	5.46	5.46	2180	2180	3470	891	6.14	6.14	7.75	3.93	150	150
200 × 200	20	17	12	76.00	59.7	5.67	5.67	2820	2820	4490	1160	6.09	6.09	7.68	3.90	197	197
200 × 200	25	17	12	93.75	73.6	5.86	5.86	3420	3420	5420	1410	6.04	6.04	7.61	3.88	242	242
250 × 250	25	24	12	119.4	93.7	7.10	7.10	6950	6950	11000	2860	7.63	7.63	9.62	4.90	388	388
250 × 250	35	24	18	162.6	128	7.45	7.45	9110	9110	14400	3790	7.49	7.49	9.42	4.83	519	519

付表 3.3 溝形鋼 （JIS G 3192 : 2021）

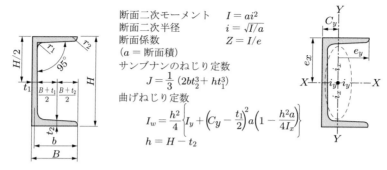

断面二次モーメント　$I = ai^2$
断面二次半径　　　　$i = \sqrt{I/a}$
断面係数　　　　　　$Z = I/e$
（a = 断面積）
サンブナンのねじり定数
$$J = \frac{1}{3}(2bt_2^3 + ht_1^3)$$
曲げねじり定数
$$I_w = \frac{h^2}{4}\left\{ I_y + \left(Cy - \frac{t_1}{2}\right)^2 a\left(1 - \frac{h^2 a}{4I_x}\right)\right\}$$
$$h = H - t_2$$

標準断面寸法 [mm]					断面積 [cm²]	単位質量 [kg/m]	参　考									
							重心の位置 [cm]		断面二次モーメント [cm⁴]		断面二次半径 [cm]		断面係数 [cm³]		曲げ応力のための断面性能	
$H \times B$	t_1	t_2	r_1	r_2			C_x	C_y	I_x	I_y	i_x	i_y	Z_x	Z_y	J [cm⁴]	I_w [cm⁶]
75 × 40	5	7	8	4	8.818	6.92	0	1.28	75.3	12.2	2.92	1.17	20.1	4.47	1.14	103
100 × 50	5	7.5	8	4	11.92	9.36	0	1.54	188	26.0	3.97	1.48	37.6	7.52	1.72	405
125 × 65	6	8	8	4	17.11	13.4	0	1.90	424	61.8	4.98	1.90	67.8	13.4	2.96	1540
150 × 75	6.5	10	10	5	23.71	18.6	0	2.28	861	117	6.03	2.22	115	22.4	6.06	4180
150 × 75	9	12.5	15	7.5	30.59	24.0	0	2.31	1050	147	5.86	2.19	140	28.3	12.5	5060
180 × 75	7	10.5	11	5.5	27.20	21.4	0	2.13	1380	131	7.12	2.19	153	24.3	7.46	6840
200 × 80	7.5	11	12	6	31.33	24.6	0	2.21	1950	168	7.88	2.32	195	29.1	9.42	10900
200 × 90	8	13.5	14	7	38.65	30.3	0	2.74	2490	277	8.02	2.68	249	44.2	17.3	17700
250 × 90	9	13	14	7	44.07	34.6	0	2.40	4180	294	9.74	2.54	334	44.5	18.3	30000
250 × 90	11	14.5	17	8.5	51.17	40.2	0	2.40	4680	329	9.56	2.54	374	49.9	27.6	33100
300 × 90	9	13	14	7	48.57	38.1	0	2.22	6440	309	11.5	2.52	429	45.7	19.5	46300
300 × 90	10	15.5	19	9.5	55.74	43.8	0	2.34	7410	360	11.5	2.54	494	54.1	30.6	52900
300 × 90	12	16	19	9.5	61.90	48.6	0	2.28	7870	379	11.3	2.48	525	56.4	39.3	55800
380 × 100	10.5	16	18	9	69.39	54.5	0	2.41	14500	535	14.5	2.78	763	70.5	39.9	129000
380 × 100	13	16.5	18	9	78.96	62.0	0	2.33	15600	565	14.1	2.67	823	73.6	54.6	137000
380 × 100	13	20	24	12	85.71	67.3	0	2.54	17600	655	14.3	2.76	926	87.8	76.2	155000

付録 4　炭素鋼鋼管の形状・単位質量・断面性能 ・・・・・・・・・・・・・・・・・

付表 4.1　一般構造用炭素鋼鋼管の形状・単位質量・断面性能（JIS G 3444：2021）

径 [mm]	厚さ [mm]	単位質量 [kg/m]	参　考			
			断面積 [cm²]	断面二次モー メント [cm⁴]	断面係数 [cm³]	断面二次 半径 [cm]
21.7	2.0	0.972	1.238	0.607	0.560	0.700
27.2	2.0	1.24	1.583	1.26	0.930	0.890
	2.3	1.41	1.799	1.41	1.03	0.880
34.0	2.3	1.80	2.291	2.89	1.70	1.12
42.7	2.3	2.29	2.919	5.97	2.80	1.43
	2.5	2.48	3.157	6.40	3.00	1.42
48.6	2.3	2.63	3.345	8.99	3.70	1.64
	2.5	2.84	3.621	9.65	3.97	1.63
	2.8	3.16	4.029	10.6	4.36	1.62
	3.2	3.58	4.564	11.8	4.86	1.61
60.5	2.3	3.30	4.205	17.8	5.90	2.06
	3.2	4.52	5.760	23.7	7.84	2.03
	4.0	5.57	7.100	28.5	9.41	2.00
76.3	2.8	5.08	6.465	43.7	11.5	2.60
	3.2	5.77	7.349	49.2	12.9	2.59
	4.0	7.13	9.085	59.5	15.6	2.56
89.1	2.8	5.96	7.591	70.7	15.9	3.05
	3.2	6.78	8.636	79.8	17.9	3.04
101.6	3.2	7.76	9.892	120	23.6	3.48
	4.0	9.63	12.26	146	28.8	3.45
	5.0	11.9	15.17	177	34.9	3.42
114.3	3.2	8.77	11.17	172	30.2	3.93
	3.5	9.58	12.18	187	32.7	3.92
	4.5	12.2	15.52	234	41.0	3.89
139.8	3.6	12.1	15.40	357	51.1	4.82
	4.0	13.4	17.07	394	56.3	4.80
	4.5	15.0	19.13	438	62.7	4.79
	6.0	19.8	25.22	566	80.9	4.74
165.2	4.5	17.8	22.72	734	88.9	5.68
	5.0	19.8	25.16	808	97.8	5.67
	6.0	23.6	30.01	952	115	5.63
	7.1	27.7	35.26	110×10	134	5.60
190.7	4.5	20.7	26.32	114×10	120	6.59
	5.3	24.2	30.87	133×10	139	6.56
	6.0	27.3	34.82	149×10	156	6.53
	7.0	31.7	40.40	171×10	179	6.50
	8.2	36.9	47.01	196×10	206	6.46
216.3	4.5	23.5	29.94	168×10	155	7.49
	5.8	30.1	38.36	213×10	197	7.45
	6.0	31.1	39.61	219×10	203	7.44
	7.0	36.1	46.03	252×10	233	7.40
	8.0	41.1	52.35	284×10	263	7.37
	8.2	42.1				
267.4	6.0	38.7	49.27	421×10	315	9.24
	6.6	42.4	54.08	460×10	344	9.22
	7.0	45.0	57.27	486×10	363	9.21
	8.0	51.2	65.19	549×10	411	9.18
	9.0	57.4	73.06	611×10	457	9.14
	9.3	59.2	75.41	629×10	470	9.13
318.5	6.0	46.2	58.91	719×10	452	11.1
	6.9	53.0	67.55	820×10	515	11.0
	8.0	61.3	78.04	941×10	591	11.0
	9.0	68.7	87.51	105×10^2	659	10.9
	10.3	78.3	99.73	119×10^2	744	10.9

注）大径の φ355.6〜φ1016.0 は省略.

付表 4.2　建築構造用炭素鋼鋼管の形状・寸法・断面性能（JIS G3475：2021）

外径 [mm]	厚 さ [mm]	単位質量 [kg/m]	参　考			
			断面積 [cm²]	断面二次モー メント [cm⁴]	断面係数 [cm³]	断面二次 半径 [cm]
114.3	6.0	16.0	20.41	300	52.5	3.83
165.2	5.0	19.8	25.16	808	97.8	5.67
	6.0	23.6	30.01	952	115	5.63
	7.1	27.7	35.26	1100	134	5.60
216.3	5.8	30.1	38.36	2130	197	7.45
	8.2	42.1	53.61	2910	269	7.36
	10.0	50.9	64.81	3460	320	7.30
	12.0	60.5	77.02	4030	373	7.24
	12.7	63.8	81.23	4230	391	7.21
267.4	6.6	42.4	54.08	4600	344	9.22
	9.3	59.2	75.41	6290	470	9.13
	12.7	79.8	101.60	8260	618	9.02
318.5	6.9	53.0	67.55	8200	515	11.0
	7.9	60.5	77.09	9300	584	11.0
	10.3	78.3	99.73	11900	744	10.9
	12.7	95.8	122.0	14300	897	10.8
355.6	9.5	81.1	103.3	15500	871	12.2
	11.1	94.3	120.1	17800	1000	12.2
	12.7	107	136.8	20100	1130	12.1
	16.0	134	170.7	24700	1390	12.0
	19.0	158	200.9	28500	1610	11.9
406.4	9.5	93.0	118.5	23300	1150	14.0
	12.7	123	157.1	30500	1500	13.9
	16.0	154	196.2	37400	1840	13.8
	19.0	182	231.2	43500	2140	13.7
450.0	19.0	202	257.3	59900	2660	15.3
457.2	12.7	139	177.3	43800	1920	15.7
	16.0	174	221.8	54000	2360	15.6
	19.0	205	261.6	62900	2750	15.5
500.0	19.0	225	287.1	83200	3330	17.0
	22.0	259	330.4	94600	3780	16.9
508.0	12.7	155	197.6	60600	2390	17.5
	16.0	194	247.3	74900	2950	17.4
	19.0	229	291.9	87400	3440	17.3
	22.0	264	335.9	99400	3910	17.2
550.0	19.0	249	317.0	112000	4070	18.8
	22.0	286	364.9	127000	4630	18.7

（次頁へつづく）

外径 [mm]	厚　さ [mm]	単位質量 [kg/m]	参　考			
			断面積 [cm²]	断面二次モー メント [cm⁴]	断面係数 [cm³]	断面二次 半径 [cm]
558.8	12.7	171	217.9	81300	2910	19.3
	16.0	214	272.8	101000	3600	19.2
	19.0	253	322.2	118000	4210	19.1
	22.0	291	371.0	134000	4790	19.0
600.0	19.0	272	346.8	146000	4880	20.6
	22.0	314	399.5	167000	5570	20.5
	25.0	354	451.6	187000	6230	20.3
	28.0	395	503.2	206000	6880	20.2
	32.0	448	571.0	231000	7700	20.1
	36.0	501	637.9	255000	8490	20.0
	40.0	552	703.7	277000	9240	19.8
609.6	12.7	187	238.2	106000	3480	21.1
	16.0	234	298.4	132000	4310	21.0
	19.0	277	352.5	154000	5050	20.9
	22.0	319	406.1	176000	5760	20.8
650.0	16.0	250	318.7	160000	4930	22.4
	19.0	296	376.6	188000	5770	22.3
	22.0	341	434.0	214000	6590	22.2
	25.0	385	490.9	240000	7390	22.1
	28.0	429	547.1	265000	8160	22.0
	32.0	488	621.3	297000	9150	21.9
	36.0	545	694.4	328000	10100	21.7
	40.0	602	766.6	358000	11000	21.6
660.4	22.0	346	441.2	225000	6820	22.6
	28.0	437	556.3	279000	8440	22.4
	36.0	554	706.2	345000	10500	22.1
700.0	16.0	270	343.8	201000	5750	24.2
	19.0	319	406.5	236000	6740	24.1
	22.0	368	468.6	270000	7700	24.0
	25.0	416	530.1	302000	8640	23.9
	28.0	464	591.1	334000	9550	23.8
	32.0	527	671.5	375000	10700	23.6
	36.0	589	751.0	415000	11900	23.5
	40.0	651	829.4	453000	13000	23.4
711.2	22.0	374	476.3	283000	7960	24.4
	25.0	423	538.9	318000	8930	24.3
	28.0	472	601.0	351000	9880	24.2

（次頁へつづく）

外径 [mm]	厚 さ [mm]	単位質量 [kg/m]	参 考			
			断面積 [cm²]	断面二次モー メント [cm⁴]	断面係数 [cm³]	断面二次 半径 [cm]
750.0	16.0	290	368.9	249000	6630	26.0
	19.0	343	436.3	292000	7780	25.9
	22.0	395	503.2	334000	8900	25.8
	25.0	447	569.4	375000	9990	25.6
	28.0	499	635.1	414000	11100	25.5
	32.0	567	721.8	466000	12400	25.4
	36.0	634	807.5	516000	13800	25.3
	40.0	700	892.2	564000	15000	25.1
762.0	16.0	294	375.0	261000	6850	26.4
	22.0	401	511.5	350000	9200	26.2
	28.0	507	645.7	435000	11400	26.0
800.0	16.0	309	394.1	303000	7570	27.7
	19.0	366	466.2	356000	8890	27.6
	22.0	422	537.7	407000	10200	27.5
	25.0	478	608.7	457000	11400	27.4
	28.0	533	679.1	507000	12700	27.3
	32.0	606	772.1	570000	14300	27.2
	36.0	678	864.1	632000	15800	27.0
	40.0	750	955.0	691000	17300	26.9
812.8	19.0	372	473.8	373000	9190	28.1
	22.0	429	546.6	428000	10500	28.0
	25.0	486	618.7	480000	11800	27.9
850.0	22.0	449	572.3	491000	11500	29.3
	25.0	509	648.0	552000	13000	29.2
	28.0	568	723.1	611000	14400	29.1
	32.0	646	822.3	689000	16200	28.9
	36.0	703	896.1	745000	17500	28.8
	40.0	799	1018.0	837000	19700	28.7
900.0	19.0	413	525.9	510000	11300	31.2
	22.0	476	606.8	585000	13000	31.1
	25.0	539	687.2	658000	14600	30.9
	28.0	602	767.1	730000	16200	30.8
	32.0	685	872.6	823000	18300	30.7
	36.0	767	977.2	913000	20300	30.6
	40.0	848	1081.0	1000000	22300	30.4
1000.0	28.0	671	855.0	1010000	20200	34.4
	32.0	764	973.1	1140000	22800	34.2
	36.0	856	1090.0	1270000	25400	34.1
	40.0	947	1206.0	1390000	27800	34.0

付録 5　角形鋼管の形状・単位質量・断面性能 ･･････････････････

付表 5.1　建築構造用冷間ロール成形角形鋼管 BCR295，JBCR295[10]

R：角部外側
曲率半径

寸法 [mm]				断面積 [cm²]	単位質量 [kg/m]	断面二次モーメント [cm⁴]	断面二次半径 [cm]	断面係数 [cm³]	塑性断面係数 [cm³]	幅厚比	幅厚比種別（柱）
H	B	t	$R^{1)}$	A	W	I	i	Z	Z_p	H/t	F 値 295 [N/mm²]
150	150	*6.0	15.0	33.32	26.2	1130	5.82	150	178	25.0	FA
		*9.0	22.5	47.98	37.7	1540	5.66	205	248	16.7	FA
		*12.0	30.0	61.30	48.1	1850	5.50	247	307	12.5	FA
175	175	*6.0	15.0	39.32	30.9	1840	6.84	210	246	29.2	FA
		*9.0	22.5	56.98	44.7	2550	6.68	291	348	19.4	FA
		*12.0	30.0	73.30	57.5	3120	6.52	356	437	14.6	FA
200	200	6.0	15.0	45.32	35.6	2800	7.86	280	327	33.3	FC
		*8.0	20.0	59.24	46.5	3570	7.76	357	421	25.0	FA
		9.0	22.5	65.98	51.8	3920	7.71	392	465	22.2	FA
		12.0	30.0	85.30	67.0	4860	7.55	486	588	16.7	FA
250	250	6.0	15.0	57.32	45.0	5620	9.90	450	521	41.7	FC
		*8.0	20.0	75.24	59.1	7230	9.80	578	676	31.3	FB
		9.0	22.5	83.98	65.9	7980	9.75	639	750	27.8	FA
		12.0	30.0	109.3	85.8	10100	9.59	805	959	20.8	FA
		*14.0	35.0	125.4	98.5	11300	9.49	903	1090	17.9	FA
		16.0	40.0	141.0	111	12400	9.38	992	1210	15.6	FA
300	300	6.0	15.0	69.32	54.4	9890	11.9	660	760	50.0	FD
		*8.0	20.0	91.24	71.6	12800	11.8	853	991	37.5	FC
		9.0	22.5	102.0	80.1	14200	11.8	946	1100	33.3	FC
		12.0	30.0	133.3	105	18100	11.6	1200	1420	25.0	FA
		*14.0	35.0	153.4	120	20400	11.5	1360	1620	21.4	FA
		16.0	40.0	173.0	136	22600	11.4	1510	1810	18.8	FA
		19.0	47.5	201.2	158	25500	11.3	1700	2070	15.8	FA
		*22.0	55.0	228.0	179	28100	11.1	1870	2310	13.6	FA
350	350	9.0	22.5	120.0	94.2	23000	13.8	1310	1520	38.9	FC
		12.0	30.0	157.3	123	29400	13.7	1680	1970	29.2	FA
		*14.0	35.0	181.4	142	33400	13.6	1910	2260	25.0	FA
		16.0	40.0	205.0	161	37200	13.5	2130	2530	21.9	FA
		19.0	47.5	239.2	188	42400	13.3	2420	2910	18.4	FA
		22.0	55.0	272.0	214	47100	13.2	2690	3270	15.9	FA
		*25.0	62.5	303.5	238	51200	13.0	2930	3600	14.0	FA
400	400	9.0	22.5	138.0	108	34800	15.9	1740	2010	44.4	FD
		12.0	30.0	181.3	142	44800	15.7	2240	2610	33.3	FC
		*14.0	35.0	209.4	164	51100	15.6	2560	3000	28.6	FA
		16.0	40.0	237.0	186	57100	15.5	2850	3370	25.0	FA
		19.0	47.5	277.2	218	65400	15.4	3270	3900	21.1	FA
		22.0	55.0	316.0	248	73000	15.2	3650	4390	18.2	FA
		25.0	62.5	353.5	278	80000	15.0	4000	4860	16.0	FA

注 1) 外径を $3.5t$ として，$R = 3.5t - 0.5t$ で計算した．　　　　　　　　（次頁へつづく）
　　2) 幅厚比種別は構造特性係数 D_s を決める構造ランクを示す．
　　3) ＊は発注前に相談が必要．

寸法 [mm]				断面積 [cm²]	単位質量 [kg/m]	断面二次モーメント [cm⁴]	断面二次半径 [cm]	断面係数 [cm³]	塑性断面係数 [cm³]	幅厚比	幅厚比種別 (柱)
H	B	t	$R^{1)}$	A	W	I	i	Z	Z_p	H/t	F 値 295 [N/mm²]
450	450	9.0	22.5	156.0	122	50100	17.9	2230	2560	50.0	FD
		12.0	30.0	205.3	161	64800	17.8	2880	3340	37.5	FC
		*14.0	35.0	237.4	186	74100	17.7	3290	3840	32.1	FB
		16.0	40.0	269.0	211	82900	17.6	3690	4330	28.1	FA
		19.0	47.5	315.2	247	95500	17.4	4240	5020	23.7	FA
		22.0	55.0	360.0	283	107000	17.2	4760	5680	20.5	FA
		25.0	62.5	403.5	317	118000	17.1	5240	6300	18.0	FA
		*28.0	70.0	445.7	350	128000	16.9	5680	6890	16.1	FA
500	500	12.0	30.0	229.3	180	90000	19.8	3600	4160	41.7	FC
		*14.0	35.0	265.4	208	103000	19.7	4120	4790	35.7	FC
		16.0	40.0	301.0	236	116000	19.6	4630	5410	31.3	FB
		19.0	47.5	353.2	277	134000	19.4	5340	6290	26.3	FA
		22.0	55.0	404.0	317	150000	19.3	6010	7130	22.7	FA
		25.0	62.5	453.5	356	166000	19.1	6640	7940	20.0	FA
		28.0	70.0	501.7	394	181000	19.0	7230	8700	17.9	FA
550	550	16.0	40.0	333.0	261	156000	21.6	5670	6610	34.4	FC
		19.0	47.5	391.2	307	181000	21.5	6570	7700	28.9	FA
		22.0	55.0	448.0	352	204000	21.3	7420	8750	25.0	FA
		25.0	62.5	503.5	395	226000	21.2	8210	9760	22.0	FA
		28.0	70.0	557.7	438	246000	21.0	8960	10700	19.6	FA

付表5.2　建築構造用冷間プレス成形角形鋼管BCP235, BCP325 10)

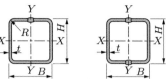

（a）ワンシーム　　（b）ツウシーム　　R：外側曲率半径

寸法 [mm]				断面積 [cm²]	単位質量 [kg/m]	断面二次モーメント [cm⁴]	断面二次半径 [cm]	断面係数 [cm³]	塑性断面係数 [cm³]	幅厚比種別（柱）			
H	B	t	$R^{1)}$			$I_x = I_y$	$i_x = i_y$	$Z_x = Z_y$	$Z_{px} = Z_{py}$	BCP 235	BCP325 BCP325T	G385 G385T	PBCP440 G440
400	400	*12	42	178.8	140	43800	15.7	2190	2560	FB	FC	—	—
		16	56	232.6	183	55200	15.4	2760	3280	FA	FA	—	—
		19	66.5	271.0	213	62800	15.2	3140	3770	FA	FA	FA	FA
		22	77	307.7	242	69500	15.0	3480	4220	FA	FA	FA	FA
		25	87.5	342.8	269	75400	14.8	3770	4640	FA	FA	FA	FA
		*28	98	376.3	295	80600	14.6	4030	5010	—	♯FA	♯FA	FA
		*32	112	418.3	328	86200	14.4	4310	5460	—	♯FA	♯FA	FA
450	450	*12	42	202.8	159	63500	17.7	2820	3290	FC	FC	—	—
		16	56	264.6	208	80600	17.5	3580	4230	FA	FB	—	—
		19	66.5	309.0	243	92200	17.3	4100	4880	FA	FA	FA	FA
		22	77	351.7	276	103000	17.1	4560	5490	FA	FA	FA	FA
		25	87.5	392.8	308	112000	16.9	4980	6050	FA	FA	FA	FA
		28	98	432.3	339	121000	16.7	5360	6580	FA	FA	FA	FA
		32	112	482.3	379	130000	16.4	5780	7210	FA	FA	FA	FA
500	500	*12	42	226.8	178	88400	19.7	3540	4100	FC	FD	—	—
		16	56	296.6	233	113000	19.5	4510	5290	FA	FB	—	—
		19	66.5	347.0	272	130000	19.3	5180	6130	FA	FA	FB	FB
		22	77	395.7	311	145000	19.1	5800	6920	FA	FA	FA	FA
		25	87.5	442.8	348	159000	18.9	6360	7660	FA	FA	FA	FA
		28	98	488.3	383	172000	18.8	6870	8360	FA	FA	FA	FA
		32	112	546.3	429	187000	18.5	7470	9210	FA	FA	FA	FA
		36	126.0	601.4	472	200000	18.2	7990	9970	FA	FA	FA	FA
		*40	140	653.6	513	210000	17.9	8420	10700	—	FA	FA	FA
550	550	*12	42	250.8	197	119000	21.8	4330	5010	FC	FD	—	—
		16	56	328.6	258	153000	21.5	5550	6480	FB	FC	—	—
		19	66.5	385.0	302	176000	21.4	6390	7530	FA	FB	FC	FC
		22	77	439.7	345	197000	21.2	7180	8520	FA	FA	FA	FB
		25	87.5	492.8	387	217000	21.0	7900	9460	FA	FA	FA	FA
		28	98	544.3	427	236000	20.8	8570	10300	FA	FA	FA	FA
		32	112	610.3	479	258000	20.6	9380	11400	FA	FA	FA	FA
		36	126	673.4	529	277000	20.3	10100	12400	FA	FA	FA	FA
		40	140	733.6	576	294000	20.0	10700	13400	FA	FA	FA	FA
600	600	*12	42	274.8	216	156000	23.8	5200	6000	FD	FD	—	—
		16	56	360.6	283	201000	23.6	6690	7790	FC	FC	—	—
		19	66.5	423.0	332	232000	23.4	7730	9070	FA	FC	FC	FC
		22	77	483.7	380	261000	23.2	8710	10300	FA	FA	FB	FC
		25	87.5	542.8	426	288000	23.1	9620	11400	FA	FA	FA	FA
		28	98	600.3	471	314000	22.9	10500	12500	FA	FA	FA	FA
		32	112	674.3	529	345000	22.6	11500	13900	FA	FA	FA	FA
		36	126	745.4	585	372000	22.4	12400	15200	FA	FA	FA	FA
		40	140	813.6	639	397000	22.1	13200	16400	FA	FA	FA	FA
		45	157.5	894.7	702	423000	21.7	14100	17700	—	—	FA	FA

注1）外径を3.5tとして，$R = 3.5t - 0.5t$ で計算した.　　（次頁へつづく）
　2）幅厚比種別は構造特性係数 D_s を決める構造ランクを示す.
　3）＊ は発注前に相談が必要.
　4）♯ の BCP325 は製造不可.

寸法 [mm]				断面積 [cm²]	単位質量 [kg/m]	断面二次モーメント [cm⁴]	断面二次半径 [cm]	断面係数 [cm³]	塑性断面係数 [cm³]	幅厚比種別（柱）			
H	B	t	$R^{1)}$			$I_x = I_y$	$i_x = i_y$	$Z_x = Z_y$	$Z_{px} = Z_{py}$	BCP 235	BCP325 BCP325T	G385 G385T	PBCP440 G440
650	650	16	56	392.6	308	258000	25.6	7940	9220	FC	FC	—	—
		19	66.5	461.0	362	299000	25.5	9200	10700	FB	FC	FC	FC
		22	77	527.7	414	337000	25.3	10400	12200	FA	FB	FC	FC
		25	87.5	592.8	465	374000	25.1	11500	13600	FA	FA	FB	FB
		28	98	656.3	515	407000	24.9	12500	14900	FA	FA	FA	FA
		32	112	738.3	580	449000	24.7	13800	16600	FA	FA	FA	FA
		36	126	817.4	642	487000	24.4	15000	18200	FA	FA	FA	FA
		40	140	893.6	702	521000	24.1	16000	19700	FA	FA	FA	FA
		45	157.5	984.7	773	558000	23.8	17200	21300	—	—	FA	FA
		50	175	1071	841	590000	23.5	18200	22900	—	—	FA	FA
700	700	*16	56	424.6	333	325000	27.7	9300	10800	FC	FD	—	—
		19	66.5	499.0	392	378000	27.5	10800	12600	FB	FC	FC	FD
		22	77	571.7	449	427000	27.3	12200	14300	FA	FC	FC	FC
		25	87.5	642.8	505	474000	27.1	13500	16000	FA	FA	FB	FC
		28	98	712.3	559	518000	27.0	14800	17600	FA	FA	FA	FB
		32	112	802.3	630	573000	26.7	16400	19600	FA	FA	FA	FA
		36	126	889.4	698	623000	26.5	17800	21500	FA	FA	FA	FA
		40	140	973.6	764	669000	26.2	19100	23300	FA	FA	FA	FA
		45	157.5	1075	844	720000	25.9	20600	25300	—	—	FA	FA
		50	175	1171	919	764000	25.5	21800	27200	—	—	FA	FA
750	750	19	66.5	537.0	422	469000	29.6	12500	14500	FC	FC	FD	FD
		22	77.0	615.7	483	531000	29.4	14200	16600	FB	FC	FC	FC
		25	87.5	692.8	544	591000	29.2	15700	18500	FA	FB	FC	FC
		28	98.0	768.3	603	647000	29.0	17200	20400	FA	FA	FB	FB
		32	112.0	866.3	680	717000	28.8	19100	22800	FA	FA	FA	FA
		36	126.0	961.4	755	782000	28.5	20900	25000	FA	FA	FA	FA
		40	140.0	1054.0	827	842000	28.3	22400	27200	FA	FA	FA	FA
		45	157.5	1165.0	914	909000	27.9	24200	29700	—	—	FA	FA
		50	175.0	1271.0	998	969000	27.6	25800	32000	—	—	FA	FA
800	800	19	66.5	575.0	451	574000	31.6	14300	16600	FC	FD	FD	FD
		22	77.0	659.7	518	651000	31.4	16300	19000	FB	FC	FC	FD
		25	87.5	742.8	583	725000	31.2	18100	21200	FA	FC	FC	FC
		28	98.0	824.3	647	795000	31.1	19900	23400	FA	FB	★FB	FC
		32	112.0	930.3	730	884000	30.8	22100	26200	FA	FA	FA	FB
		36	126.0	1033.0	811	966000	30.6	24100	28900	FA	FA	FA	FA
		40	140.0	1134.0	890	1040000	30.3	26100	31400	FA	FA	FA	FA
		45	157.5	1255.0	985	1130000	30.0	28200	34300	—	—	FA	FA
		50	175.0	1371.0	1076	1210000	29.7	30200	37100	—	—	FA	FA
850	850	19	66.5	613.0	481	694000	33.6	16300	18900	FC	FD	FD	FD
		22	77.0	703.7	552	788000	33.5	18500	21600	FC	FC	FD	FD
		25	87.5	792.8	622	879000	33.3	20700	24200	FB	FC	FC	FC
		28	98.0	880.3	691	965000	33.1	22700	26700	FA	FB	FC	FC
		32	112.0	994.3	781	1070000	32.9	25300	29900	FA	FA	FB	FB
		36	126.0	1105.0	868	1180000	32.6	27700	33000	FA	FA	FA	FA
		40	140.0	1214.0	953	1270000	32.4	29900	35900	FA	FA	FA	FA
		45	157.5	1345.0	1056	1380000	32.1	32500	39300	—	—	FA	FA
		50	175.0	1471.0	1155	1480000	31.7	34900	42600	—	—	FA	FA

（次頁へつづく）

H	B	t	$R^{1)}$	断面積 [cm²]	単位質量 [kg/m]	断面二次モーメント [cm⁴] $I_x=I_y$	断面二次半径 [cm] $i_x=i_y$	断面係数 [cm³] $Z_x=Z_y$	塑性断面係数 [cm³] $Z_{px}=Z_{py}$	BCP235	BCP325 BCP325T	G385 G385T	PBCP440 G440
900	900	19	66.5	651.0	511	829000	35.7	18400	21300	FC	FD	FD	FD
		22	77.0	747.7	587	943000	35.5	21000	24300	FC	FD	FD	FD
		25	87.5	842.8	662	1050000	35.3	23400	27300	FB	FC	FC	FD
		28	98.0	936.3	735	1160000	35.2	25700	30100	FA	FC	FC	FC
		32	112.0	1058.0	831	1290000	34.9	28700	33800	FA	FB	★FB	FC
		36	126.0	1177.0	924	1420000	34.7	31500	37300	FA	FA	FA	FB
		40	140.0	1294.0	1016	1530000	34.4	34100	40700	FA	FA	FA	FA
		45	157.5	1435.0	1126	1670000	34.1	37100	44700	—	—	FA	FA
		50	175.0	1571.0	1233	1790000	33.8	39900	48400	—	—	FA	FA
950	950	22	77.0	791.7	622	1120000	37.6	23500	27200	FC	FD	FD	FD
		25	87.5	892.8	701	1250000	37.4	26300	30600	FC	FC	FD	FD
		28	98.0	992.3	779	1370000	37.2	28900	33800	FB	FC	FC	FC
		32	112.0	1122.0	881	1530000	37.0	32300	38000	FA	FB	FC	FC
		36	126.0	1249.0	981	1680000	36.7	35500	42000	FA	FA	FB	FB
		40	140.0	1374.0	1078	1830000	36.5	38500	45800	FA	FA	FA	FA
		45	157.5	1525.0	1197	1990000	36.2	42000	50400	—	—	FA	FA
		50	175.0	1671.0	1312	2150000	35.8	45200	54700	—	—	FA	FA
1000	1000	22	77.0	835.7	656	1310000	39.6	26200	30300	FC	FD	FD	FD
		25	87.5	942.8	740	1470000	39.4	29300	34000	FC	FC	FD	FD
		28	98.0	1048.0	823	1610000	39.2	32300	37700	FB	FC	FC	FD
		32	112.0	1186.0	931	1810000	39.0	36100	42400	FA	FB	FC	FC
		36	126.0	1321.0	1037	1990000	38.8	39700	46900	FA	FA	FB	FC
		40	140.0	1454.0	1141	2160000	38.5	43100	51200	FA	FA	FA	FB
		45	157.5	1615.0	1268	2360000	38.2	47200	56400	—	—	FA	FA
		50	175.0	1771.0	1390	2540000	37.9	50900	61300	—	—	FA	FA
1050	1050	*25	87.5	992.8	779	1710000	41.5	32500	37700	—	—	—	FD
		*28	98.0	1104.0	867	1880000	41.3	35900	41800	—	—	—	FD
		*32	112.0	1250.0	982	2110000	41.1	40100	47000	—	—	—	FC
		*36	126.0	1393.0	1094	2320000	40.8	44200	52000	—	—	—	FC
		*40	140.0	1534.0	1204	2520000	40.6	48100	56900	—	—	—	FB
		*45	157.5	1705.0	1338	2760000	40.3	52600	62700	—	—	—	FA
		*50	175.0	1871.0	1469	2990000	40.0	56900	68300	—	—	—	FA
1100	1100	*25	87.5	1043.0	819	1970000	43.5	35900	41600	—	—	—	FD
		*28	98.0	1160.0	911	2180000	43.3	39600	46100	—	—	—	FD
		*32	112.0	1314.0	1032	2440000	43.1	44400	51900	—	—	—	FC
		*36	126.0	1465.0	1150	2690000	42.9	48900	57500	—	—	—	FC
		*40	140.0	1614.0	1267	2930000	42.6	53300	62900	—	—	—	FB
		*45	157.5	1795.0	1409	3210000	42.3	58400	69400	—	—	—	FB
		*50	175.0	1971.0	1547	3480000	42.0	63200	75700	—	—	—	FA
1150	1150	*25	87.5	1093.0	858	2270000	45.6	39400	45600	—	—	—	FD
		*28	98.0	1216.0	955	2500000	45.4	43600	50600	—	—	—	FD
		*32	112.0	1378.0	1082	2810000	45.1	48900	57000	—	—	—	FD
		*36	126.0	1537.0	1207	3100000	44.9	53900	63200	—	—	—	FC
		*40	140.0	1694.0	1329	3380000	44.7	59000	69200	—	—	—	FC
		*45	157.5	1885.0	1479	3710000	44.4	64500	76500	—	—	—	FB
		*50	175.0	2071.0	1626	4020000	44.1	69900	83400	—	—	—	FA

（次頁へつづく）

寸法 [mm]				断面積 [cm²]	単位質量 [kg/m]	断面二次モーメント [cm⁴]	断面二次半径 [cm]	断面係数 [cm³]	塑性断面係数 [cm³]	幅厚比種別（柱）			
H	B	t	$R^{1)}$			$I_x = I_y$	$i_x = i_y$	$Z_x = Z_y$	$Z_{px} = Z_{py}$	BCP 235	BCP325 BCP325T	G385 G385T	PBCP440 G440
1200	1200	*25	87.5	1143.0	897	2590000	47.6	43100	49800	—	—	—	FD
		*28	98.0	1272.0	999	2860000	47.4	47700	55300	—	—	—	FD
		*32	112.0	1442.0	1132	3210000	47.2	53500	62300	—	—	—	FD
		*36	126.0	1609.0	1263	3550000	47.0	59100	69200	—	—	—	FC
		*40	140.0	1774.0	1392	3870000	46.7	64500	75800	—	—	—	FC
		*45	157.5	1975.0	1550	4250000	46.4	70900	83800	—	—	—	FB
		*50	175.0	2171.0	1704	4620000	46.1	76900	91500	—	—	—	FA
1250	1250	*25	87.5	1193.0	936	2940000	49.6	47000	54300	—	—	—	FD
		*28	98.0	1328.0	1043	3250000	49.5	52000	60200	—	—	—	FD
		*32	112.0	1506.0	1182	3650000	49.2	58400	67900	—	—	—	FD
		*36	126.0	1681.0	1320	4040000	49.0	64600	75400	—	—	—	FC
		*40	140.0	1854.0	1455	4410000	48.8	70500	82700	—	—	—	FC
		*45	157.5	2065.0	1621	4850000	48.5	77600	91500	—	—	—	FC
		*50	175.0	2271.0	1783	5270000	48.2	84300	100000	—	—	—	FB
1300	1300	*25	87.5	1243.0	976	3320000	51.7	51100	58900	—	—	—	FD
		*28	98.0	1384.0	1087	3670000	51.5	56500	65300	—	—	—	FD
		*32	112.0	1570.0	1233	4130000	51.3	63500	73800	—	—	—	FD
		*36	126.0	1753.0	1376	4570000	51.0	70300	82000	—	—	—	FD
		*40	140.0	1934.0	1518	4990000	50.8	76800	89900	—	—	—	FC
		*45	157.5	2155.0	1691	5500000	50.5	84600	99600	—	—	—	FC
		*50	175.0	2371.0	1861	5980000	50.2	91900	109000	—	—	—	FB
1350	1350	*25	87.5	1293.0	1015	3730000	53.7	55300	63700	—	—	—	FD
		*28	98.0	1440.0	1131	4130000	53.6	61200	70700	—	—	—	FD
		*32	112.0	1634.0	1283	4650000	53.3	68800	79800	—	—	—	FD
		*36	126.0	1825.0	1433	5140000	53.1	76200	88700	—	—	—	FD
		*40	140.0	2014.0	1581	5620000	52.9	83300	97400	—	—	—	FC
		*45	157.5	2245.0	1762	6200000	52.6	91800	108000	—	—	—	FC
		*50	175.0	2471.0	1940	6750000	52.3	100000	118000	—	—	—	FB
1400	1400	*25	87.5	1343.0	1054	4180000	55.8	59700	68700	—	—	—	FD
		*28	98.0	1496.0	1175	4620000	55.6	66100	76200	—	—	—	FD
		*32	112.0	1698.0	1333	5210000	55.4	74400	86100	—	—	—	FD
		*36	126.0	1897.0	1489	5770000	55.1	82400	95800	—	—	—	FD
		*40	140.0	2094.0	1643	6310000	54.9	90100	105000	—	—	—	FC
		*45	157.5	2335.0	1833	6960000	54.6	99400	117000	—	—	—	FC
		*50	175.0	2571.0	2018	7580000	54.3	108000	128000	—	—	—	FC

付録6　軽量形鋼の形状・単位質量・断面性能 ･･････････････････

付表6.1　リップ溝形鋼（JIS G 3350：2021）

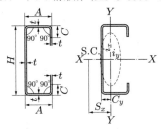

呼び名	寸法 [mm]		断面積 [cm²]	単位質量 [kg/m]	重心位置 [cm]		断面二次モーメント [cm⁴]		断面二次半径 [cm]		断面係数 [cm³]		せん断中心 [cm]	
	$H \times A \times C$	t			C_x	C_y	I_x	I_y	i_x	i_y	Z_x	Z_y	S_x	S_y
4607	$250 \times 75 \times 25$	4.5	18.92	14.9	0	2.07	1690	129	9.44	2.62	135	23.8	5.1	0
4567		4.5	16.67	13.1	0	2.32	990	121	7.61	2.69	99.0	23.3	5.6	0
4566	$200 \times 75 \times 25$	4.0	14.95	11.7	0	2.32	895	110	7.74	2.72	89.5	21.3	5.7	0
4565		3.2	12.13	9.52	0	2.33	736	92.3	7.70	2.76	73.6	17.8	5.7	0
4537		4.5	16.22	12.7	0	2.19	963	109	7.71	2.60	96.3	20.6	5.3	0
4536	$200 \times 75 \times 20$	4.0	14.55	11.4	0	2.19	871	100	7.74	2.62	87.1	18.9	5.3	0
4535		3.2	11.81	9.27	0	2.19	716	84.1	7.79	2.67	71.6	15.8	5.4	0
4497		4.5	14.42	11.3	0	2.65	501	109	5.90	2.75	66.9	22.5	6.3	0
4496	$150 \times 75 \times 25$	4.0	12.95	10.2	0	2.65	455	99.8	5.93	2.78	60.6	20.6	6.3	0
4495		3.2	10.53	8.27	0	2.66	375	83.6	5.97	2.82	50.0	17.3	6.4	0
4467		4.5	13.97	11.0	0	2.50	489	99.2	5.92	2.66	65.2	19.8	6.0	0
4466	$150 \times 75 \times 20$	4.0	12.55	9.85	0	2.51	445	91.0	5.95	2.69	59.3	18.2	5.8	0
4465		3.2	10.21	8.01	0	2.51	366	76.4	5.99	2.74	48.9	15.3	5.1	0
4436		4.0	11.75	9.22	0	2.11	401	63.7	5.84	2.33	53.5	14.5	5.0	0
4435	$150 \times 65 \times 20$	3.2	9.567	7.51	0	2.11	332	53.8	5.89	2.37	44.3	12.2	5.1	0
4433		2.3	7.012	5.50	0	2.12	248	41.1	5.94	2.42	33.0	9.37	5.2	0
4407		4.5	11.72	9.20	0	1.54	368	35.7	5.60	1.75	49.0	10.5	3.7	0
4405	$150 \times 50 \times 20$	3.2	8.607	6.76	0	1.54	280	28.3	5.71	1.81	37.4	8.19	3.8	0
4403		2.5	6.322	4.96	0	1.55	210	21.9	5.77	1.86	28.0	6.33	3.8	0
4367		4.5	10.59	8.32	0	1.68	238	33.5	4.74	1.78	38.0	10.0	4.0	0
4366		4.0	9.548	7.50	0	1.68	217	33.1	4.77	1.81	34.7	9.38	4.0	0
4365	$125 \times 50 \times 20$	3.2	7.807	6.13	0	1.68	181	26.6	4.82	1.85	29.0	8.02	4.0	0
4363		2.3	5.747	4.51	0	1.69	137	20.6	4.88	1.89	21.9	6.22	4.1	0
4327	$120 \times 60 \times 25$	4.5	11.72	9.20	0	2.25	252	58.0	4.63	2.22	41.9	15.5	5.3	0
4295		3.2	8.287	6.51	0	2.12	186	40.9	4.74	2.22	31.0	10.5	4.9	0
4293	$120 \times 60 \times 20$	2.3	6.092	4.78	0	2.13	140	31.3	4.79	2.27	23.3	8.10	5.1	0
4255	$120 \times 40 \times 20$	3.2	7.007	5.50	0	1.32	144	15.3	4.53	1.48	24.0	5.71	3.4	0
4227		4.5	9.469	7.43	0	1.86	139	30.9	3.82	1.81	27.7	9.82	4.3	0
4226		4.0	8.548	6.71	0	1.86	127	28.7	3.85	1.83	25.4	9.13	4.3	0
4225	$100 \times 50 \times 20$	3.2	7.007	5.50	0	1.86	107	24.5	3.90	1.87	21.3	7.81	4.4	0
4223		2.3	5.172	4.06	0	1.86	80.7	19.0	3.95	1.92	16.1	6.06	4.4	0
4221		1.6	3.672	2.88	0	1.87	58.4	14.0	3.99	1.95	11.7	4.47	4.5	0
4143		2.3	4.137	3.25	0	1.72	37.1	11.8	3.00	1.69	9.90	4.24	4.0	0
4142	$75 \times 45 \times 15$	2.0	3.637	2.86	0	1.72	33.0	10.5	3.01	1.70	8.79	3.76	4.0	0
4141		1.6	2.952	2.32	0	1.72	27.1	8.71	3.03	1.72	7.24	3.13	4.1	0
4033	$60 \times 30 \times 10$	2.3	2.872	2.25	0	1.06	15.6	3.32	2.33	1.07	5.20	1.71	2.5	0
4031		1.6	2.072	1.63	0	1.06	11.6	2.56	2.37	1.11	3.88	1.32	2.5	0

注）角部の曲率半径は $1.5 \times t$ とする.

付録7 アンカーボルトの軸径・断面積 ･･･････････････････････

付表 7.1 ABR（転造ねじ，JIS B 1220：2015）

ねじの呼び	基準軸径 [mm]	軸断面積 [mm²]	ねじ部 有効断面積 [mm²]
M16	14.54	166	157
M20	18.20	260	245
M22	20.20	320	303
M24	21.85	375	353
M27	24.85	485	459
M30	27.51	594	561
M33	30.51	731	694
M36	33.17	864	817
M39	36.17	1030	976
M42	38.83	1180	1120
M45	41.83	1370	1310
M48	44.48	1550	1470

付表 7.2 ABM（切削ねじ，JIS B 1220：2015）

ねじの呼び	基準軸径 [mm]	軸断面積 [mm²]	ねじ部 有効断面積 [mm²]
M24	24	452	384
M27	27	573	496
M30	30	707	621
M33	33	855	761
M36	36	1020	865
M39	39	1190	1030
M42	42	1390	1210
M45	45	1590	1340
M48	48	1810	1540
M52	52	2120	1820
M56	56	2460	2140
M60	60	2830	2480
M64	64	3220	2850
M68	68	3630	3240
M72	72	4070	3460
M76	76	4540	3890
M80	80	5030	4340
M85	85	5670	4950
M90	90	6360	5590
M95	95	7090	6270
M100	100	7850	6990

付録8　建築物区分，構造計算の方法，審査の方法のフローチャート

建築物の規模 *	構造計算の方法 **	審査の方法 ***
構造計算が必要 — **超高層建築物** 高さが60mを超えるもの	■時刻歴応答計算	指定性能評価機関による評価（大臣指定）／大臣認定／建築確認 建築主事等
大規模な建築物 高さが60m以下のもので， 〇木造 （高さ13m超又は 軒の高さ9m超） 〇鉄骨造 （4階以上等） 〇鉄筋コンクリート造 （高さ20m超　等）等	＜高さ31m超＞ ●保有水平耐力計算（ルート3） ●限界耐力計算 ＜高さ31m以下＞ ●許容応力度等計算（ルート2） ●保有水平耐力計算（ルート3） ●限界耐力計算 ■時刻歴応答計算	建築確認 建築主事等 判定依頼／結果通知　審査方法の指針に基づき構造設計図書（構造計算を含む）を審査 **都道府県知事又は指定構造計算適合性判定機関による構造計算適合性判定**
中規模な建築物 上記以外のもので 〇木造 （3階以上又は 延べ面積500m²超） 〇木造以外 （2階以上又は 延べ面積200m²超）	▲許容応力度計算（ルート1） （●大臣認定プログラムを用いた場合） ●許容応力度等計算（ルート2）， 保有水平耐力計算（ルート3）， 限界耐力計算 ■時刻歴応答解析	建築確認 建築主事等 審査方法の指針に基づき構造設計図書（構造計算を含む）を審査
構造計算不要 — **小規模な建築物** 上記以外のもの	▲構造計算不要 ●許容応力度等計算（ルート2）， 保有水平耐力計算（ルート3）， 限界耐力計算 ■時刻歴応答解析	建築確認 建築主事等 審査方法の指針に基づき構造設計図書を審査

（（一財）日本建築センターの＜判定の手引き＞より）

注）＊　建築物の区分で，上から建築基準法第20条の1号，2号，3号，4号
　　＊＊　耐震設計ルートで，建築基準法施行令の各条で規定．
　　　　時刻歴応答計算（第81条第1項第1〜4号）
　　　　許容応力度等計算―ルート1―（第82条の4）
　　　　許容応力度等計算―ルート2―（第82条の2，4，6）
　　　　保有水平耐力計算―ルート3―（第82条）と（第82条の2，3，4）
　　　　限界耐力計算（第82条の5）
　　　　ただし，第82条の2は層間変形角の規定，第82条の4は屋根ふき材の規定，第82条の6
　　　　は剛性率，偏心率の規定．
　　＊＊＊　指定性能評価機関（民間機関）は，（一財）日本建築センターなど．
　　　　建築確認の機関には，行政機関（建築主事）と民間の指定建築確認検査機関（建築主事等）
　　　　があり，後者は1999年にスタート．
　　　　構造計算適合性判定制度（指定機関は民間機関）は2007年にスタート．
　　　　なお，全国の建築確認検査と構造計算適合性判定の各機関名は，（一財）建築行政情報
　　　　センター（ICBA）のホームページにリストアップされている．

付録 9　建築基準法施行令第 3 章（構造強度）の構成 ‥‥‥‥‥

第 1 節	総則	（第 36 条～第 36 条の 3）
第 2 節	構造部材等	（第 37 条～第 39 条）
第 3 節	木造	（第 40 条～第 50 条）
第 4 節	組積造	（第 51 条～第 62 条）
第 4 節の 2	補強コンクリートブロック造	（第 62 条～第 70 条）
第 5 節	鉄骨造	（第 63 条～第 70 条）
第 6 節	鉄筋コンクリート造	（第 71 条～第 79 条）
第 6 節の 2	鉄骨鉄筋コンクリート造	（第 79 条の 2～4）
第 7 節	無筋コンクリート造	（第 80 条）
第 7 節の 2	構造方法に関する補則	（第 80 条の 2，3）
第 8 節	構造計算	（第 81 条～第 106 条）
第 1 款	総則	（第 81 条）
第 1 款の 2	保有水平耐力計算	（第 82 条～第 82 条の 4）
第 1 款の 3	限界耐力計算	（第 82 条の 5）
第 1 款の 4	許容応力度計算	（第 82 条の 6）
第 2 款	荷重及び外力	（第 82 条～第 88 条）
第 3 款	許容応力度	（第 89 条～第 94 条）
第 4 款	材料強度	（第 95 条～第 106 条）

注）　1. 第 1 節：構造方法に関する技術的基準と構造設計の原則

　　　2. 第 2 節から第 7 節：各構造毎の寸法や配置等の構造方法の詳細を定めた規定
（仕様規定）．いずれの場合も，構造計算とは無関係に遵守しなくてはならない規定（構造設計に関する基本原則，建築物の品質の確保，耐久性，施工性，防火性等）と構造計算で代替えできる規定で構成

　　　3. 第 8 節：構造計算の規定

付録 10 国際単位系 ••••••••••••••••••••••••••••••••••••••

「国際単位系」は，国際度量衡委員会がまとめた単位系で，略称 SI（Systeme International d'Unités）である．基本単位量は，長さ [m]，質量 [kg]，時間 [s] などで，これらを使って表される組立単位量がある．

1974 年に，JIS では，「国際単位系（SI）およびその使い方（JIS Z 8203）」を制定し，鋼材の材料強度などについては，SI 単位化が早くから取り入れられた．しかし，建築の構造計算においては，荷重や応力度の単位であった，kgf や，kgf/cm² などの計量単位の使用が 1999 年まで猶予されたため，移行が遅れ，2000 年以後に，国際単位系に移行することとなった．

本書に用いられる組立単位量の SI 単位と計量単位の換算表を付表 10.1 に示す．また，単位に付ける倍数の接頭語の記号を付表 10.2 に示す．

付表 10.1　主な組立単位の換算表

組立単位量	組立方	SI 単位	計量単位
力 ニュートン [N]	$kg \cdot m/s^2$	1 N	0.1019 kgf
		9.80665 N	1 kgf
		9.80665 kN	1 tf
応力，風圧力 パスカル [Pa]	N/m^2	$1\,Pa = 1\mu N/mm^2$	$10.1972\,\mu kgf/cm^2$
		$1\,MPa = 1\,N/mm^2$	$10.1972\,kgf/cm^2$
		$0.0980665\,MPa = 0.0980665\,N/mm^2$	$1\,kgf/cm^2$
		$0.0980665\,kN/mm^2$	$1\,tf/cm^2$
		$9.8\,N/m^2$	$1\,kgf/m^2$
力のモーメント	$N \cdot m$	$98.0665\,N \cdot m$	$1\,tf \cdot cm$
		$9.80665\,kN \cdot m$	$1\,tf \cdot m$
仕　事 ジュール [J]	$N \cdot m$	1 J	$0.101972\,kgf \cdot m$
		9.80665 kJ	$1\,tf \cdot m$

付表 10.2　倍数の接頭語の記号

倍数	10^9	10^6	10^3	10^2	10^{-2}	10^{-3}	10^{-6}
名　称	ギガ	メガ	キロ	ヘクト	センチ	ミリ	マイクロ
記　号	G	M	k	h	c	m	μ

参考文献

1) 日本建築学会編集・発行：鋼構造許容応力度設計規準，2019.
2) 日本建築学会編集・発行：鋼構造塑性設計指針，2017.
3) 井上一朗，吹田啓一郎：建築鋼構造—その理論と設計，彰国社，2010
4) 日本建築学会編集・発行：建築工事標準仕様書 JASS6 鉄骨工事，2018.
5) 日本建築学会編集・発行：鉄骨工事技術指針・工場製作編，2018.
6) 日本建築学会編集・発行：鋼構造接合部設計指針，2021.
7) 日本建築学会編集・発行：各種合成構造設計指針・同解説，2010.
8) 国土交通省国土技術政策総合研究所/(国研) 建築研究所監修，全国官報販売協同組合
   発行：建築物の構造関係技術基準解説書 2020 年版，2020.
9) 日本建築学会編集・発行：鉄筋コンクリート構造計算規準・同解説，2018.
10) JFE スチール (株) 発行：鋼構造設計便覧 (Web サイト PDF 版)，2018.
11) (独) 建築研究所：デッキプレート床構造設計・施工規準，技報堂出版，2004.
12) 日鉄建材 (株) 発行：建築建材製品 (Web サイト資料ダウンロード PDF 版)，2021.
13) 日本建築学会編集・発行：建築基礎構造設計指針，2019.

索　　引

■英　数

Ceq　7
CT形鋼　22
FR鋼　19
F値　27
H形鋼　21
LY100　20
SCW材　18
Shanley理論　39
SMA材　19
SM材　17
SN材　5
SPA材　20
SRC造　6
SS材　18
STKN材　16
STKR材　18
STK材　18
S造　6
TMCP鋼材　18

■あ　行

頭付きスタッドボルト　26
厚板　20
アンカーボルト　27，74，104，204
アングル　22
安全率　51
アンダーカット　91
一般構造用圧延鋼材　18
一般構造用角形鋼管　18
一般構造用炭素鋼鋼管　18
インパクトレンチ　25
上（位）降伏点　10
ウェブ　21
薄板　20
埋込み柱脚　106，219
裏当て金　78，177
エッフェル塔　2
エネルギーの釣合いに基づく耐震計算法　95

エレクションピース　108
延性　11
延性破壊　11
縁端部破壊　67
エンドタブ　79
応力度　7
応力度-ひずみ度曲線　9
オーバラップ　91
オフセットひずみ度　10

■か　行

外圧係数　118
開先形状　78
ガウジング形式　177
角形鋼管　23
荷重増分による弾塑性解析法　131
ガスト影響係数　117
風圧力　117
仮想仕事法　132
形鋼　21
換算係数　39
換算係数荷重　39
換算係数理論　39
完全溶込み溶接　78
完全溶込み溶接の有効長さ　86
基準張力　71
基準風速　117
既成杭　97
基礎梁　97
局部座屈　57
局部座屈圧縮応力度　57
許容圧縮応力度　40
許容応力度設計規準　27
許容応力度等計算　94
許容せん断応力度　56
許容引張応力度　30
許容曲げ応力度　51
切欠き脆性　12
組立梁　153

組立引張材　29
グルーブ　78
形状特性係数　133
軽量形鋼　24
軽量鉄骨造　6
限界細長比　40
限界耐力計算　95
建築構造用炭素鋼鋼管　16
鋼管　22
高強度鋼　10
鋼構造　2
剛床仮定　124
剛性の確保　99
剛性の連続性　176
合成梁　104
剛性率　127
構造特性係数　132
高張力鋼　18
鋼の5元素　7
鋼板　20
降伏応力度　10
降伏現象　10
降伏比　10
降伏ひずみ度　10
降伏曲げモーメント　51
高力ボルト　62，70
高炉法　2
極厚鋼　18
極厚鋼板　20
固定荷重　114
固定形式　105
コンクリート充填鋼管構造　6
混合構造　7

■さ　行

最小縁端距離　67
座屈荷重　36
座屈現象　36
ささら桁　113
残留塑性ひずみ　10

シアーコネクター　26, 222
支圧接合　66
支圧破壊　67
シェブロンパターン　12
シカゴ派　3
軸組ブレース　99, 100
時刻歴応答解析等の高度な検証法　95
地震力　119
システムトラス接合　103
下（位）降伏点　10
地盤の固有周期　120
水平ブレース　99
スカラップ　177
スタッド溶接　26
スチフナ　195
スパイラル鋼管　23
スプリットティー　109
隅肉サイズ　84
隅肉溶接　80
隅肉溶接の有効長さ　86
スラグ巻き込み　91
制振構法　20
脆性破壊　5
積載荷重　114
積雪荷重　116
設計ボルト張力　66, 70
設計ルート　125
接合部パネルゾーン　196
接線係数荷重　39
接線係数理論　39
節点振り分け法　132
全強設計　176
全塑性モーメント　152
せん断弾性係数　11
せん断弾性ひずみエネルギー　12
せん断破壊　67
前面隅肉溶接　81
層間変形角　13, 125
側面隅肉溶接　81
塑性　10
塑性設計指針　27
塑性変形能力　10
外法一定 H 形鋼　22

■た 行
耐火鋼　19

耐火塗料　19
耐火被覆　6, 19
耐食性　19
耐震設計法　27
ダイヤフラム　109, 198
建物の一次固有周期　120
ダブルティースラブ　113
単一引張材　29
弾性　10
弾性回転ばね　204
弾性限度　10
弾性座屈応力度　38
弾性座屈荷重　37
炭素当量　7
ターンバックルボルト　100
断面二次半径　38
弾力半径　127
地域係数　120
チャンネル　22
中立軸距離　206
デッキプレート　24
鉄筋コンクリート床スラブ　104
鉄筋コンクリート用棒鋼　21
鉄骨構造　2
鉄骨造　6
鉄骨鉄筋コンクリート造　6
電縫鋼管　23
転炉製鋼法　2
等辺山形鋼　22
独立基礎　97
溶込み不足　91
トラス梁　154
トルシア形高力ボルト　25, 62
トレスカの降伏条件式　13

■な 行
内圧係数　118
中板　20
中幅 H 形鋼　22
布基礎　97
熱影響部　90
熱加工制御　18
根巻き柱脚　107, 221
ノースリッジ地震　4
のど厚　84
伸び　10

ノンスカラップ工法　5, 177

■は 行
バウシンガー効果　11
場所打ちコンクリート杭　97
柱貫通形式　108
柱材の圧縮座屈長さ　159
柱継手　183
破断強度　28
破断点　10
ハニカムビーム　154
幅厚比　58
幅厚比の制限値　58
ハーフ PC 工法　113
梁貫通形式　108
ひずみ硬化　10
ひずみ硬化開始点　10
ひずみ度　7
非弾性座屈荷重　39
引張材　29
引張接合　25, 66, 71
引張強さ　10
兵庫県南部地震　4
平鋼　21
ビルド H 形鋼　153
比例限度　9
疲労破壊　12
広幅 H 形鋼　21
ピン形式　105
フィラー　75
フィレット　22
風力係数　117
普通ボルト　26, 72
フックの法則　29
不等辺山形鋼　22
部分溶込み溶接　80
ブラケット　107
フランジ　21
ブレースの水平力分担率　128
プレートガーダー　153
ブローホール　91
ベースプレート　104, 204
べた基礎　97
変形制限　124
偏心　99
偏心圧縮力　42
偏心引張材　32

偏心率　　127
ポアソン比　　11
崩壊機構　　131
棒鋼　　21
母材　　78
細長比　　38, 51
細幅 H 形鋼　　21
保有耐力接合　　129, 177
ボルト軸断面積　　71
ボルト接合　　62
ボンド　　90

■ま 行
マーキング鋼板　　17
曲げねじり定数　　50
摩擦係数　　70
摩擦接合　　25, 66

マトリックス法　　131
ミーゼスの降伏条件式　　13
溝形鋼　　22

■や 行
屋根面ブレース　　99
山形鋼　　22
山形ラーメン　　102
ヤング係数　　10
有効座屈長さ　　41
有効断面積　　30, 68, 84
有効のど厚　　84
床面ブレース　　99, 113
溶接金属　　90
溶接組立ボックス柱　　24
溶接構造用圧延鋼材　　17

溶接構造用遠心力鋳鋼管　　18,
　23
溶接接合　　63
溶接継手　　78
溶接継目　　78
溶着金属　　90
横座屈　　48
横座屈荷重　　49
横補剛材　　129

■ら 行
離間荷重　　71
リブプレート　　210
連続基礎　　97
■わ 行
ワーグナーのそりねじり　　49

編者略歴

嶋津孝之（しまづ・たかゆき）

1961 年　東京大学工学部建築学科卒業

1966 年　同大学院工学研究科博士課程修了
　　　　　工学博士を授与される.

現　　在　広島大学名誉教授

著者略歴

福原安洋（ふくはら・やすひろ）

1967 年　広島大学工学部建築学科卒業

1969 年　同大学院工学研究科修士課程修了

1993 年　広島大学より博士（工学）を授与される.

現　　在　呉工業高等専門学校名誉教授

中山昭夫（なかやま・あきお）

1966 年　京都大学工学部建築学科卒業

1971 年　同大学院工学研究科博士課程修了

1987 年　京都大学より工学博士を授与される.

現　　在　福山大学名誉教授

高松隆夫（たかまつ・たかお）

1971 年　広島大学工学部建築学科卒業

1973 年　同大学院工学研究科修士課程修了

1976 年　テキサス農工大学大学院工学研究科博士課程修了
　　　　　Ph. D を授与される.

現　　在　広島工業大学名誉教授

森村毅（もりむら・つよし）

1968 年　近畿大学理工学部建築学科卒業

1990 年　広島大学より工学博士を授与される.
　　　　　（元）近畿大学教授

田川浩（たがわ・ひろし）

1992 年　京都大学工学部建築学科卒業

1994 年　同大学院工学研究科修士課程修了

2001 年　京都大学より博士（工学）を授与される.

現　　在　広島大学教授

仁保裕（にほ・ゆたか）

1998 年　豊橋技術科学大学工学部建設工学課程卒業

2000 年　同大学院工学研究科博士前期課程修了

2006 年　豊橋技術科学大学より博士（工学）を授与される.

現　　在　呉工業高等専門学校准教授

鋼構造（第 3 版）

2000 年 5 月 30 日　第 1 版第 1 刷発行
2002 年 3 月 20 日　第 1 版第 3 刷発行
2003 年 3 月 1 日　第 2 版第 1 刷発行
2023 年 3 月 10 日　第 2 版第 19 刷発行
2023 年 6 月 20 日　第 3 版第 1 刷発行

編者　　嶋津孝之
著者　　福原安洋・中山昭夫・高松隆夫
　　　　森村　毅・田川　浩・仁保　裕

編集担当　加藤義之（森北出版）
編集責任　富井　晃（森北出版）
組版　　　プレイン
印刷　　　丸井工文社
製本　　　　同

発行者　森北博巳
発行所　森北出版株式会社
　　　　〒102-0071　東京都千代田区富士見 1-4-11
　　　　03-3265-8342（営業・宣伝マネジメント部）
　　　　https://www.morikita.co.jp/